Management Strategy

経営戦略の課題と解明

大月博司
【編著】

今野喜文・永野寛子・黄 雅雯・加納拡和・今井 希
【著】

文眞堂

はしがき

　企業をはじめ，大学，自治体，病院といった組織体は，各々の目標を達成するために戦略を立てる。しかし，それらが意図通りに実施されることは滅多にない。本書は，こうした組織体の戦略について，経営戦略の観点に絞り，その理論的発展や実践的適用を通して提示されてきた分析ツールや戦略モデルを理解し，それを利用して実際の戦略問題に対処できるようになることを狙いとしている。

　本書の内容は，4部で構成され，まず第Ⅰ部で経営戦略の理論的発展を振り返りながら，その構造や分析ツールを明らかにし，第Ⅱ部の競争戦略では，競争優位の獲得についてポジショニング論，資源ベース論，ダイナミックケイパビリティー論の戦略モデルが多面的に論じられる。そして第Ⅲ部は，企業レベルの戦略を扱い，企業の多角化戦略，成長戦略，グローバル戦略を検討する。さらに第Ⅳ部では，個々の戦略行動に焦点を絞り，戦略的提携，戦略転換，戦略策定・実施の要諦をはじめ，わが国の戦略テキストではほとんど触れられてこなかった実践としての戦略についてその内容や意義が明らかにされ，最後に総括として，経営戦略の現象をマネジメント対象とする戦略マネジメントについて議論が展開されている。

　1960年代にビジネスの分野で戦略という用語が取り上げられて以来，それは日常的にも使われるようになり，経営戦略論としての発展は目を見張るものがあった。そして20世紀末になると，ビジネス環境は激変し，インターネット網が整備されてWeb2.0と称される新しいネット社会の創出が始まるとともに，先進各国の規制緩和策の拡大，BRICsといった新興国の経済的発展などによってグローバル化が進展した。結果，企業間で事業をめぐる競争が激化して，従来と同じビジネスモデルを踏襲する企業の衰退が目立った。その流れは，21世紀に入るとさらに加速し，デジタル技術の発展をベースとしたビジネスが当たり前となり，競争のあり方も変わった。そのため，企業にとって

は，存続のための新たな戦略モデルが問われることになったのである。近年，こうした社会変化をビジネスチャンスと捉えて急成長した企業が目につくようになり，中でもGAFAといった企業群の戦略モデルや戦略行動が注目されている。

経営戦略発展の歴史を遡ると，企業の有する経営資源の配分問題から活用問題へ，競争優位の獲得から持続的競争優位の確保へ，ローカル戦略からグローバル戦略へなど，時代の変化に応じて研究の焦点が変容してきたことがわかる。そして，経営戦略の策定から実施に至るプロセスで起こる現象について，促進要因は何か，なぜ成否が分かれるのか，戦略のリスクを削減するにはどうすればいいのか，等々戦略現象がもたらすさまざまな問題が認識され，その解決が模索されてきたのである。結果，成長ベクトル，ポジショニング，資源ベース，戦略適応，戦略転換，トランスナショナル型組織というコンセプトをベースとした戦略モデルが定着するまでに至った。しかも戦略行動においては，企業で構成されるグループ経営の戦略といった新しい現象が次々に生起しているため，経営戦略の課題が今なお増大しつつある。

経営戦略は，その現象が表面的に変化しているように見えても，本質的には変わらない側面がある。それは，経営戦略の現象に通底するロジック（論理的な筋道）である。例えば，失敗を避ける戦略行動をとる際に，とらざるを得ない鉄則があるはずなのである。こうしたロジックの観点からいえば，経営戦略には変わらないロジックがある一方，時代とともに新しいロジックが生まれてきたことが推察される。例えば，競争戦略において，競争優位を確保するポジショニングというアイディアはメーカーから小売まで広く通用するが，さらに経営資源の活用次第で競争優位の確保は決まるという資源ベースの考え方が，新しいロジックとして付加されたのである。

本書は，以上のようなさまざまな戦略の論点にアプローチして，経営戦略を初めて学ぶ学生・院生ばかりでなく，それを実践する必要がある実務家にも役立ち，多様な戦略モデルの要点をつかみ戦略的思考ができるようになることを企図したものである。そのため，経営戦略の重要なテーマに焦点を絞るとともに，それらに精通した研究者が，独自の視点から問題の所在とそれを解明するモデルについて分かり易く述べている。読者は是非とも，同じ戦略現象につい

て，書き手の視点によって説明の仕方が違うことを味わって欲しい。

　出版事情がますます厳しくなる中，本書がこうして陽の目を見ることができるのは，（株）文眞堂社長の前野隆氏の心強い支援，そして精力的に編集作業・チェックをしていただいた山崎勝徳さんのご協力があったからである。お二人には心より感謝の意を捧げたい。最後に，本書を通じて，読者が経営戦略の現象がもたらす謎解きの面白さを実感し，経営戦略の研究をさらに深め，実際に戦略的解決を求められる事態に直面したときに，自信を持って考え実践することができることを願っている。

2019年　春の息吹を感じる如月

編著者

目　次

はしがき ………………………………………………………………… i

第Ⅰ部
経営戦略論の発展

第1章　経営戦略の発展：戦略サファリからの脱出 ……………… 2

第1節｜企業経営における戦略への関心の高まり ………………… 2
第2節｜経営戦略論の多様性 ………………………………………… 7
第3節｜経営戦略研究のサファリ状況 ……………………………… 11
第4節｜経営戦略論の課題：戦略サファリからの脱出 …………… 13

第2章　経営戦略の構造と分析 ……………………………………… 17

第1節｜経営戦略の構造 ……………………………………………… 17
第2節｜経営戦略の分析ツール ……………………………………… 21
第3節｜多角化戦略と組織 …………………………………………… 26
第4節｜分析枠組みとしてのPPM …………………………………… 29
第5節｜戦略行動のパターン ………………………………………… 34

第Ⅱ部
競争戦略

第3章　競争優位の獲得 ……………………………………………… 40

第1節｜競争戦略と競争優位 ………………………………………… 40

第2節｜持続的競争優位の獲得 …………………………………………… 47
　第3節｜競争環境の特性を考慮した競争優位の戦略 …………………… 51

第4章　ポジショニング論　60

　第1節｜SCPパラダイムと5つの競争要因分析 ………………………… 60
　第2節｜3つの基本戦略と価値連鎖分析 ………………………………… 67
　第3節｜ポジショニング論とコーペティション経営 …………………… 72
　第4節｜ポジショニング論とブルー・オーシャン戦略 ………………… 76

第5章　資源ベース論 …………………………………………………… 84

　第1節｜資源ベース論とは ………………………………………………… 84
　第2節｜第1フェーズの資源ベース論 …………………………………… 85
　第3節｜第2フェーズの資源ベース論 …………………………………… 87
　第4節｜第3フェーズの資源ベース論 …………………………………… 92

第6章　ダイナミック・ケイパビリティ論 ……………………… 98

　第1節｜ダイナミック・ケイパビリティ論とは ………………………… 98
　第2節｜ダイナミック・ケイパビリティの概念 ………………………… 99
　第3節｜ティースのダイナミック・ケイパビリティ論の理論的基礎と
　　　　　問題意識 ……………………………………………………………101
　第4節｜ダイナミック・ケイパビリティの構成要素 ……………………104
　第5節｜2つのケイパビリティの区別と適合力 …………………………107

第Ⅲ部
企業戦略

第7章　垂直統合戦略と多角化戦略 ……………………………… 112

　第1節｜チャンドラーにみる垂直統合と多角化 …………………………112
　第2節｜多角化とシナジー効果 ……………………………………………115

第 3 節｜多角化のタイプと経営成果 …………………………………… 120
第 4 節｜近年における環境変化と垂直統合戦略の変化 ……………… 124

第 8 章　成長戦略 ………………………………………………………… 127

第 1 節｜組織の成長・発展モデル ……………………………………… 127
第 2 節｜ペンローズの企業成長論 ……………………………………… 132
第 3 節｜M&A 戦略と企業成長 ………………………………………… 135

第 9 章　グローバル戦略 ………………………………………………… 140

第 1 節｜セミグローバリゼーションの時代 …………………………… 141
第 2 節｜企業の海外市場進出 …………………………………………… 145
第 3 節｜多国籍企業の戦略と組織デザイン …………………………… 150
第 4 節｜グローバル戦略に関する研究のいくつかの課題と今後の展望… 158

第Ⅳ部
戦略行動

第 10 章　戦略的提携 …………………………………………………… 162

第 1 節｜戦略的提携の類型 ……………………………………………… 163
第 2 節｜戦略的提携と関係的レントの創出メカニズム ……………… 164
第 3 節｜戦略的提携と関係的レントの持続メカニズム ……………… 173
第 4 節｜リレーショナル・ビューの要約 ……………………………… 175

第 11 章　戦略転換と組織変革 ………………………………………… 177

第 1 節｜戦略転換モデル ………………………………………………… 177
第 2 節｜戦略転換がもたらす組織変革 ………………………………… 183
第 3 節｜定期性とイベント基盤による戦略転換 ……………………… 187
第 4 節｜競争優位性を確保する戦略転換と組織変革 ………………… 190

第12章　戦略の策定と形成 …… 194

第1節｜経営戦略の策定 …… 195
第2節｜経営戦略の策定から形成へ …… 202
第3節｜経営戦略形成研究の意義 …… 211

第13章　実践としての戦略 …… 213

第1節｜SAPという研究プロジェクト …… 215
第2節｜経営戦略論におけるSAPの意義 …… 223
第3節｜「実践としての戦略」の展望 …… 227

第14章　戦略マネジメント …… 228

第1節｜良い戦略のマネジメント …… 229
第2節｜分析的アプローチによる戦略マネジメント …… 230
第3節｜ステークホルダー・アプローチによる戦略マネジメント …… 232
第4節｜戦略マネジメント論の課題 …… 237

重要語句説明 …… 243
参考文献 …… 247
事項索引 …… 258
人名索引 …… 261

第 I 部
経営戦略論の発展

第1章
経営戦略の発展：戦略サファリからの脱出

第1節 | 企業経営における戦略への関心の高まり

　戦略という発想が世界で最初に登場したのは，紀元前500年ごろの『孫子』という兵法書においてといわれる。まだ戦略という用語は使われなかったが，その内容は，兵法として今日でも通用する軍隊レベルの戦略から戦術など，組織レベルに応じた考え方を示している。

　それに対して，19世紀前半にクラウゼヴィッツが『戦争論』において，軍事戦略という用語を用い，国家の政治目的を達成するためのカギとなる戦略的な決定論を展開した。孫子の兵法とクラウゼヴィッツの戦争論のいずれも，時代を超えて，戦略を考える際の古典として現代においても活用されている。

　そして20世紀に入ると戦争を定量的，統計的，数学的に分析した研究も登場し始めた。その代表的なのがランチェスターの法則である。これは，第一次大戦時に発表されたもので，少数の戦力でも勝てる方策のあることを示した戦略論である。このように，戦略に関する考え方は，基本的には戦争論の一分野として発展してきたといえる。

　一方，経営学の歴史を振り返ると，20世紀以降，科学的管理法，フォードシステム，人間関係論など，その歴史を塗り替える新しい考え方の登場に事欠かないが，企業経営における戦略を理論的に分析しようとする試みは60年代になってからにすぎない。

　もっとも，経営資源の有効な配分を決定するため，成長するため，あるいは競争優位にたつためなど，企業にとって将来の期待像（ビジョン）を実現するための方策が実践的にいろいろと模索されてきたのは疑いない事実である。

そうしたなかで，孫子をはじめとして，共通して必要とされたのが戦略的な発想・思考である。

戦略の発想は元々軍事面で実践されてきたが，企業経営における戦略的発想の重要性を指摘したのは，バーナード（Barnard 1938）が嚆矢である。バーナードは，問題解決を考える際，その根本原因を究極的に探ることは時間的にも能力的にも不可能なため，問題を生んだ直接的，決定的な要因を探し当てれば問題解決できるはずだと想定し，それを**戦略的要因**（他の要因が不変ならばその要因を取り除くか，変化させることによって目標達成ができる要因）として指摘した。しかし当時はまだ，企業経営において戦略という用語はほとんど使われず，その発想の重要性が明らかにされる程度で，経営戦略ないし企業戦略といった戦略の全体像を対象にしたものには至らなかった。

こうした経緯を背景に，経営戦略論の発展は，次のような3つの源流に遡ることができる。第1の流れは，チャンドラー（Chandler 1962）による『戦略と組織』の出版を契機とするものである。この著作は，経営史的観点から，GM，シアーズ，デュポンといった20世紀を代表する米国大企業の成長戦略に対して，その組織構造がいかに対応したかを明らかにしたものである。そして，とくに重要な点は，経営者が策定した戦略とそれを実施する組織構造が適したものかどうかによって，業績が異なることを示している点である。

第2の流れは，ロッキード社の経営に携わった経験のあるアンゾフ（Ansoff 1965）による『企業戦略論』の影響によるものである。彼は，当時流行っていた過去の経験から外挿して作成する長期計画論の限界を指摘し，それに代わって，現状の分析から将来を見据えた戦略的計画論が有効であることを展開した。その際アンゾフは，その基礎となる戦略概念の構成要素に着目し，それを明らかにしている。

第3の流れは，アンドリュース（Andrews 1971）を中心としたハーバード・ビジネス・スクール（HBS）の経営政策論において明示された**SWOT**分析を源とするものである。HBSでは伝統的にケース・メソッドによる教育が重視され，経営政策論においては企業の実態分析（強みと弱みの分析，機会と脅威の分析）をもとに，企業の政策意思決定のあり方が中心に展開されたが，やがて政策（あり方）でなく戦略（実践）がケース・スタディの中心になってきた

のである。

　以上のようにさまざまな源流をもつ経営戦略論は，70年代から80年代には競争戦略を軸に発展し，①経営資源の活用の仕方をめぐるコンティンジェンシー・アプローチによる戦略論やPPM論，②意図せざる戦略が生起する組織プロセスに注目した創発戦略論や戦略インクリメンタリズム論，③戦略と成果の関係に注目した実証研究や産業組織論からの競争戦略論，組織経済学からの競争優位論などに結実していったのである。

　しかし，各研究の大半は，戦略そのものが企業において既に存在しているという存在論的立場（実在論）からの戦略分析である。換言すれば，戦略現象が既に存在していることを前提にそれを研究してきたものが大半である。アンゾフ，アンドリュースといった企業の戦略研究を展開した初期の研究者はいずれも，戦略ありきの立場から，戦略の策定や実施に伴う問題に取り組んだものといえる。

　その後，そうした研究では，戦略がどのように生まれるかを説明できない，という指摘を受けて，戦略が企業の活動プロセスにおいて次第に特定される，と捉える存在論的立場（唯名論）に立つ議論も登場するようになった。例えば，戦略形成や創発戦略の側面に光を当てた研究（Mintzberg 1978；1985）である。これは，戦略現象が組織メンバーの学習や気づきを軸に企業内で社会的に構成されるという視点に立脚するものである。そして，その他にも戦略のユニークな捉え方が登場するなど，各研究者の立場の違いによって，戦略現象の議論が多様になっていった。

　企業経営における戦略について，どのように捉えるかは研究者の方法論を構成する存在論や認識論によって異なるのは当然である。例えば，存在論的に戦略を所与とすれば，それを分析対象として，レベルの識別，策定プロセス，パターン化など，その構成要素とを明らかにした上で，それらの関係性を明らかにできる。また，認識論的に戦略現象に因果関係を求めることもできる。

　戦略研究が機能的分析やプロセス的分析など多様化した中でも，次第にその主流となったのは，検証可能な客観的な事実をベースとする研究である。すなわち，戦略実在論として戦略の機能的分析を軸とするものである。そのため，研究スタイルは戦略を説明（独立）変数として捉え，それに影響を受ける企業

の経済的成果などを目的（従属）変数とした実証研究や，戦略を目的変数として捉え，どのような影響を受けて戦略が実現されるかという研究が中心に展開された。換言すれば，戦略を構成する要素間に規則性や因果関係があるという認識論的立場から，それを検証しようとする実証主義的立場の戦略研究である。20世紀の後半，企業の戦略は，こうした立場による戦略論の主流となって発展してきたのである。

とはいえ，戦略の機能分析をいくら深めても，企業経営において求められる戦略実践に役立つ理論モデルが提示されない，という戦略分析の限界が指摘されるようになり，戦略の**分析症候群**というレッテルを貼られるようになった。そこで，戦略ありきの研究の限界を克服するには，創発戦略にみられるように，機能的に分析できない戦略現象の側面への関心が高まった。例えば，戦略の策定要因でなく，戦略が形成されるプロセスに着目するアプローチへの期待である。

20世紀末には，こうした背景を踏まえ，戦略現象の因果関係や規則性を探究するより，戦略プロセスの説明を主とする「実践としての戦略（Strategy as practice）」（Whittington 1996）など，反実証主義的な立場からの研究が登場するようになった。このため，戦略現象の認識の仕方はますます多様化した様相を示している。さらに，戦略を決定論的に見ること，あるいは組織自体が戦略を自ら構築する主意主義的なものと見ることも可能であり，経営戦略論の内容は多様化を加速している。

以上のような理論的な視点とは別に，歴史的な視点から見ると，20世紀には，60年代のアメリカによる政治・経済的な覇権期に生まれた企業戦略論，70年代における相次ぐオイルショックがもたらした混乱期の戦略マネジメント論の登場，そして80年代の日本の躍進を契機とする競争優位の戦略論と学習ベースの戦略論，さらにソ連邦の崩壊による市場経済の広がりを背景にした90年代におけるグローバル化とネットワーク化の進展期には資源ベースの戦略が登場した。そして21世紀になると，新興国の躍進と資源争奪時代の到来期のゲーム論ベースの戦略論，実践としての戦略論など，それぞれの時代背景の下で新しい戦略論が次々と生まれてきたのである。

さらにまたこの間，マッキンゼー・アンド・カンパニーやボストン・コンサ

ルティング・グループ（BCG）など戦略系コンサルティング会社が経営戦略の理論的発展に照応してその存在感を増していった。テイラーとその弟子たちが，科学的管理法を広めることで経営コンサルティング業の有用性を実証したように，ビジネスの現場におけるコンサルティング会社への期待は20世紀当初から認知されていた。そして，1926年にマッキンゼー（James McKinsey）が創立したマッキンゼー・アンド・カンパニーをはじめ，経営コンサルタント会社の中には長い歴史をもつものもある。しかし，経営戦略の分野に限っていえば，1963年に，ヘンダーソン（Bruce Henderson）が設立したボストン・コンサルティング・グループによって70年代にはじめに開発されたPPMモデル（BCGマトリックスとも称される）の影響が大きい。

　これは，（第2章で詳述される）「経験曲線」と「製品ライフサイクル」という必ずしも検証されていない仮説を前提としたモデルだが，限られた経営資源の有効活用に関してビジネスの現場で実践的に使える戦略ツールを提供した，という意味で経営戦略論の発展に大きな影響を与えたのである。現在，大半の経営戦略のテキストでPPMが基本的なテーマのひとつになっていることから

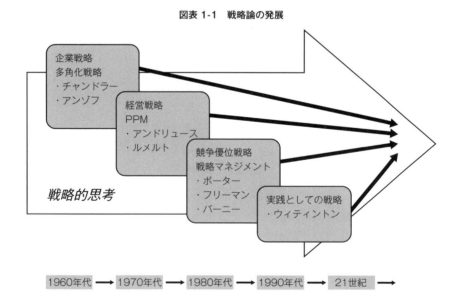

図表1-1　戦略論の発展

出所：著者作成。

も，その影響を推し量ることができよう。

　以上のように大雑把に見ても，孫子の兵法以来，戦略的発想は多様に展開されて今日に至っていることが分かる。戦略論の発展を時系列に記すと，図表1-1のようになろう。

第2節 ｜ 経営戦略論の多様性

1．経営戦略の多様な見方

　経営戦略には企業戦略と事業戦略が含まれている，という見方ができる。それは，企業活動（資本の調達）と事業活動（資本の活用）を統括するのが経営活動（経営者の役割）といえるからである。経営戦略がこうしたものだとすると，その領域は，レベル的に見ても，企業レベルの戦略，事業レベルの戦略，職能レベルの戦略など多様にならざるを得ない。また，企業間レベルに視野を広げると，提携戦略，M&A戦略など，これもさまざまである。経営戦略の領域が多様であることはその歴史的発展を振り返ってみても確認できる。

　例えば，アンゾフ（1965）の『企業戦略論』発刊以降，70年代になると，アンドリュース（1971）による『経営戦略』をはじめ，ホッファーとシェンデル（Hofer and Shendel 1978）『戦略策定』など，戦略をいかに捉えるか，そしていかに作るか，という戦略策定問題の解明をするものが相次いで出版された。また，デュポンをはじめとする米国大企業の経営史をベースとした事例研究から，チャンドラー（1962）は「組織は戦略に従う」という命題を歴史的に例証したが，ルメルト（Rumelt 1974）は，さらにその命題の有効性を経験的に実証した。そのため，全社レベルの多角化戦略にも関心が集まるようになった。

　しかも同時期に，既述のようにボストン・コンサルティング・グループによってPPMモデルが創出されたのである。すると，それが瞬く間に企業の多角化事業を有効に展開する方策を示唆する有効な戦略ツールとして認識・活用されるようになり，戦略系コンサルティング会社の存在感がビジネスの世界で増すとともに，経営戦略の理論的裏付けと実践応用の可能性が実感されるに至ったのである。

80年代に入ると，ポーター（Michael Porter）の『競争戦略』（1980）や『競争優位の戦略』（1985）によって，業界構造分析をベースとした競争優位の戦略モデルが提示された。これは，従来の経験則による規範的なモデルではなく，企業の活動（activity）をベースにした理論的枠組みを提示するとともに，**ファイブ・フォース**（five forces）や**価値連鎖**（value chain）などの戦略分析ツールが画期的で有用なものであったため，広く評価されるに至った。そして，ポーターによる競争優位の戦略モデルは広く認識・活用されるとともに支持者が広がり，その特徴からやがて，戦略の**ポジショニング学派**と称されるようになった。

　しかし，70年代後半から80年代は，日本の家電メーカー，自動車メーカーなどの躍進が欧米で顕著になり，その秘訣として，欧米とは異なる日本的経営システムの存在が注目された。そのため，日本企業成功の秘訣が詳細に分析され，その要諦が日本的経営システムにあるかどうかについて，欧米の研究者を中心に広く議論を呼んだ。そして，日本の経営システムが徹底的に研究された結果，『ジャパニーズ・マネジメント』（Pascale 1980），『Z理論』（Ouchi 1981）などがベストセラーになり，欧米とは異なる日本的経営システムの有効性と限界が明らかにされた。それとともに，『エクセレント・カンパニー』（Peters and Waterman 1982）の **7-Sモデル**の軸となった共有価値（shared value）の重要性が認識され，企業の独自性を表す企業文化の存在とその形成・変化と経営戦略の関わりが議論されるようになった。

　80年代は，日本企業の成長とともに，欧米諸国で日本的経営が賞賛を得た時期といえる。当時，それまでは欧米の経営思想を一方的に受け入れてきたわが国の経営学分野だが，ようやく欧米一辺倒な考え方に疑問を持つ研究者が登場するようになったのである。そして，組織論分野で吉原他（1981）『日本企業の多角化戦略』によってコンティンジェンシー・アプローチによる日本企業の実証研究が本格的に始まる一方，戦略論分野では伊丹（1980；1987）『経営戦略の論理』が，日本企業の「見えざる資産」に着目した独自の体系的な戦略論を展開した。

　こうした背景のもと，ポーターによる競争優位戦略モデルにも批判が出始めるとともに，戦略の文化アプローチや学習アプローチの登場によって，戦略研

究はますます盛んになった。これは，企業を取り巻く時代のコンテクスト・環境の変化が既存の戦略モデルの限界を露呈させた結果といえよう。

さらに90年代になると，環境分析や業界分析を重視するアウトサイド・インの発想でなく，伊丹などの影響を受けた企業の独自能力や模倣困難性などインサイド・アウトの発想の重要性が認識され，バーニー（Barney 1991）を代表とする**資源ベース（RBV）の戦略論**が脚光を浴びることになった。その結果，ポジショニング学派の対抗勢力が形成され新たな潮流が現れ始めた。そして，**コア・コンピタンス**（Hamel and Prahalad 1994）の重要性がビジネスの現場で広く認識されるようになる一方，ポジショニング学派とRBV学派で多くの学者を巻き込んで論争が起こるなど，戦略論の研究はますます注目を浴びることになった。この論争のなかで，両学派は対立的な見方でなく相互補完的な見方であることが明らかにされたが，競争均衡をめぐる前提などで異なる点もあり，実際に関係がどうかはまだ不透明なままである。

いずれにせよ，経営戦略論の発展は，特に80年代以降勢いを増した感がある。とはいえ，方法論上の存在論や認識論を異にする研究者によって戦略現象の研究が進められたため，戦略研究は極めて多様化した状況を示すことになった。そのため，活動ベースの戦略論，資源ベースの戦略論，ルーティンベースの戦略論など，いろいろと戦略論の整理・区分けが試みられたが，そうした中で最も有名になったのは**戦略サファリ**（Mintzberg et al. 1998）である。これは，60年代に管理論の世界で指摘された「マネジメント・セオリー・ジャングル」を思い起こさせるものであり，戦略論の状況を見事に描いている。

2．経営戦略の多様な内容

戦略の具体的な内容について，当初からアンゾフ（1965）は，戦略の構成要素として，①製品—市場分野（企業の製品と市場の分析），②成長ベクトル（企業が当該の製品—市場分野で行おうと計画している変化），③競争優位性（企業に強力な競争上の地位を与えてくれる個々の製品—市場の特性），④シナジー（相乗効果：$1+1=\pm 3$になる現象）を挙げている。またホッファーとシェンデル（1978）は，それを事業の観点から，①事業範囲（組織のドメイン），②資源展開（組織の独自能力），③競争優位性（競争相手に対する独自の地

位），④シナジー（資源展開や範囲決定における相乗効果）から成り立つと指摘している。

　戦略概念の拡大とその構成内容は，研究者それぞれの観点からなされており，その意味する内容と構成要素は，論者によって異なる。例えば，戦略をどう捉えるかという点で，目標設定と戦略策定を含んだものとする見方がある一方，両者に相互関係があるがそれぞれ独自のプロセスであると考え，戦略策定のみをもってして戦略と見なす見方もある。こうした戦略の捉え方が混乱している状況に対して，ミンツバーグ（Mintzberg 1987）は，それぞれ独自に展開された多様な戦略概念について，各研究者が共通してとり挙げる項目に着目して整理することができるとして，次のように，戦略概念をその頭文字から5つに区分けした5Pモデルを提案している。

・計画（Plan）としての戦略：意図した通りの行為ガイドライン
・策略（Ploy）としての戦略：競争相手を出し抜こうとする特別の作戦
・パターン（Pattern）としての戦略：意図に関わらない一貫した行動様式
・位置づけ（Position）としての戦略：市場環境に企業を位置づける手段
・パースペクティブ（Perspective）としての戦略：企業と環境についての認識様式

　これらは，単独で使われる場合もある一方，複合して捉えられる場合もある。しかし，①戦略とは何か（plan, pattern），②戦略とは何をするものか（ploy, position, perspective）に分けて捉えることができるため，実践的には，使われる戦略概念が一貫して扱われているとは必ずしもいえない。いずれの考え方にも一部重複した部分があるため，ある時は計画としての戦略，別の時は策略としての戦略が意識される。例えば，位置づけとしての戦略を策定・実行する場合，パターンとしての行動様式も反映せざるを得ないからである。現実に戦略を分析する際，戦略概念は5Pモデルの各モデルの部分的複合体として捉えられているケースが多いようだ。
　したがって，戦略概念はその使われる場面によって次のような内容が複合化したものと捉えることが有用であろう。

(1) ドメインの設定といった将来の方向指針面
(2) 環境とのかかわり方・位置づけといった認識面
(3) 意思決定のパターンや行動ルールの特定化といった実行面

　戦略をどのように捉えようとも，現実問題としていえば，それが経営者の頭の中にある**戦略意図**から現実の組織行動としてでてくるものまで，レベルの違いを含めそのバリエーションは多様である。意図した**計画的戦略**がすべて現実の戦略になるとは限らないし，急に生まれる**創発戦略**（Mintzberg 1987）が現実の戦略になってしまうこともあり得る。創発戦略とは，詳細な市場分析によって念入りに作成した計画的戦略とは異なり，既存の戦略を実施している最中に，直観や思いつきによって生まれてくる戦略である。有名な例はホンダの米国での創発戦略である（詳細は第12章）。

　経営戦略の内容については，多様な考え方が登場するとともに，整理分類する試みもいろいろある。経営戦略と企業戦略，事業戦略といったレベルの違いや，マーケティング戦略と財務戦略，職能別の戦略など戦略内容の整理とととも に，戦略概念の5Pモデルといった戦略自体の捉え方の分類である。ミンツバーグ（1987）は，戦略の捉え方のいろいろを5Pとして分類した後に，戦略研究のアプローチが多くの学派で混在しているとみなし，それを戦略サファリと称した。また沼上（2009）は，経営戦略とは何かという問いに対する答えとして，歴史的発展の観点から，戦略計画学派→創発戦略学派→ポジショニング学派（ポジショニング・ビュー）→資源ベース学派（リソース・ベースト・ビュー）→ゲーム論学派（ゲーム論アプローチ）という5つの考えかたに集約している。これに対して，沼上の整理分類を踏まえた青島と加藤（2012）は，戦略論の分類軸として，利益の源泉軸（外or内）と注目の軸（要因orプロセス）から，ポジショニング学派，資源ベース学派，学習学派，ゲーム論学派を主要な学派としている。

第3節｜経営戦略研究のサファリ状況

　戦略現象に対する捉え方，研究方法に関して，上述のようにいろいろと整理

することができるが，ミンツバーグ（1998）は，戦略研究の現状がアフリカのサファリと同じように何でもありの百花繚乱，混乱状況であると見抜き，それを戦略サファリと命名したのである。これは，既に指摘したように，1960年代に．クーンツ（Koontz 1961）によって指摘された周知の「マネジメント・セオリー・ジャングル」をもじった表現である。

60年代のマネジメント研究をリードしていたクーンツは，マネジメント現象に関していろいろなアプローチが登場して混乱している状況を統一するために，当時の最先端のマネジメント研究者を集めたコンファレンスを開催した。しかし，それはかえって混乱を増す状況を引き起こすことになり，それを称してクーンツは「マネジメント・セオリー・ジャングル」と命名したのである。

ミンツバーグ（1998；2009）によれば，戦略研究は発展したにもかかわらず，アプローチの多様化など戦略モデルは混乱を極めて分かりにくい状況にある。そこで彼は，それを戦略サファリ状況に陥っているとみなし，戦略形成のアプローチについて以下のような10の学派に整理したのである。そして，混乱した戦略研究の状況を打破するには，コンフィギュレーション・アプローチが有効だと主張している。

① デザイン学派：構想としての戦略
② 計画学派：意図的に策定できる戦略
③ ポジショニング学派：分析できる戦略
④ 起業家学派：ジョンを実現する戦略
⑤ 認知学派：認知プロセスによる戦略
⑥ 学習学派：学習プロセスで生まれる戦略
⑦ パワー学派：交渉プロセスを有利に進める戦略
⑧ 文化学派：共有価値観を軸とする集合的プロセスと一致する戦略
⑨ 環境学派：環境への適応プロセスを表す戦略
⑩ コンフィギュレーション学派：構成要素の変化プロセスを表す戦略

これらをさらに区枠すると，①〜③は戦略の内容に関連し，「何をするのか」という戦略行動の規範的な特徴を持つのに対して，④〜⑩は戦略の形成プ

ロセスに関連し、それぞれの視点から、どのように戦略が形成されるかについての記述的な特徴を持っている。

ミンツバーグが主張するコンフィギュレーションとは、構成要素の全体的バランスを表す用語であり、戦略サファリを脱却するには、俯瞰的に各学派の考え方を取り込みながら、状況によっては有力な考え方が主導することが示唆される。換言するなら、そのアイディアを利用すれば、環境変化に応じて的確に戦略を策定するプロセスを描くことができるのである。例えば、企業の成長・発展段階（誕生→成長→成熟→模索→革命→？）に応じて、戦略や組織のあり方は変わってしまう。成長期にはポジショニングを重視し、成熟期には計画を軸に、模索期には学習の観点から方向性を探り、革命期には起業家精神を発揮して前向きに戦略を実行するのである。状況に合わせて戦略を探るという発想は、ミンツバーグだけではない。戦略は、状況に合わせて戦略思考を組み合わせること（コンフィギュレーション）が必要なのだ。

第4節 | 経営戦略論の課題：戦略サファリからの脱出

既にみたように、ポーターの登場以降、経営戦略の研究が飛躍的に発展したが、それは60年代からビジネスの経験を生かした戦略研究があったからである。そうした歴史的発展の中で、1980年にはアンゾフも編集に携わった学術誌SMJ（*Strategic Management Journal*）が創刊された。これが意味するところは、経営戦略分野に特化した研究発表の場が整備され、研究が正当化されるに至った、ということである。それゆえ80年代は、学術的にも経営戦略研究が発展するターニングポイントだったといえる。つまりそれは、70年代までの規範的な戦略論に対して記述的な戦略論へ、そして理論的分析と実践的応用の可能性がある戦略論へと、学術研究として正当化される経営戦略研究の舞台が整ったのである。

こうした発展経緯の中で、戦略を構成する要素の特定化も進み、戦略論の理論的発展も当然だったが、さまざまな議論が噴出することにもなった。例えば、ポーター・モデル（ポジショニング論）の対象領域が企業環境や業界構造など企業の外部要因に偏っていることに着目して、その理論的限界が指摘され

たのである。そこで新たに注目され出したのが，RBV（資源ベース論）による持続的競争優位のモデルである。これは，企業の外よりも中に競争優位性の源泉があることを主張したものであり，戦略によって競争優位性を確保する際に取り得る手段をロジカルに展開できる特徴を有している。

ポジショニンやRBVのモデルをはじめ，経営戦略のモデルについて多様な見解が生じるのは，競争優位についていろいろな角度から分析できるからである。新しい見方が次から次に出てくることは戦略論を発展させる上できわめて有意義といえよう。だがその結果，戦略モデルがあまりにも多様化してしまうと，論者間で同じ土俵に立つことができずに議論が進まなくなるため，戦略論の発展を阻害するというパラドックス現象が生じてしまう。元来，アウトサイド・インの発想などモデル構築の前提が異なると，それとは別の前提の議論とかみ合わないのは当然であり，戦略サファリの状況が避けられない。

経営戦略論として今日までに展開された議論内容は，規範的と記述的，戦略の策定と実行，戦略のレベルとプロセス，静的側面と動的側面，アウトサイド・インとインサイド・アウト，説明変数あるいは目的変数としての戦略，経済的成果と社会的成果との関係など多様である。しかしこれらは，戦略現象のどこに焦点をおいた分析かという点で，時代背景やコンテクストを反映しているものであり，いずれも戦略現象の一部を対象とした議論にすぎない。このことから，論者間の立場の違いが鮮明にでてくるとともに，それぞれの主張から戦略の全体像が見通せないという限界が生じるのである。

確かに，理論面，実践面において多様な見方が展開され，戦略論の世界が広がったことは疑いない。だが，その結果醸成されたのが戦略サファリ状況では，研究の一貫した発展による恩恵を得るのが容易でない。ミンツバーグ等（1998）は，戦略サファリ化した状況では，全体的構成を志向した「コンフィギュレーション」の発想によってのみ，多様化・多元化した戦略論の混乱を統合することが可能性だと主張しているが，その確証は得られていない。さらに，社会的価値の観点が欠如しているなど，それで全ての理論を統合することは不可能なようである。こうした点からも，経営戦略論は依然として多元的状況の問題点を克服するに至ってない，といわざるを得ない。

かつてフリーマン（Freeman 1984）が**ステークホルダー・アプローチ**（詳細

は第14章）による戦略マネジメントを提案した時，ほとんどの戦略研究者から無視されたのはなぜなのだろうか。その点についてフリーマンは，戦略を考える上で株主以外のステークホルダーの視点を取り入れることに対して，当時としてはラディカルすぎる考え方だと思われたようだ，と2010年版の著書序文で述べている。このことは，企業経営における戦略研究が，研究者の立場（株主志向，顧客志向など）によって異なることはやむを得ないことの証である。

　戦略的思考をする際に，ステークホルダーの視点を取り入れることは，分析単位をより関係性の観点からみることになる。そのため，ステークホルダー・アプローチでは，経済と社会，企業と非企業を分けない傾向がある。ここに，アンゾフやポーターをはじめとする戦略研究を主導してきた人たちと接点を持てない違いがあり，フリーマンの考え方が受け入れられなかった理由があると思われる。

　また近年，ヨーロッパ中心に盛んな「実践としての戦略」（Strategy as Practice：SAP）は，戦略研究の関係者間の議論をきっかけに2003年にJMS（*Journal of Management*）で特集号が組まれたときから広く認識され，徐々に勢力を増してきている（詳細は第13章）。これは，戦略のプロセス研究を足がかりとした戦略研究の新しい視点であり，従来のプロセス志向の創発戦略や個別事例に着目した研究とは異なり，①経営者の戦略策定活動，②戦略ツールの役割，に焦点を当てるものである。そして，戦略の形成・実施の記述を通して，従来の研究方法にもとづくモデルでは説明がつかない戦略プロセスの現象を解明しようとするものである。戦略のアフォーダンス（廣田 2016）への着目などはその延長線といえよう。

　こうした全く新しい視点による研究アプローチの登場によって，戦略研究が活況を呈しているように見える。だが，むしろ戦略現象をより分断化した探求が試みられるため，それがかえって戦略サファリの状況をますます混迷させ，そこからの脱出が困難となっている様相である。

　戦略現象を如何に捉えるかは研究者によって異なるが，その全体像を捉える用語である戦略マンジメントは，戦略の全体と個という二面性を克服する考え方を反映したものになるかもしれない。ここにひとつの光明が見い出されるようだ。

さらに進んだ学習のために

沼上幹（2009），『経営戦略の思考法』日本経済新聞出版社。
　…経営戦略論の発展を独自の視点から整理するとともに，戦略現象を的確に捉えるにはどのように考えることが必要かを論究している本。経営戦略の研究を深めたい人には必読書。

青島矢一・加藤俊彦（2012），『競争戦略論（第2版）』東洋経済新報社。
　…経営戦略の発展を4つのロジックに整理した上で，主要な戦略理論をわかりやすく説明。事例も豊富なため戦略論のポイントが理解し易い。

ヘンリー・ミンツバーグ他／齋藤嘉則訳（2013），『戦略サファリ（第2版）』東洋経済新報社。
　…今日の経営戦略に関する議論が多様化・混乱している状況を戦略サファリと名づけた上で，主要な戦略論を10の学派に整理しながらそれらの統合の可能性を示唆したユニークな本。経営戦略論のいろいろな考え方の関係性を明らかにしており，経営戦略論を学ぶ者にとって座右の書といえる。

三谷宏治（2013），『経営戦略全史』（株）ディスカバー・トゥエンティワン。
　…経営戦略の発展史について，関連エピソードや写真・図を豊富に示してわかりやすく解説。経営戦略発展の概要を知るのに有用。

第2章
経営戦略の構造と分析

　第二次大戦後のアメリカでは作れば売れるといった好景気が続き，企業経営において戦略的発想は必要とされなかった。そのため，目標達成のための戦略が本格的に議論され始めたのは，景気に陰りが見えだした60年代以降のことである。そして，ひとたび戦略への関心が高まると，組織レベルの違いを超えて多様な戦略の議論が展開された。その内容は，目標達成のために戦略的発想を生かしながら，経営活動の環境分析からはじまり，経営資源の調達，配分，活用をいかに効率的にするかに関する詳細な分析である。

　以下では，60年代の経営戦略の対象となるレベルを構造的に捉えながら，SWOT，成長ベクトル，PPMといった，戦略分析ツールの代表的なものを取り上げ，それを利用した戦略の策定と実施問題について検討してみよう。

第1節 ｜ 経営戦略の構造

　チャンドラー（1962）は戦略について，「企業の基本的長期目標・目的を決定し，さらにこれらを遂行するのに必要な行動方式を採択し諸資源を割り当てること」（p. 13）と定義づけている。一方アンゾフ（1965）は企業戦略を，「(1)企業の事業活動についての広範な枠組みを提供し，(2)企業が新しい諸機会を探求するための明確な指針を決定し，(3)企業の選択プロセスで最も有望な機会を得る意思決定ルールによって企業の役割を補足するもの」（p. 104）と見なした。またアンドリュースは，「戦略を企業の目標，意図ならびにそのための主要なポリシーのパターン」（p. 28）と定義づけたうえで，経営戦略（business strategy）の策定と実行の研究を行った。

戦略現象が多様であることから，企業における戦略は，企業の経営全般に関わる経営戦略以外に，階層レベルによっても捉えることができる。すなわち，全社レベルの企業戦略，事業レベルの事業戦略，職能レベルの職能別戦略である。換言すると，企業における戦略は，企業経営の将来のあるべき姿を描く経営戦略をベースに，それを実現するために企業の各レベルで，目標達成を実現する道筋として描かれる戦略から構成されている。

実際，事業レベルや職能レベルでは，成長率10％といった具体的な目標が設定されるため，それを実現するために何らかの方策が必要である。そのため，どのようにその方策を決定するか，すなわち，どのような戦略策定のプロセスを経て最終的な戦略案に至るのが良いかが問題となる。

戦略は基本的に目標達成の手段である。それゆえ，企業目標に階層性があるとすると，目標－手段の連鎖性，すなわち目標の手段化と手段の目標化の連鎖が形成されることから，目標と戦略の関係は組織階層との関連で図示することができる（図表2-1）。

全社レベルの目標達成のために企業戦略が手段として設定され，これが事業レベルの目標設定の制約要因として働く。そして，事業レベルの目標達成のために事業戦略が策定され，以下，職能レベルへとつながっていくのである。こ

図表 2-1　目標と戦略

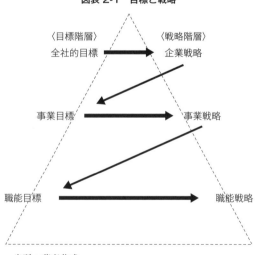

出所：著者作成。

の関係性から特定される各レベルの戦略は，以下のようなに整理できる。

(1) 企業戦略：企業全体の観点から将来を見据えた事業構成を実現する戦略
(2) 事業戦略：各事業の製品／市場分野でいかに競争するかに焦点をあてた戦略
(3) 職能戦略：各職能分野において資源をいかに効率的に利用するかの戦略

　企業の各レベルの戦略は，事業の規模拡大化や多角化した企業組織においてそれぞれ明確に区別されるが，企業が目標達成して有効であるためには，これらが相互に調和し一貫したものでなげればならない。
　例えばキヤノンは，独自技術を軸にした経営戦略という発想のもと，企業戦略として多角化戦略とグローバル戦略を標榜し，事業戦略として差別化戦略，職能戦略として独自技術を生み続ける研究開発戦略に力点を置いている。
　企業行動にかかわる戦略は，このようにいろいろなレベルで策定されるわけだが，すべてを包括する経営戦略と，企業戦略，事業戦略および職能戦略の相互の関係は図表2-2のように理念的に，経営戦略の枠組みの中で各戦略が複合しているものとして描くことができる。この図表において，事業ごとに横串が入っているのは事業戦略であり，生産や販売といった職能ごとに縦割りになっているのが職能戦略である。これに対して企業戦略は，事業戦略と職能別戦略を包括するものである。ここで注目すべき点は，上記で識別した3つの戦略のベースとなるのが経営戦略である点である。
　本来，企業の経営戦略は，**全体最適**が求められるものである。だが実際は，各部門における戦略行動が目指すのは**部分最適**であり，その総計は必ずしも企業の全体最適には至らない。また，もし各戦略が企業行動全般と整合していなければ，戦略はそれぞれ効果的に作動することにはならない。それを避けるためには経営戦略が一義的に明確になっていることが必要である。なぜなら，経営戦略こそ企業行動の核であり，それが明確でないと他の戦略も曖昧になってしまうからである。また経営戦略が良い戦略でなければ，事業戦略が良くても，企業としては持続的な成長は難しいのである。
　ところで，以上のように戦略の構造が理解できたとしても疑問が残る。それ

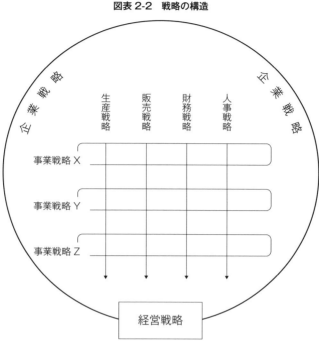

図表 2-2　戦略の構造

出所：著者作成。

　は，実務的によく使われる経営理念やビジョンと戦略との関係である。一般的に，経営理念とは，会社のあるべき姿を表現するものとされる。例えば，サントリーの経営理念は「人々のより豊かな生活をもとめて」であり，パナソニックの経営理念は，「私たちの使命は，生産・販売活動を通じて社会生活の改善と向上を図り，世界文化の進展に寄与すること」と明示されている。しかし，こうした表現では，抽象的過ぎて，具体的にどのような事業を展開するかが不明である。そのため，具体的な目標を立てようもない。

　これに対して，ビジョンは，経営理念を実現するための会社のあり方や進むべき方法を示すものである。表現の仕方は会社それぞれだが，例えば三越伊勢丹グループでは，具体的に「常に上質であたらしいライフスタイルを創造し，お客様の生活の中のさまざまなシーンでお役に立つことを通じて，お客様一人ひとりにとっての生涯にわたるマイデパートメントストアとなり，高収益で成長し続ける世界随一の小売サービス業となる」と明示している。

またニトリは，「中長期ビジョンである「2022年1,000店舗，2032年3,000店舗」の達成に向けた経営戦略を策定」と明言して，明確なビジョンの設定とそれを実現するために経営戦略が必要なことを認識している。

戦略は，こうしたビジョンをより具体化した目標達成の手段といえるのである。また，戦略は重層化されるため，部分的な戦略は戦術だとみなされ，戦略と戦術は違うとされてきた。戦術は戦争における局地戦で良く使われた用語であるが，ビジネスの世界ではほとんど使われず，何でも戦略と称されているのが実情である。こうした現象が，ビジネスの世界において戦略の本質が理解されない事態を招いているのかもしれない。

第2節 │ 経営戦略の分析ツール

1．戦略策定のためのSWOT分析

企業経営において自社分析が重要であることが喧伝されるようになったのは，60年代にハーバード・ビジネス・スクールで開講されていた経営政策論によってである。そして，その中心人物の一人であったアンドリュース他（1965）が『ビジネス・ポリシー』を出版し，その中で戦略計画の分析手法の一環として明らかにしたのが企業の現状分析ツールである。戦略計画の基本は，企業内外の環境分析，方針策定，実施計画の各ステップを明らかにすることであり，それぞれの作業を実践できるようにする分析ツールが，今日でも汎用されるSWOT分析であった。

企業経営において自社分析をする際，自社をとりまく環境を分析して，現状の問題点や将来の可能性を検討することは，企業が何をすべきかを明らかにするために必須なことである。そのために，目標達成にプラスとなる自社の強み（Strength）とマイナスになる弱み（Weakness）の他に，外部環境でプラスとなる機会（Opportunity）とマイナスになる脅威（Threat）を的確に捉えて，弱みについての対策，強みの強化，脅威への対処と機会の活用など，何をすべきかが明確になるのである。

実は，バーナード（1938）をはじめ，機会と強みを組み合わせることが組織の存続に必要なことは，実務家の間で既に周知のことだった。その点からいえ

図表 2-3　SWOT 分析

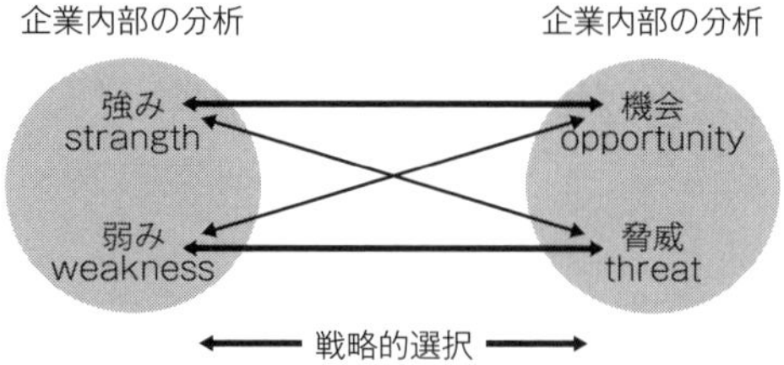

企業内部の分析　　　　　企業内部の分析

強み strength　　機会 opportunity
弱み weakness　　脅威 threat

←―― 戦略的選択 ――→

出所：著者作成。

ば，SWOT 分析は先人たちのアイディアを実践するためのツールといえる。分析して企業の実態を知らなければ，戦略の策定は困難を増すのみである。

2．戦略策定の分析

その後はこの分析モデルをベースに改良がなされ，ホッファーとシェンデル（1978）をはじめとするいろいろな戦略策定モデルが提示されている。これらについて比較検討してみると，そこには潜在的ないし明示的であれ，つぎのような6つのステップが共通して各モデルに含まれている。

(1) 目標・戦略の識別：現在の目標・戦略を理解
(2) 環境分析：機会と脅威の明確化
(3) 資源分析：保有資源の強みと弱みを明確化
(4) SWOT 分析評価：SWOT 分析結果を目標達成の観点から評価
(5) 戦略案と評価：新しい戦略案の識別とその多面的評価
(6) 戦略的選択：実施する戦略案の選択

以上のステップを経るとはいえ各項目は，各論者によって明確さ，内容の観点で若干異なっている。そのため，戦略策定プロセスは，マネジャーによる実施・評価も含む戦略マネジメントの一環として捉えられるのである。

分析ツールとしての SWOT は，比較可能で使いやすいということから広く浸透したが後に，企業の長期計画が失敗する原因がこれにある，という主張が展開されるようになった。ヒルとウェストブルック（Hill and Westbrook

1997）は，SWOT 分析を用いた 20 社を分析して，ただの 1 社も SWOT 分析の結果を戦略策定に使ってない，という事実を明らかにした。そして彼らは，ビジネスの実践において，SWOT 分析は単なるリスト作りに終始するだけで，それぞれの優先順位づけがされない点，また，問題点を挙げるだけでその解明・対処方も示されない点があることから，一度リコール対象にすべきだという主張している。しかし元来，整理が目的である SWOT について，それ以上のことを期待して批判しても的外れにすぎない。こうした批判はあったものの，いまでも SWOT 分析が使われるのは，自社の位置づけを整理するツールとして有効な側面があるからである。

3．成長ベクトル

　実際に戦略策定を行う際にまず問題となるのが，自社の強みを活かせる**ドメイン**（企業組織の活動範囲）の確立である。例えば，メーカーといっても，飲料メーカーと自動車メーカーでは求められるドメインは全く異なる。そのため，事業に即した適切なドメイン設定をすることが企業行動の成否にとって重要課題となる。しかも，ドメイン設定は自由に行えるが，企業にとって意味あるドメインは，設定したものでもマーケット（顧客）が受け入れる**ドメイン・コンセンサス**[1]されたものでなければならない。事業ドメインを拡大して海外展開しても，そこに支持してくれる顧客がいなければ，すなわち，ドメイン・コンセンサスがなければ，そこでのビジネス活動は意味をなさないのである。

　戦略の策定はドメインあっての話であり，現在の戦略も設定したドメインをベースとしているはずである。既存の戦略を反映するドメインがどんなものであり，新たにドメイン設定する場合，ドメイン・コンセンサスを想定したうえで，成長ベクトル（拡大化と多角化）として考えられる戦略的発想が生まれてくる。そして，その経緯を明らかにするにはドメインばかりでなく，**資源展開**（人，モノ，カネ，情報の組み合わせ），**シナジー効果**（相乗効果）などを考慮

---

[1] トンプソン（1967）の造語。ドメインは自由に設定できるが，それが市場で受け入れられなければ，換言するなら，顧客から認められなければ，実際のドメインとしてビジネスが展開できない。ドメイン・コンセンサスされるためには価値創造が必須である。

図表 2-4　ドメイン・コンセンサス

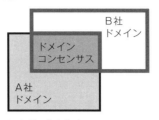

出所：著者作成。

に入れることが必要である。例えば，企業レベルや事業レベルの成長ベクトルの場合，製品－市場分野に関しての戦略の可能性をみるために，縦軸に現状および新規の市場分野，横軸に現状および新規の製品分野をとることによって，次のような製品・市場マトリックスの4つの戦略が識別可能である。

- **市場浸透**は，現在扱っている製品群を現市場でさらに売り込もうとする戦略で，具体的には，販売促進やPR活動。
- **市場開拓**は，現在扱っている製品群を新規市場分に投入して売り上げ増大しようとする戦略で，具体的には販売地域の拡大，海外進出。
- **製品開発**は，現市場に新規製品を投入して売り上げ増大しようとする戦略で，具体的には，新製品の開発・販売で製品群の拡大。
- **多角化**は，新規製品と新規市場を同時に実現しようとする戦略で，具体的には，未経験の市場に新製品で勝負することになり，新しいビジネスモデルの構築が求められる。

こうした製品・市場マトリックスによる戦略の可能性を示す類型は，成長ベクトルの発想から出てきたといえる。成長ベクトルとは，現在の製品・市場分野との関連において，企業がどんな方向に進んでいるかを示すものであり，ある企業が市場浸透にいきづまって他の戦略に転換する場合，すなわち製品開発や多角化に転換する場合，それがどんな方向にいかなる内容をともなって進んでいるかがわかるのである。

もっとも，製品・市場マトリックスをベースとした成長ベクトルによって戦

図表2-5　成長ベクトル

市場＼製品	現製品	新規製品
現市場	市場浸透	製品開発
新規市場	市場開拓	**多角化**

出所：アンゾフ（1965）をもとに著者作成。

略を特定したとしても，競合相手がいると，さらに競争優位性を獲得することが必要になる。そのために，競合相手と比べて強力な競争上の地位を保てる独自の製品・市場分野を認識することがまず求められ，場合によっては提携やM&Aが行われる。

　成長ベクトル（図表2-5）は，企業の成長の方向性を探る場合に有効な枠組みであり，組織メンバー間で理解を図る上で重要なツールとして機能する。なぜなら，この枠組みを前提に議論する限り，ムダな議論に広がる可能性を排除して，議論そのものを効率的にするからである。とはいえ，IT技術の発展により，ビジネス環境が複雑化・不透明化したため，成長マトリックスでは説明できない現象が生起している。広く使われてきた成長マトリックスというツールといえども，その限界が明らかになってきたのである。

　そうした中で，**ホワイトスペース**（Johnson 2010）というビジネスモデル構築の枠組みは，成長マトリックスの限界を超えようとするものである。ビジネスモデルは，策定された戦略を実施する仕組みであり，戦略そのものだと捉えられる。そのため，ホワイトスペースの発想は，新しいビジネス構築に繋がる可能性が高い。ジョンソンによれば，縦軸は感知したビジネスチャンスが既存の組織システムに適合するかどうかの次元である。これに対して横軸は，既存顧客や新規顧客のニーズに対する対処法は従来と同じか，それとも新しい方法かの次元である。そうすると，ビジネスモデルのあり方として，コアスペース，隣接スペース，ホワイトスペースに区分けできる（図表2-6）。

　コアスペースは市場浸透に該当し，隣接スペースは新製品開発と市場開拓を合わせたものといえる。ホワイトスペースは，新しい顧客・製品を新しいビジ

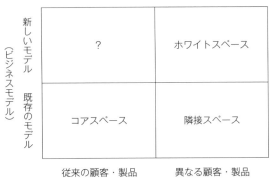

図表2-6 ホワイトスペース

出所：ジョンソン（2010）をもとに筆者作成。

ネスモデルで提供するものであり，成長ベクトルの多角化に該当する。しかし，多角化はコア事業と関連する関連多角化が有効という研究成果が数多く出されているが，それとは異なるホワイトスペースの有効性は，コア事業との関連は問わずに，いわゆるブルー・オーシャン戦略に通じるところが大きい。すなわち，ホワイトスペースは本業ビジネスとは無関連に事業を拡大できることを示唆する領域を示すものであり，その成否はビジネスモデルとしての有効性の観点から判断される。

第3節｜多角化戦略と組織

アンゾフ（1965）は多角化について，M&Aによるものを想定して，①水平的多角化，②垂直的多角化，③同軸的多角化，④コングロマリット的多角化，に分け，多角化が成功するかどうかは，プラス（＋）のシナジー効果が発揮できるかに依存するとみなした。シナジー効果という言葉は，もともと生物学のものであったが，アンゾフが企業戦略にかかわる用語として用いて以来，戦略論には欠かせない概念になっている。通常2+2は4になるのだが，これが5になったりする現象をプラスのシナジー効果といい，3になったりするのをマイナスのシナジー効果という。したがって，調味料中心のメーカーが冷凍食品

分野に進出するような多角化を行う場合，既存事業の流通網を新事業が使うことで範囲の経済を生かすことが出来るような，プラスのシナジー効果が働くような多角化であることが成功のカギとなるのである。

シナジー効果については，具体的にどんな種類があり，何を源泉として生じるかが問題とされるが，アンゾフはこの点について，効率性のアップを狙う販売シナジー，生産シナジー，投資シナジーや，経営管理能力の有効活用を狙うマネジメント・シナジーなどを指摘している。

どんな多角化戦略にせよ，戦略の策定と実施は，いずれも組織内メンバーの協働の産物であるため，必ずしも策定された戦略が組織で実施されるとは限らない。メンバーから支持されない戦略は，策定されても実施が困難となり，絵に描いた餅になってしまうので，戦略を策定する際，組織との関係を視野において考える必要がある。

戦略と組織の関係については，チャンドラー（1962）の提示した「組織は戦略に従う」（戦略→組織）という命題によって広く認識されるようになったが，それと対立する「戦略が組織を決定する」（戦略←組織）（アンゾフ1979）という命題も提示された。そこで，戦略が先か，組織が先かで論争が起こり，戦略と組織の相互の関係が大いに論究されることになった。

この論争で明らかになった点は，チャンドラーの命題は安定環境下でのもので，戦略に従う組織はその構造のことである。これに対して，アンゾフの命題は乱気流環境下のもので，戦略が従う組織は組織能力のことであり，戦略は組織の有する能力に依存して決定されるということであった。両者は，戦略と組織の関係について，組織の視点の違いからその関係性を異なって見抜いたといえるのである。このような研究の経緯から，組織論と戦略論の橋渡しが必要と

図表 2-7 戦略と組織の関係

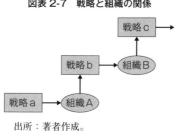

出所：著者作成。

いう点が明らかになり，戦略研究において，組織との関係を前提に研究することが当たり前になった（図表2-7）。

多角化戦略と組織構造に焦点を合わせたチャンドラーは，アメリカ大企業の歴史的分析を通じて，企業が成長戦略として多角化戦略をとると，有効な成果を上げる企業はそれまでの職能部門制組織から事業部制組織へと移行するということを歴史的に明らかにし，かの有名な命題を引き出したのである。そして，組織と戦略には段階的な発展があり，組織構造の変革は何らかの問題を引き金にして始まるということも示唆した。

この研究の延長線として位置づけられるものに，ストップフォードとウェルズ（Stopford and Wells 1972）の多国籍戦略と組織構造の研究がある。これは，ステージ1（単一製品・単一職能）からステージ2（単一製品・多職能）そしてステージ3（多製品・多職能）へと戦略が転換すると，それにともなってしだいに事業部制組織へ組織も展開するというチャンドラー図式に対して，多国籍企業においても戦略によって，自立的（海外）子会社のフェーズ1から国際事業部のフェーズ2，そしてグローバル構造のフェーズ3へと展開することを明らかにしたものである。

また，チャンドラーの教え子であるルメルト（Rumelt 1974）はアメリカ大企業の多角化戦略と組織構造，組織成果の関連を分析し，戦略の変化に応じて組織を変えることが組織の成果に関わることを示した。ルメルトによると，1949-1969年の20年間においてアメリカの大企業では多角化戦略が進展し，しかも，前半の10年間では関連事業への多角化が目立ち，後半の10年間では非関連事業への多角化が目立つこと，次に，そのような戦略の変化とともに，組織形態が職能部門制組織から製品別事業部制組織へと移ったこと，そして最後に，関連事業への多角化戦略（本業−集約型と関連事業−集約型）をとった場合でも製品別事業部制組織にしなければ企業の業績は高くないこと，つまり，戦略と組織の適合関係が必要なのでる。

わが国においても，ルメルトの分析方法を参考にした研究が吉原他（1981）によってなされている。それは，1958-1973年の日本の大企業118社のデータに基づいて，多角化戦略と事業部制組織との関連を実証したものである。そして，日本企業においても，「組織は戦略に従う」というチャンドラー命題が

検証されている。しかしその中で、いくつかの日本的な特性も発見された。まず、日本企業では事業部制組織の採用率がアメリカの企業とくらべて低いこと、換言すれば、多角化の程度がアメリカの企業の場合よりも低いことである。また、日本企業にはアメリカ企業と比べて形だけの事業部制が数多くみられることである。日本では、自立的単位として認められないような事業部が多く、業績をあげたからといっても俸給に結びつかないことが多かったのである。さらに、日本の企業の組織構造の特色は、仕組みよりプロセスにあり、「コンセンサスによる意思決定」や「価値と情報の共有」といった公式的な構造面の要因とはかけはなれた要因がかなりのウェートをもっていたことが確認されたのである。

第4節 │ 分析枠組みとしてのPPM

戦略研究が盛んになるにつれ、いろいろな分析枠組みが次々と生みだされてきた。中でも60年代末にボストン・コンサルティング・グループ（BCG）の開発した製品ポートフォリオ・マネジメント（Product Portfolio Management）は、その実践可能な点で優れたものとして一躍広まった。これは、通称PPMとよばれているものだが、多角化した企業が各事業に効果的に資源を配分するにはどうすればよいか、また企業全体として製品・事業の組合せを最適なものにするにはどうすればよいかを明らかにするのに役立つ枠組みである。そして、このモデルが成り立つためには検証されてない2つの経験仮説（前提）を受け入れる必要がある。

第1の前提は、製品にライフサイクルがあるという**製品ライフサイクル**（Product Life Cycle）仮説を受け入れることである。この説は、生物ならどんな種類でも誕生から成長、成熟、衰退へといたるプロセスがあるが、それと同じように製品や産業にも寿命があって、一連のプロセスをたどるというものである。例えば、ブラウン管カラーテレビ、携帯型音楽再生機器のウォークマンなど、一世を風靡した製品はもう作られていない。ライフサイクルの形は、いろいろなパターンとして考えられるが、一般的には図表2-8のようにS字型をしているといわれる。すなわち、導入期には成長率があまり高くないが、年

図表 2-8 製品ライフサイクル

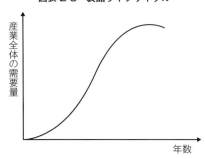

出所：著者作成。

数がたつに従いしだいにそれが高くなり，やがてまた低くなるという姿である。

　ライフサイクル仮説が意味するポイントは，成長期には投資効果が期待されるが，衰退期にはほとんど投資効果が望めないことであり，製品のライフサイクルがどこかで投資の判断が可能な点である。

　第2の前提は，**経験曲線**（experience curve）の考えを受け入れることである。経験曲線とは，企業経営において経験が蓄積されるに従いコストが下がるという，昔からよく知られていた経験効果の現象を計量的に測定したものである。フォードがモデルTの大量生産で価格を下げたのは，規模の経済もさることながら，まさにこの経験曲線の有効性を物語るものである。

　とはいえ，この現象が実務的に認識されるようになったのは1960年代になってからである。BCGは，製造コストばかりでなく，管理，販売，マーケティングなども含んだ総コストにもこの現象が当てはまり，ひとつの製品の累積生産量が2倍になるにつれ，総コストが一定のしかも予想可能な率で低減することを実例を通して提示している。それによると，累積生産量が倍増するごとに，総コストは20%から30%程度下がっていくと見なされる。経験曲線は，横軸に企業における累積生産量をとり，縦軸にその企業の単位当り総コストをとると，図表2-9のように描ける。

　なぜ経験曲線の示すようにコストがさがるのだろうか。この疑問に関して指摘されるのは次の観点である。すなわち，①職務に対する習熟効果，②作業方法の改善による効率アップ，③効率的な製造方法の開発，④標準化推進による

図表2-9 経験曲線

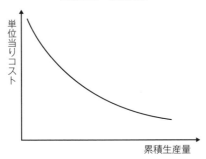

出所：著者作成。

無駄の排除，⑤資源ミックスの見直し改善，⑥設計方法の見直し改善などであり，諸要因が相互に関連しあって経験効果がもたらされるのである。

経験効果によって総コストが削減可能だとすれば，企業がコスト削減によって優位性を確保するには，当該事業について競合相手より早く多くの経験を蓄積することが必要である。具体的には，より多くのマーケットシェアを獲得することが優先事項になる。なぜなら，マーケットシェアの拡大は，それだけ売るものを増産することになり，結果的に累積生産量が増しコストが下がるからである。

以上のようなライフサイクルと経験曲線の2つの前提から引き出される資源配分のロジックがPPMであり，これは図表2-10のような枠組みによって表わすことができる。すなわち，市場成長率と相対的マーケットシェアの2次元で構成されるマトリックス図式である。ここで市場成長率は，当該製品・事業の属する市場の年間成長率であり，一方相対的マーケットシェアは，当該製品・事業の最大の競争相手に対する相対的シェア（通常対数尺度で表わされる）を意味している。また，マトリックスの各セルにはその性格から独特の名前がつけられているが，それぞれつぎのような特徴をもっている。

(1) 花形製品（高シェア，高成長）：資金流入量は多いが，市場成長率が高いためシェア維持をはかるのに多くの投資を必要とするので，資金源とはならない。しかし，市場成長率が低下すれば「金のなる木」になるので，将来の資金源となる可能性がある。

図表 2-10　PPM の枠組み

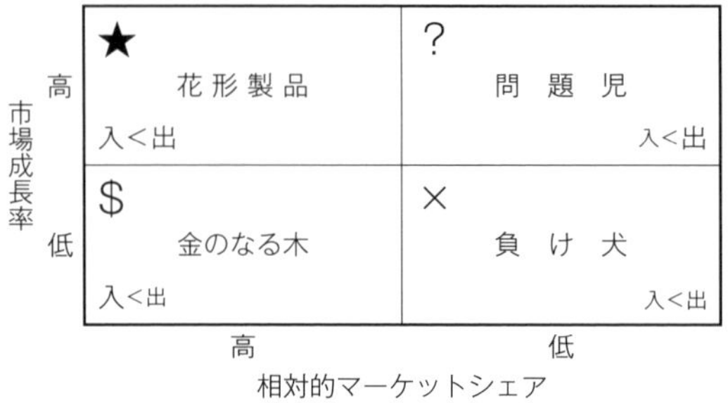

	高　　相対的マーケットシェア　　低	
高　市場成長率　低	★　花形製品　入＜出	?　問題児　入＜出
	$　金のなる木　入＜出	×　負け犬　入＜出

出所：ヘンダーソン（1979）をもとに著者作成。

(2) 金のなる木（高シェア，低成長）：資金流入量が多いが，市場成長率が低いため，もはやシェア維持を図るのに多くの投資を必要としないので，潤沢な資金源となる。

(3) 問題児（低シェア，高成長）：資金流入量が少ないが，市場成長率が高いため，シェアを維持し拡大するためより多くの投資を必要とする。もしその投資をしなければすぐにシェアを失い，また現状維持程度の投資としても，市場が成熟期に入って成長が止まると「負け犬」になってしまう。

(4) 負け犬（低シェア，低成長）：マーケットシェアが少ないので資金流入量が少なく，景気変動などの外部要因によって収益性が左右されやすい。また，市場成長率が低いため投資などの資金流出は少ないのでそれ自身を維持することは可能かもしれないが，将来の資金源になる可能性はない。

いかなる製品・事業もこれら4つのいずれかに分類することができ，またそれらは，ライフサイクル仮説による衰退期に入り市場成長率が低下してくると「金のなる木」か「負け犬」のどちらかになってしまう。そこで，事業多角化した企業は，製品ライフサイクルと累積生産量を勘案して，事業ポートフォリオの構築，すなわち，「問題児」（種まき）を「花形製品」に育て，「金のなる木」で回収するサイクルを回せるように，バランスのとれた製品・事業の組合せを図ることが，企業の存続に必要となるのである。

多角化した企業にとって，限られた資金・資源を有効に配分するにはどうすればよいかが将来の成功のカギとなるので，こうしたPPMによる製品・事業の配分の理想型を理解することによって，どのように実践したらよいかが分かるというのは非常に有効なロジックである。

理想的には，「金のなる木」によって生じた資金を「問題児」に投入して，将来の「花形」に育成を図り，あるいは研究開発に投下して直接「花形」を創出しようとすることである。したがって，多角化した企業はバランスのとれたポートフォリオ，すなわち，「花形」「金のなる木」「問題児」の事業をバランスよく展開することによって持続的な成長の機会が得られるのである。「負け犬」を事業から撤退するのは，その事業について上位のマーケットシェアを獲得できない等，手の打ちようがない場合である。しかし日本企業は，正規従業員を会社の都合で解雇できないという法制度があるため，企業の収益に貢献できない「負け犬」に甘んじても，事業を継続する場合が多い。

ポートフォリオの循環は論理的に考えるといろいろと可能だが，企業にとって有効な成功の循環と有効でない失敗の循環とにわけで図示してみると図表2-11のようになろう。

PPM図式は，企業内の資源配分を考える物差しになるばかりでなく，ライバル企業の動向を分析する枠組みとしても有用である。具体的に言えば，①自社と競合相手の製品構成を分析できること，②ライバル企業と対比して時系列的に描くと，相対的な強みや位置づけについて理解でき，将来の競争像を描けること，③負け犬事業を撤退するための根拠を与えてくれること，等である。

とはいえ，企業がPPMを活用するには，いくつかの作業が必要である。まず第一に，競争実態を把握し，長期的な趨勢が測定できる単位として製品・事業を識別すること，第二に，個々の製品・事業の戦略的位置付けを明確にすると同時にその評価基準を，収益性，成長性，資金フローの観点から確立すること，第三にPPMを運営するために，資源を集中した**戦略的事業単位**（Strategic Business Unit，略称SBU）の考え方を確立することである。

このようなBCGによって生みだされたPPMは，経営資源の配分と戦略策定の面で経営戦略論の発展に大きな影響を与えたが，いくつかの批判もされた。すなわち，①4区分では単純すぎる，②成長率で産業全体の魅力度を捉え

図表 2-11　成功と失敗の循環

成功の循環

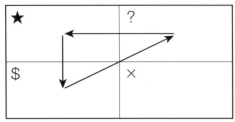

失敗の循環

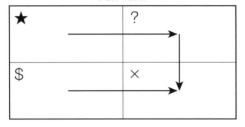

出所：ヘンダーソン（1979），翻訳書，236頁。

きれない，③マーケットシェアは捉え方が多様であり，これだけで競合ポジションの指標とは言い切れない，④各セルに重複する部分の評価ができない。

そこでPPMモデルを基本としながらもその改良型がいくつか考案された。例えば，GE社による事業スクリーン方式や製品のライフサイクルにあわせて段階を区切って考えようとするホッファーとシェンデルのモデル，マッキンゼーによるPIMSモデルである。しかし，いずれも新モデルのベースとしたPPM同様な欠点が指摘できるのであり，BCGのPPMモデルを否定するモデルに至らなかった。

第5節　戦略行動のパターン

SWOTや成長ベクトル，PPMといった戦略策定の分析ツールは，まだ使われる機会があるようだが，一般的に戦略ツールは次々に生まれては消えていく状況にある。その理由は，そうしたツールを使って経営戦略の策定が行われ，企業の事業展開の方向性が決定されても，その実施がうまくいくとは限らな

かったからである。多角化戦略を策定しそれに適する事業部制組織を構築したとしても，状況は同じである。なぜなら，組織構造という入れ物を作っても，その動かし方がうまくいかなければ，折角インプットされたものもバラバラになってしまうためである。そこで，こうした課題に対するひとつの答えがコンティンジェンシー・アプローチによる戦略と組織の関係解明である。すなわち，策定された戦略に対して組織構造が適合すること，しかも，環境変化にも適合できる関係が必要なのである。

　このことを踏まえて，環境変化に適応するための戦略の策定とその実施のパターンを明らかにしたのがマイルズとスノー（Miles and Snow 1978）である。彼らによれば，企業行動は，企業の意思決定者による製品・市場の選択問題と，それを実現させる技術の問題，そしてそれらを運用する管理の問題の間に相互のズレが生じないよう適合することが必要である。すなわち，製品・市場領域（事業ドメイン）が技術を規定し，技術が管理方法を規定し，管理方法が新たなドメイン設定に影響するという適応サイクルを回すことで，相互の適合度をアップできるという発想である（図表2-12）。

図表2-12　適応サイクル

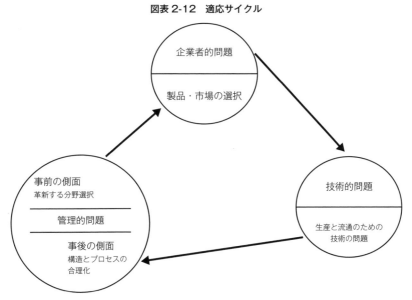

出所：マイルズとスノー（1978），p. 24。

さらにマイルズとスノーは，環境にそれぞれ適応した経営戦略，組織構造，管理プロセスの三者が相互に適合した場合に，組織は有効かつ能率的活動が展開できるという。すなわち，組織が成果を上げるには，戦略に適した組織と管理プロセス，組織に適した管理プロセスであることが必須なのである。

一般的に，経営戦略と組織構造は業務外の活動を制約し，組織構造と管理プロセスは経営戦略のあり方を規制する。したがってこれら三者をバランス良く適合させることは容易でない。そのためにカギを握るのが，環境適応のため定着している既存の戦略行動パターンである。そして，それをマネジメントできる企業の決定者ないし**支配連合体**（dominant coalition）である。

マイルズとスノーによると，企業の戦略行動は以下の4つにパターン化される。すなわち，防衛型（Defenders），探索型（Prospectors），分析型（Analyzers），受身型（Reactors）である。

防衛型は，環境変化に対して，既存の製品・市場領域を軸に専門性を高めるが，新しい機会を求めようとしないパターンである。これに対して探索型は，絶えず市場機会を探索し，いつでも環境変化に対応できる体制を整える行動パターンである。さらに分析型は，安定した事業を保持しながら，可変的な事業領域を持つという異なった内容の事業を同時に営むパターンである。ところが，受身型は，環境の変化に気付いてもすぐに効率的に対応できないパターンであり，企業にとって最も好ましくないパターンである。

これらのパターンは，手を加えなければ固着化する傾向があるため，環境変化に適応するためには，行動パターンを変えざるを得ない。その際に，どうすべきかを決めるのは支配連合体であるが，これは経営陣内の主導権を反映するものである。つまり，戦略を環境適応の観点から支配連合体が見直すわけだが，常に変化する環境を特定する可能性は主導権のあり方次第なのである。そのため，環境適応は常に受身的というわけでなく，能動的にもあり得る。ただし，マイルズとスノーの主張のように，いくつかの戦略行動パターンがある中で，その選択の仕方如何で企業業績は異なるのである。以上の観点を踏まえれば，企業の戦略行動は主体的な環境適応が多いといえよう。

戦略行動と環境適応をめぐる研究は，海外進出した企業がその経営資源をどのように活用するかといった観点からも押し進められた。そのなかでも，バー

トレットとゴシャール（Bartlett and Ghoshal 1989）らによって企業の国際化戦略の成功パターンが整理されている。

バートレットとゴシャールは，企業のグローバル戦略の展開に応じて，組織形態がマルティナショナル型⇒グローバル型⇒インターナショナル型⇒トランスナショナル型に変化することの必要性を主張した。そして，**トランスナショナル型組織**は，マルティナショナル型組織（分散），グローバル型組織（集権），インターナショナル型組織（中核能力のみ本社に集約し他は分散）を同時に使い分けるモデルで，国境を超えて柔軟に対応できる企業組織である。

また1980年代以降，組織文化論への関心の高まりに応じて，戦略と組織の関係は組織文化を介して成り立つことが議論されるとともに，組織文化が戦略策定と実施にどのように関係するかも問われるようになった。その結果，1990年代には**CI戦略**（企業が組織文化の独自性を打ち出すため，ロゴマークの変更などによってそのイメージを内外にアピールして浸透させる戦略）が流行した。当時わが国ではNECによるC&C，東芝のE&Eが広く知れ渡り，米国でも，ヒューレットパッカードのHP=MC^2，などが大いに注目された。

さらに21世紀に入ると，グループ経営の方式が広まり，親会社の組織アイデンティティを関連子会社に浸透させ全社一体化するための戦略が問われるようになるなど，戦略論の領域は広がる一方である。しかし，それらがどのような戦略のもとで有効で，どのようなロジックで説明がつくかはまだ不明な点が多い。戦略の問題は，その登場当初とは異なった戦略要因を取り込みながら，新たな展開を見せ始め，止まることがない。

近年の注目されたアイディアを振り返ると，熾烈な競争環境であるレッドオーシャンでなく，競争がないブルー・オーシャンで事業を展開すべきであるという**ブルー・オーシャン戦略**（Chan and Mauborgne 2005）という競争図式がよく知られている。だが，その本質は競合相手を寄せ付けないということであり，ポーターによる戦略論の基盤である産業障壁を事業障壁と読み替え，それを徹底的に死守することが競争優位のエッセンスだと主張しているに過ぎない。このように，戦略研究の分野では，単にラベルの張替えで新規性を訴えることで，一時的に流行することがたまにはあるが，これは戦略領域の話に限ったことではない。われわれは常に，戦略について，本物の発想と単なる似

非発想を識別するよう心がける必要があろう。

さらに進んだ学習のために・・

ウォルター・キーチェル三世／藤井清美訳 (2010),『経営戦略の巨人たち』日本経済新聞出版社。
　…経営戦略の資源配分の実践的な方法として有名な PPM の誕生話など，戦略系コンサルティング会社の盛衰を裏づける人間模様が豊富に描かれていて，経営戦略の理論と実践の関係を考えるのに有用。

網倉久永・新宅純二郎 (2011),『経営戦略入門』日本経済新聞出版社。
　…経営戦略のテーマ全般にわたってわかりやすく解説。経営資源の配分に関わる成長ベクトルやPPM などについても，事例を通して実際に使えるアイディアであることを例証している。

伊丹敬之 (2012)『経営戦略の論理 (第4版)』日本経済新聞出版社。
　…経営戦略を包括的に捉えて，見えざる資産の活用，オーバーエクステンションなど独自のコンセプトを駆使して戦略問題が論理的に解明できることを例証している。日本生まれの独自の経営戦略論といえる好著。

第 II 部

競争戦略

第3章
競争優位の獲得

第1節 │ 競争戦略と競争優位

1．ポーター（Porter 1980；1985）以前の競争優位研究

　前章でみてきたように，1970年代までの経営戦略論では，成長ベクトルやPPM等，企業成長のための考え方が中心であった。これらは，多角化した企業の本社レベルで検討されるものであり，企業成長を実現するために，将来的な事業ポートフォリオを構想し，どのような事業を手がけるのか，さらには，いかに経営資源を配分するのかを問題にする。一般に，こうした企業全体に関わる戦略を企業戦略または全社戦略（以下，企業戦略）といい，具体的には，事業多角化，新事業開発，企業買収，事業撤退等を検討する。

　他方，多角化した企業の事業分野ごとの戦略を事業戦略または競争戦略という（以下，競争戦略）。競争戦略は企業戦略を受けて，個別の事業分野ごとに策定され，特定の業界ないしは製品・市場セグメントにおいて，ライバル企業といかに競争するのか（あるいは，いかに競争を回避するのか）を問題にするが，その最終的な目的は**競争優位**の獲得に他ならない。

　こうした競争優位の問題が経営戦略論の中で重要な問題として理解されるようになったのは，ポーター（1980；1985）以降のことである。以下，本章では競争優位の問題を扱うが，まずはポーター（1980, 1985）以前の経営戦略論において，競争優位の問題がいかに捉えられていたのかについて確認することにしよう。例えば，企業戦略の体系化に大きく貢献したアンゾフ（Ansoff 1965）も競争優位の概念に注目していた。

　アンゾフ（1965）は，戦略を構成する要素として，「製品・市場分野

(Product-Market Scope)」,「成長ベクトル (Growth Vector)」,「シナジー (Synergy)」とともに,「競争優位 (Competitive Advantage)」をあげている。アンゾフ (1965) によれば,競争優位とは「企業に強力な競争上の地位を与えるような個々の製品・市場の特性」を意味している。アンゾフの競争優位の概念は,基本的に外部環境におけるその企業の製品・市場の進路や方針を示すものであり,個々の進出方法の特性 (The Characteristics of Individual Entries) を示すものである。この例として,支配的な地位を獲得できるような合併の探求や特許による保護を十分に享受可能な分野への進出などがあげられるが,後に議論するように,アンゾフ (1965) が捉えた競争優位の概念は,現代的なそれとは異なる点に注意する必要がある。

また,第2章で取り上げたBCG (Boston Consulting Group) のPPM (Product Portfolio Management) における理論前提としての経験曲線効果 (Experience Curve Effect) は,最もシンプルなコスト上の競争優位を問題にしている。ここで,ある業界内のすべての企業が全く同じ経験曲線に基づいて生産を行い,同一の価格設定をしていたと仮定してみよう。この場合,業界内におけるマーケット・シェアが高い企業は,累積生産量が他のライバル企業よりも多いため,経験曲線効果を享受することでコスト上の競争優位を獲得することができる。

さらに,その後の研究において,現代的な競争優位研究に大きく接近したのが,M&C (McKinsey & Company) とGE (General Electric Company) が共同で開発したGEビジネス・スクリーン (GE's Business Screen) である (Fleisher and Bensoussan 2002)。

図表3-1に示されるように,このマトリックスは,「業界の魅力度」と「事業単位の地位」といった2つの次元から構成されている。この次元をみる限り,PPMと類似した概念に捉えられるかもしれないが,これら2つの次元は多数の変数から成る複合測度になっている点がPPMとの相違点である。例えば,「業界の魅力度」は,市場の絶対的規模,市場の可能性,競争構造以外にも,財務,経済,技術といった広範囲な変数から成っている。同様に,「事業単位の地位」は,事業単位,マーケット・シェア,位置づけ,比較優位性,ブランド,研究開発力といった変数から成っている。このマトリックスでは,マ

図表 3-1　ビジネス・スクリーン

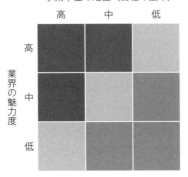

出所：フライシャーとベンソーサン（2002），翻訳書，52頁を一部修正して著者作成。

トリックス上における二次元のうち，「事業単位の地位」をひとつの次元として採用し，その変数に「位置づけ」や「比較優位性」といった変数が組み込まれていることから，現代的な競争優位の理解に通じるものがあるといえる。

以上のように，企業戦略がその中心的テーマであった1970年代までの経営戦略論において，競争優位の問題が全く議論されていなかったわけではない。しかしながら，この当時の経営戦略論が多角化をはじめとした企業成長のマネジメントに関心を寄せていたこともあり，競争優位に関わる議論が本格的になされることはなかったといってよい。これからみるように，競争優位の概念が本格的に議論されるのは，1980年代になってからのことである。

2．競争優位とは何か

競争優位とは何か。競争優位の定義は論者によってさまざまであり，実のところ，統一的な見解はない。

グラント（Grant 2007）は，競争優位について「同一市場において，2つ以上の企業が競合しているとき，ある企業が，継続的に高利潤率をあげている，またはあげる可能性を有している場合，その企業は競争優位を持っている」と論じている。ここで注意しなければならないのは，競争優位は必ずしも高い収益性として具現化されるわけではないという点である。というのも，企業に

よっては，現時点における利益よりもマーケット・シェア，技術開発，顧客ロイヤリティ向上への投資，経営幹部への報酬等を優先させるかもしれないからである。

また，バーニー（Barney 2002）は，企業の戦略を「競争に成功するためにその企業が持つセオリーである」と定義した上で，そのセオリーを実行に移した結果は，**競争優位**（Competitive Advantage），**競争均衡**（Competitive Parity），**競争劣位**（Competitive Disadvantage）の3つの状態のいずれかになるという。

まず，競争優位とは「その企業の行動が業界や市場で経済価値を創出し，かつ同様の行動を取っている企業がほとんど存在しない場合に，その企業が置かれるポジション」であり，競争に圧倒的に成功している状態を意味する。つまり，特定の企業が持つ競争に関するセオリーがその業界や市場に適合していて，他の企業はほとんど全くそのセオリーを知らないか，もしくはそのセオリーに基づいて完全に行動することができない場合，その企業は競争優位にあるといえる。

次に，競争均衡とは「その企業の行動が経済的価値を創出するものの，他の複数の企業も同様の行動を取っているときに生じる企業ポジション」であり，競争に成功している状態を意味している。換言すれば，特定の企業が持つ競争に関するセオリーがその業界や市場に適合はしているが，他の大多数の企業もそのセオリーを理解し，実行に移すことができる場合，その企業は競争均衡にあるといえる。

最後に，競争劣位は「その企業の行動が経済価値を生み出さない場合の競争ポジション」であり，競争に失敗している状態を意味する。このような競争ポジションに陥ってしまうのは，その企業の競争セオリーがその業界や市場に適合していないためである。

上記のように，競争優位を獲得するセオリーを実行している企業は，競争均衡や競争劣位にある企業より成功しているといえる。それゆえ，企業は競争優位を獲得するためのセオリーを模索する。この際に問題になるのは，競争優位はいかに獲得されるのかという点である。この点を考える上で最も代表的な研究は，ハーバード大学のポーターが1980年と1985年に世に

送り出した *Competitive Strategy: Techniques for Analyzing Industries and Competitors*（邦訳：『新訂 競争の戦略』）と *Competitive Advantage: Creating and Sustaining Superior Performance*（邦訳：『競争優位の戦略：いかに高業績を持続させるか』）であろう（詳細は，第4章を参照）。ただし，ポーター（1980）では，3つの基本戦略（Three Generic Strategies）を説明する上で，その後の競争優位の概念に該当する戦略の有利性（Strategic Advantage）について論じているものの，必ずしも多くの紙面を割いて説明しているわけではない。この点では，競争優位の概念について本格的に論じているのは，ポーター（1985）であるといえよう。

ポーター（1985）によれば，競争優位とは「会社が競争の激しい市場で業績を伸ばすための決め手」であり，「会社が買い手のためにつくり出すことのできる価値から生まれてくる」。この場合の価値とは，買い手が会社の提供するものに進んで払ってくれる金額のことであるが，ライバル企業よりも優れた価値には，2つのタイプがある。ひとつは，ライバル企業と同等のベネフィットをライバル企業よりも，低価格で提供するタイプであり，もうひとつは，たとえライバル企業よりも高い価格であっても，それを相殺して余りあるほどのユニークなベネフィットを提供するタイプである。以下にみるように，ポーター（1985）は競争優位をコスト優位と差別化優位の2つに分けて捉えるが，前者のタイプはコスト優位に関わり，後者のタイプは差別化優位に関わる。

まず，コスト優位を追求する上で重要となる代表的なコスト・ドライバー（事業活動の費用を大きく左右する要因）には，以下のものがある（浅羽・牛島 2010；Grant 2007；Porter 1985）。(i)規模の経済（小さなキャパシティよりも大きなキャパシティのほうが，平均費用が低下する），(ii)学習の経済（習熟，組織ルーティンの改善），(iii)生産技術（新たなプロセス技術），(iv)製品設計（製品設計の単純化などの製造の容易性），(v)投入コスト（所在地による投入物コストの違い，労働組合に加盟していない労働力，購買力による交渉力等），(vi)稼働率（活動規模をできるかぎりキャパシティに近づけることができれば，固定費を分散させ，平均費用を低下させることができる），(vii)残余効率（企業が最適なオペレーションの効率フロンティアにどこまで到達しているかの程度に関連し，企業が組織スラックやX非効率性を排除する能力に依存する）。

次に，差別化優位を追求する上では，その差別化のポイントが「顧客にとって価値あるものであるかどうか」がカギとなる。たとえ優れた技術に基づいた製品・サービスであっても，顧客にとって魅力的かつ高く評価されるものでなければ，顧客は高い価格を支払おうとはしないからである。こうした差別化優位を追求する上で重要となる代表的な差別化ドライバー（差別化の推進に高く貢献する要因）には，以下のものがある（浅羽・牛島 2010；Grant 2007；Porter 1985）。(i)製品特性（特徴，性能，品質，デザイン，使いやすさ），(ii)顧客心理（製品やブランドに対するイメージ，企業の評判），(iii)活動特性（販売や配送の体制，広告費の高さ，取引条件），(iv)補完的な製品・サービス（周辺機器やソフトの充実，顧客サポート，掛売り，修理），(v)優れた立地条件。

　ところで，コスト優位であれ差別化優位であれ，競争優位研究におけるひとつの有力な見方によれば，競争優位を獲得するための基本的な原則は，業界内にライバル企業との明確な違いを打ち出せるユニークなポジションを確保することであるとされる。例えば，それは価格の面における違いであったり，品質やサービスの面における違いであったりしても良い。ここでは，このような見方をポジショニング論（詳しくは第4章参照）と呼ぶことにしよう。さらに，これまでの競争優位研究によれば，ポジショニング論以外に，もうひとつ資源ベース論（詳しくは第5章参照）という有力な見方がある。この見方によると，企業が保有するさまざまな経営資源やそれらを最大限に活用し得る組織能力こそが競争優位の源泉であると理解される。もちろん，ポジショニング論と資源ベース論の2つの見方に優劣はない。企業の競争優位は，業界内のポジションやさまざまな経営資源や組織能力が相まって獲得されるものだからである。したがって，両者の見方は180度異なるものの，企業の競争優位の問題を捉える上では補完的関係にあるといえる。

　この点について，デイ（Day 1997）は，ポジショニング論と資源ベース論という競争優位についての代表的な2つの見方を統合して考える必要性を指摘している。例えば，ポジショニング論は，なぜある企業が高い業績をあげることができたのかを説明できるものの，なぜそのようなポジションを獲得できたのかを明確に説明することはできていない。そもそも，業界内におけるユニー

図表 3-2 競争優位の循環

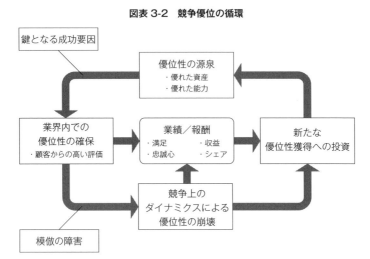

出所：デイ（1997），翻訳書，65頁を参考に著者作成。

クな競争上のポジションは，その企業の経営資源や組織能力の違いの結果によって確保されるものである。そして，そうした経営資源や組織能力は，業界内においてユニークな競争上のポジションの確保を目指して，それまでに行われた継続的な投資の結果によるものでもある。

図表3-2に示されているように，競争優位の獲得とその維持は，永続的かつ循環的な企業活動に基づいている。企業の経営資源や組織能力にはライバル企業よりも優れているものもあれば劣っているものもあるだろう。このうち，ライバル企業より優れた経営資源や組織能力等の鍵となる成功要因により，企業は業界内における優位な競争上のポジションを獲得することができる。ただし，それまでの企業努力によって得られた競争優位はライバル企業の模倣にさらされたり，競争環境のダイナミックな変化によって弱体化したりすることも考えられよう。

したがって，企業は競争優位の問題を捉えるにあたり，2つの点に留意しなければならない。ひとつは，既存の競争優位を持続させるためにライバル企業の模倣を阻む工夫や仕組みを手当てすることである。そして，もうひとつは，遅かれ早かれ弱体化していく既存の競争優位に代わる，新たな競争優位の獲得に継続的に取り組むことである。次節以降では，この2つに関連する問題を中

心にみてみよう。

第2節 | 持続的競争優位の獲得

1．持続的競争優位と活動システム

いったん競争優位の獲得に成功すると，ライバル企業は競争優位の源泉を模倣しようとしてくるかもしれない。当然ながら，ライバル企業に模倣されてしまえば，競争優位は失われてしまう。では，どうすれば企業はライバル企業からの模倣を防ぎ，**持続的競争優位**を獲得することができるのであろうか。ポーター（1996）は，価値連鎖（第4章参照）の概念を発展させて活動のフィット（Fit）の観点から持続的競争優位について説明しようとした。

ポーター（1996）によれば，戦略の本質は，独自の活動を伴った戦略的ポジションを創造することにある。それは，すでに述べたように，競争優位を獲得するためには，ライバル企業と同様の価値をより低いコストで提供するか，顧客に対してライバル企業以上の価値を提供するか，あるいはこの両方を提供する必要があるからである。コスト優位に立つためには，ライバル企業よりも個々の活動を効率よく遂行することが必要であり，差別化優位に立つためには，活動の選定とその遂行方法に注意する必要がある。このように，ポーター（1996）はあくまでも活動こそが競争優位の基本単位であることを主張する。この点を捉えるにあたって，**戦略的ポジショニング**（Strategic Positioning）と業務の効率化（Operational Effectiveness）の相違を区別することが重要になる。戦略的ポジショニングとは「ライバル企業とは異なる活動を行う，あるいは類似の活動を異なる方法で行うこと」である。他方で，業務の効率化とは「類似の活動をライバル企業よりもうまく遂行すること」である。すなわち，前者は「活動を組み合わせること」であり，後者は「個々の活動や機能で卓越すること」を意味している。もちろん，優れた企業パフォーマンスを達成するためには，戦略的ポジションの創造と同時に業務の効率化が欠かせない。ただし，業務の効率化によるだけではライバル企業による模倣や競争の収斂（当初はさまざまなやり方で競争していたが，次第に同質化すること）により，企業間競争は消耗戦に発展してしまうため，持続的競争優位の獲得は難しい。他

方，図表 3-3 のサウスウエスト航空の活動システムの図に示されるように，いかなる戦略的ポジションを選択するのかによって，どのような活動を行い，各活動をどのように組み合わせるのか，そしてどのように関連させるのかが決まる。この点では，戦略的ポジションの創造こそが競争優位の基本となるが，それが持続性を持ち得るかどうかを理解するためには，フィット（Fit）の概念に注目する必要がある。

　フィットとは「活動が相互にどのように関連するか」ということを示している。フィットの概念が重要になるのは，競争優位が企業内のあらゆる活動が相互に関連し，影響しあうことによって生み出される場合が多いためである。例えば，ひとつの活動のコストは，他の活動の仕方次第で下がる。同様に，ひとつの活動が顧客に対して持つ価値は，その会社の他の活動によって高められる。このように，活動間のフィットにより，コストが低下したり，差別化の程度が強化されたりする。さらに，フィットは競争優位の基本であるばかりか，その持続性の本質でもある。事実，競争優位がある特定の活動に依存している

図表 3-3　サウスウエスト航空の活動システムの図

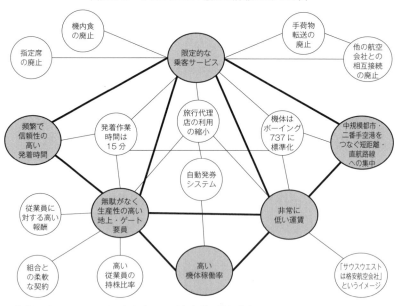

出所：ポーター（1996），翻訳書，67頁を参考に著者作成。

場合よりも，活動システム全体から生み出される場合のほうが，各活動の相互関連性を外部から解明することが難しいため，ライバル企業による模倣がはるかに難しくなる。たとえ解明できたとしても，それを実現する際に，複数の部門にまたがる意思決定や行動を統合する必要性があるため，活動システム全体の再現性は著しく低下することになろう。

２．持続的競争優位と経営資源の模倣可能性

すでにみたように，ポーター（1996）は企業内の活動に着目し，持続的競争優位について説明したが，そもそも企業が行う活動は，活動それ自体を可能にする経営資源によって支えられているはずである。だとすれば，ひとつひとつの活動を可能にする経営資源に遡って考えることも重要であろう。こうした経営資源に着目して持続的競争優位について説明しようとした代表的研究に，ディリックスとクール（Dierickx and Cool 1989）とバーニー（1991）がある。

ディリックスとクール（1989）によれば，通常以上の経済的パフォーマンスを獲得する経営資源の模倣可能性は，その蓄積プロセスに関連しているという。こうした経営資源の模倣可能性に影響を与える具体的な要因には，①時間圧縮の不経済（Time Compression Diseconomies），②資産集合の効率性（Asset Mass Efficiencies），③資産ストックの相互関連性（Interconnectedness of Asset Stocks），④資産の減価（Asset Erosion），⑤因果曖昧性（Causal Ambiguity）の5つである。

まず，時間圧縮の不経済とは，例えば，ある一定期間に一定の率でR&D投資を行う場合とその半分の期間で2倍のR&D投資を行う場合を比較した時，後者は前者と同様の成果（R&Dノウハウの蓄積）を得ることはできないということである。資産集合の効率性とは，成功が成功を育むことを意味する。例えば，重要なR&Dノウハウをすでに持っている企業は，それを持たない企業に比べて，より一層ブレークスルーを行う上で良いポジションにいることを指し，それがより一層の経営資源の蓄積を促進する。資産ストックの相互関連性とは，経営資源の蓄積効果はその経営資源のストック・レベルだけではなく，その他の経営資源のストック・レベルにも依存しているということである。資産の減価とは，すべての経営資源は適切なメンテナンス費用をかけなけ

れば，ますます減価が進むことになるため，適切なマネジメントのもとで減価を食い止めることが求められるということである。最後に，因果曖昧性とは，資源蓄積プロセスにおいて重要な役割を果たしている変数を特定することが困難であることを意味している。このように，ディリックとクール（1989）は，その蓄積プロセスに注目することで持続的競争優位を説明しようとしたが，こうした研究を踏まえ，より本格的に持続的競争優位に注目した研究はバーニー（1991）であろう。

　バーニー（1991）によれば，持続的競争優位は「すべての現在ないしは潜在的競合企業によって同時には実行されない価値創造戦略を実行し，これらの競合企業がこの戦略によるベネフィットを複製することができない」ことにより生み出される。バーニー（1991）は，持続的競争優位を説明するにあたり，企業の経営資源について，異質性（Heterogeneity）と固着性（Immobility）という2つの仮定に基づいて捉えようとした。だが，この2つの仮定によるだけではあまりに抽象度が高くなってしまう。そこで，持続的競争優位の源泉となる経営資源の特性をより明確にするため，①価値（Value），②稀少性（Rareness），③不完全な模倣可能性（Imperfectly Imitability），④代替可能性（Substitutability）といった4つからなるフレームワークを提示した（図表3-4）。

　このうち，持続的競争優位を捉える上で最も重要な特性は，不完全な模倣可能性である。この点は，独自の歴史的条件（Unique Historical Conditions），因果曖昧性（Causal Ambiguity），社会的複雑性（Social Complexity）といった要因によって説明することができる。

　まず，独自の歴史的条件である。この要因は，ある特定の経営資源の獲得プロセスが，空間的または時間的な諸条件に依存している場合，ライバル企業がその経営資源を再現するためには過ぎ去った歴史をもう一度再生する必要があるため，ライバル企業による模倣可能性は低くなるということを意味している。次に，因果曖昧性とは，ライバル企業が模倣対象の企業の経営資源と，その企業の競争優位との因果関係について明確に理解することができないということである。この場合，模倣対象企業の何を模倣して良いのかわからないため，ライバル企業による模倣可能性は低くなるだろう。最後に，社会的複雑性

図表 3-4　持続的競争優位の条件

出所：バーニー（1991），p. 112 をもとに著者作成。

である。経営資源が社会的に複雑な現象に依拠し，企業がシステマティックに管理したりコントロールしたりすることができない場合，これらを人為的にコントロールしようとすると，模倣コストが極めて高くつくため，模倣可能性は低くなる。

しかしながら，果たして，価値があり，稀少で，模倣困難で，代替困難な経営資源を企業が保有することによって持続的競争優位を獲得することができるのであろうか。実は，バーニー（2002）では，不完全な模倣可能性（Imperfectly Imitability）と代替可能性（Substitutability）を統合して，模倣可能性（Imitability）とするとともに，新たに組織（Organization）という要因を付加している（VRIO フレームワーク）。つまり，価値があり，稀少で，模倣困難な経営資源を十分に活用できる組織的な能力を有することにより，企業は持続的競争優位を獲得することができるのである。

第3節　競争環境の特性を考慮した競争優位の戦略

1．競争のダイナミクスと一時的競争優位

昨今の競争優位研究によれば，もはや持続的競争優位の獲得が常識だった時代は終わりを告げようとしている。たしかに，競争環境が比較的安定的に推移するのであれば，活動間におけるフィットや模倣困難性を高めることで持続的競争優位の獲得は可能かもしれない。しかしながら，例えば，競争環境における脅威と機会が急速かつ予測不能なかたちで変化するシュンペーター的変革（Schumpeterian Revolutions）が生じた場合（Barney 2002），持続的競争優位の獲得はほぼ不可能になる。とりわけ，このような競争環境において，企業が持続的競争優位を喪失するのは，ライバル企業による模倣行動によってではな

い。劇的な競争環境の変化によって，これまでの企業の強みが弱みに（逆に，これまでの弱みが強みに）一気に置き換えられた結果によるものである。

　現実の企業の状況をみれば明らかなように，いかなる競争優位も永続させることはできない。むしろ，企業が競争優位を持続させることができる期間は，ますます短くなってきている（D'Aveni and Gunther 1994）。にもかかわらず，多くの企業は，どのような競争環境にあるのかを真摯に検討することなく，持続的競争優位を目指そうとする。ここで敢えて結論を先取りすれば，競争優位の持続性は，競争環境の特性や変化の程度に応じて異なる。従来，こうした研究は，敵対的な競合関係にある企業同士の行動とそれに対する反応に注目する**競争のダイナミクス**の分野において進められてきた。

　通常，企業は競争環境において，競争優位を獲得するためにできるだけ有利なポジションを確保しようと行動する。この際，ライバル企業間で生じる，競争行動とそれに対する競争反応から構成される関係を，敵対的競合関係（Competitive Rivalry）という。また，企業が競争優位を獲得したり，競争環境におけるポジションを向上させたりするためにとる競争行動と競争反応を競争的行為（Competitive Behavior）と呼ぶ。さらに，これらの競争的行為が複数の製品や地域別市場でなされるようになると多数市場での競争（Multimarket Competition）になる。最終的に，すべての企業が市場で繰り広げる競争によって起こる行動と反応の全体を競争のダイナミクス（Competitive Dynamics）という（Hitt, Ireland and Hoskisson 2014）。

　競争のダイナミクスを説明する上では，競争の速度を考慮することが重要である。具体的には，競争のダイナミクスは，変化の周期が遅い，標準，速いのそれぞれの競争環境で異なり，競争優位の持続性はこの3つのタイプによって異なる（Hitt, Ireland and Hoskisson 2014）。

　まずは，変化の周期が遅い競争環境では，企業の競争優位が長期間模倣されることなく維持され，ライバル企業が模倣しようとする際のコストが高くなる。このような競争環境では，企業の諸活動がフィットしていたり，あるいは，価値があり，稀少で，模倣困難な経営資源や組織能力を構築したりすることができれば，持続的競争優位を獲得することができる。したがって，企業は，当該企業の競争優位を保護し，維持し，拡張することを可能にする競争行

動と競争反応に集中することになる。

　次いで、・変・化・の・周・期・が・標・準の競争環境では、企業の競争優位が模倣から適度に保護され、ライバル企業が模倣しようとする際の模倣コストは適度にかかる。この競争環境では、ライバル企業による模倣のスピードとコストは、変化の周期が遅い競争環境と速い競争環境との中間になる。したがって、こうした競争環境においては、競争優位の持続はある程度可能であるものの、それは経営資源や組織能力を絶え間なく改善することが大前提となる。

　最後に、・変・化・の・周・期・が・速・い競争環境では、競争優位の源泉となる経営資源や組織能力が、ライバル企業による模倣から保護されず、その模倣スピードも速く、模倣コストも低い。このため、このような競争環境においては、持続的競争優位の獲得は事実上不可能であるため、**一時的競争優位**を迅速かつ継続して創出することに集中する必要がある。

　以上、競争環境の変化のスピードの違いをもとに、競争のダイナミクスを概観した。ポジショニング論にせよ資源ベース論にせよ、従来の競争優位研究では、変化の周期が遅い、または標準の競争環境、いわば相対的に安定的な競争環境を前提とした議論が中心であった。しかしながら、あらゆる競争環境における変化のスピードがますます速くなっている昨今、持続的競争優位の獲得を目的とした議論だけでは、現実の企業行動を説明することが難しくなってきている。そこで、以下では、変化の周期が速い競争環境を前提とした競争優位の戦略について概観する。その代表的な研究に、ダベニーとガンザー（D'Aveni and Gunther 1994）のハイパーコンペティション下における研究がある。

　ダベニーとガンザー（1994）によれば、伝統的な競争優位の源泉には、(1)コストと品質、(2)タイミングとノウハウ、(3)要塞化（参入障壁）、(4)資金力がある。これらの源泉は安定的な競争環境においては効力を有するものの、ハイパーコンペティション（Hypercompetition）のもとでは十分な効力を有するものではない。ハイパーコンペティションとは、集中的で急速な競争行動によって特徴づけられる競争環境であり、そこでは競争主体が優位性を迅速に構築し、ライバル企業の優位性を浸食すべく行動しなければならない（D'Aveni and Gunther 1994）。ハイパーコンペティションにおける変化は急速であり、戦略目標は競争優位の持続ではなく、現状の破壊である。この点で、ハイパー

コンペティションにおける効果的な戦略は，よりダイナミックでなければならない。

また，ハイパーコンペティションにおける競争は，どんどんエスカレートするのが特徴である。結果として，ある企業がライバル企業に対して競争優位を獲得するための行動をとると，相手はその競争優位を中和するか，あるいは新たな競争優位を通じて対抗しようとする。さらに，最初の企業がそれに対抗するというように，その後も企業間における相互作用が繰り返され，ライバル企業がどのように反応するかによって競争優位の源泉もダイナミックに変化するため，競争優位は持続的なものではなく，流動的で一時的なものとなる。

こうしたハイパーコンペティションが繰り広げられる競争環境において，企業が成功するための方法には，次の7つ（New 7S's）がある（D'Aveni and Gunther 1994）。

① 優れたステークホルダーの満足（Superior Stakeholder Satisfaction）
ステークホルダー，とりわけ，顧客と組織メンバーを満足させる。

② 戦略的予言（Strategic Soothsaying）
顧客のニーズを先取りし，新たな顧客層を捉える破壊する能力。

③ スピードのためのポジショニング（Positioning for Speed）
ライバル企業が対応する前に，先制破壊戦略をスピーディーに意思決定する。

④ サプライズのためのポジショニング（Positioning for Surprise）
ライバル企業が予期できない，驚くような意思決定をする破壊の戦術。

⑤ 競争ルールの変更（Shifting the Rules of Competition）
競争環境における競争条件を変えるような意思決定をする。

⑥ 戦略的意図のシグナリング（Signaling Strategic Intent）
ライバル企業の先制破壊戦略の意図をくじくような戦略的シグナルを発する。

⑦ 同時的かつ連続的な戦略的攻撃（Simultaneous and Sequential Strategic Thrusts）
複数の先制破壊戦略を同時的かつ連続的に遂行する。

なお，上記の①と②は，市場をいかに破壊するのかについてのビジョンをつくることに関わり，③と④は，現状を破壊することを意図した行動に広く適用可能なカギとなる能力にフォーカスしている。残り3つは，ハイパーコンペティション下における破壊的な戦術と行動に関わるものである。企業が成功するためには，上記のいくつか，またはすべてを用いることが重要となる。

さらに，ダベニーとガンザー（1994）を発展させ，昨今の一時的競争優位の戦略研究において注目されるのが，マグレイス（McGrath 2013）の研究であろう。

マグレイス（2013）によれば，昨今の競争環境において持続する優位性を持てる企業は稀である。すなわち，持続的競争優位はもはや例外的なものであり，標準ではないのである（McGrath 2013）。先頭を走り続けるためには，常に新しい戦略的取り組みを打ち出すことで，多くの一時的競争優位（Transient Advantage）を同時並行的に確立し，活用する必要がある。このような競争優位は，ひとつひとつは短期間しかもたないかもしれないが，全体をポートフォリオとして組み合わせることで企業は長期間にわたるリードを維持できる。この際，企業は「開始」，「成長」，「活用」，「再構成」，「撤退」からなる一時的競争優位のライフサイクルを素早く回すことを学ぶとともに，多数の取り組みを同時並行で開発・管理する能力を身に着けなければならない（図表3-5）。

まず，開始フェーズでは，企業は新たなチャンスを見極め，それを活用するための経営資源を確保する。具体的には，組織を編成するとともに，ビジネスの特定を行い，経営資源を配分し，イノベーションを起こす。成長フェーズで

図表3-5　一時的競争優位のサイクル

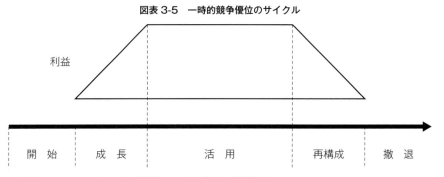

出所：マグレイス（2013），翻訳書，14頁を参考に著者作成。

は，事業が前進し，事業拡大のためのシステムやプロセスが実行され，本格的な市場導入へと移行する。事業が順調に成長すると，活用フェーズが始まる。活用フェーズは，利益やマーケット・シェアを拡大し，顧客から高い評価を獲得するために，ライバル企業との明確な差別化を進める。こうした取り組みが，さらに多くの顧客の獲得につながる。だが，競争優位はつかのまのものにすぎないため，競争優位の再構成・再構築や更新が必要になる。この再構成のフェーズを通じて，ある優位から別の優位に資産や人員，能力を移行させることができる。最終的に，競争優位が消滅すると，撤退が現実的な問題となる。そこで，企業は将来にとって重要ではない資産や能力を売却，閉鎖，転用によって処分する。これが撤退フェーズである。

上記の5つのフェーズのうち，一時的競争優位の獲得において，再構成及び撤退のフェーズが極めて重要となる。なぜなら一時的競争優位を迅速かつ継続的に進めるためには，古い競争優位から絶えず経営資源を引き上げ，新たな競争優位の獲得に向けて，経営資源を配分する必要があるためである。最も危険なことは，持続的競争優位の獲得に執着するあまり，再構成や撤退をうまく進めることができないことなのである。

2．競争環境の特性を考慮した戦略アプローチの選択

持続的競争優位の考え方は，不確実性が低く，安定的な競争環境を前提とする場合には有効であるものの，あらゆる競争環境の，それもすべての企業に適用できるものではない。少なくとも現在の競争優位研究では，「あらゆる競争環境に最適な万能戦略などない」というのがひとつの結論になっている。

リーブス他（Reeves et al. 2015）によれば，戦略とは本質的に問題解決であり，最良のアプローチは直面する具体的な問題により異なっている。そこで，彼らは企業が直面する競争環境を「予測可能性（将来の変化を予測できるか？）」，「改変可能性（自社単独で，あるいは他社と協業して，つくり変えることができるか？）」，「苛酷さ（生き残れるか？）」の3つの特質をもとに，以下の5つの競争環境に分類し，各々の競争環境に対応する特有の戦略アプローチの型を示した（図表3-6）。

まず，クラシカル型では，競争環境は予測可能であるものの，その改変可能

図表 3-6 5つの競争環境と戦略アプローチ

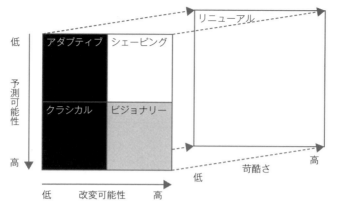

出所：リーブス他（2015），翻訳書，24 頁を参考に著者作成。

性は低い。それゆえ，いったん獲得した競争優位は，持続可能なものであると理解される。競争環境の改変可能性が低いため，現時点における競争環境を前提に，優位なポジションの獲得に集中することが重要である。このためには，企業規模の拡大，差別化の推進，組織能力が求められる。

次に，アダプティブ型は，予測可能性が低く，改変可能性も低い競争環境を前提とする。クラシカル型では持続的競争優位の獲得が重視されるが，アダプティブ型では「一時的競争優位の連続」がそれにとって代わる。また，クラシカル型では，競争環境の分析や計画に重点が置かれるが，アダプティブ型が前提とする急速に変化する競争環境のもとでは計画立案は機能しないため，継続的に実験を繰り返し，素早く変化に適応することが鍵となる。

ビジョナリー型が前提とする競争環境は，予測可能性が高く，改変可能性も高い。それゆえ，たとえ単独企業であっても，競争環境を新たに創造したり，つくり変えたりすることができる。ビジョナリー型で最も重要なことは，これらを最初に実行するパイオニアになることである。具体的には，実現可能性の高い事業機会を構想し，あらゆるライバル企業よりも早くその事業を構築し，実行する。クラシカル型が分析と計画，アダプティブ型が継続的な実験を重視するのに対して，ビジョナリー型では創造性と実行力が不可欠となる。

シェーピング型が想定する競争環境は，予測可能性は低いが改変可能性は高

い。シェーピング型では，競争環境におけるルールが定義されたり再定義されたりするタイミングが到来した時に，競争環境そのものを形成あるいは再形成する。しかしながら，これを単独の企業が実行することは極めて難しい。このため，競争それ自体よりも，さまざまな協力企業の活動をオーケストレートして当該企業に有利な状況をつくることが求められる。したがって，このアプローチでは，さまざまな企業を巻き込み，協業を編成・調整するためのプラットフォームをつくるとともに，柔軟性と多様性を維持しつつ拡大・進化するエコシステムが重要となる。

最後に，リニューアル型は，他の4つのアプローチとは全く異なる。このアプローチの狙いは，戦略アプローチと競争環境のミスマッチや内外のショックによって失われた企業の活力や競争力を再度取り戻すことである。この際，存続可能性を高めるために必要な経営資源を確保し，企業を成長軌道に戻すために，他の4つのアプローチのいずれかを選択する。

以上のように，戦略は競争環境の特性を見据えた上で策定・実行される必要がある。とりわけ，リーブス他（2015）も指摘するように，多くの事業はビジョナリー型かシェーピング型の象限で創出され，その後に反時計回りにアダプティブ型からクラシカル型へ移行し，さらなるイノベーションにより破壊され，新たなサイクルが生まれる傾向がある。

上記のリニューアル型以外の4つの競争環境に合った代表的な戦略コンセプトと研究を以下に示しておこう。なお，カッコ内は本書で取り上げている章である。

図表3-7　4つの競争環境と代表的な戦略コンセプト

クラシカル型	PPM（第2章），5つの競争要因分析（第4章），コア・コンピタンス経営（第5章）等
アダプティブ型	ダイナミック・ケイパビリティ（第6章），一時的競争優位（第3章）等
ビジョナリー型	ブルー・オーシャン戦略（第4章），コア・コンピタンス経営の一部（第5章）等
シェーピング型	コーペティション経営（第4章），プラットフォーム戦略等

出所：著者作成。

さらに進んだ学習のために

Barney, J. B. (2002), *Gaining and Sustaining Competitive Advantage*, 2nd ed., Prentice-Hall.（岡田正大訳『企業戦略論（上）：競争優位の構築と持続』ダイヤモンド社，2003年。）
　…欧米の戦略論テキストの代表的なもの。Barney は資源ベース論の代表的な研究者であるため必読の文献である。

Grant, R. M. (2007), *Contemporary Strategy Analysis*, 6th ed., Blackwell.（加瀬公夫訳『グラント現代経営戦略』中央経済社，2008年。）
　…欧米の戦略論テキストの代表的なものであるが，内容的には，ポジショニング論，資源ベース論をはじめ，経営戦略論の基本を押さえながらも，比較的新しいテーマも扱っている。

第4章
ポジショニング論

第1節 │ SCPパラダイムと5つの競争要因分析

1．伝統的産業組織論とSCPパラダイム

　競争戦略に関わる議論がより本格的になされるようになったのは，1980年代に入ってからのことであるが，その代表的研究として，ポーター（Porter 1980；1985）をあげるのが一般的である。とりわけ，ポーター（1980）は，ハーバード学派の伝統的産業組織論におけるSCPパラダイムを援用して競争戦略の概念を提唱した。ポーター（1980）の最も大きな特徴は，業界の構造的特性と業界内におけるポジショニングが企業収益に大きな影響を与えると主張した点にある。この主張の背景にあるパラダイムこそが，SCPパラダイムである。そこで，本項では，ポーター（1980；1985）の理論的背景としての伝統的産業組織論の特質とSCPパラダイムについて概説することにしたい。

　1980年，M. E. ポーター（以下，ポーター）が著書 *Competitive Strategy*（『競争の戦略』）を出版し，それまでの経営戦略論に大きなインパクトを与えたことはよく知られている。この著書における中核となる概念が，次項で取り上げる**5つの競争要因分析**（Five Competitive Forces Analysis）である。5つの競争要因分析は，業界分析のひとつの枠組みであり，業界の構造的特性に注目する考え方である。ポーターは競争戦略を策定する上でライバル企業だけではなく，当該企業が属する業界構造やその特性に目を向けることが重要であるとする。彼が，それまでの経営戦略研究にはなかった新たな視点による分析フレームワークを提唱するに至った背景には，ポーター自身がハーバード大学で産業組織論の研究に取り組んでいたことと密接な関係がある。

ポーター(1980)の端書きによれば、産業界において競争戦略が第一の関心事であったにもかかわらず、経営戦略論の分野においてそれまでに提案されてきた分析技法の多くが分析の幅が狭く、包括性がないものであったと記している。これとは逆に、経済学者（産業組織論の研究者）は産業界の構造の研究に年季を積んではいるが、そのほとんどは公共政策という視点からの研究であって、そのために、企業経営者の関心には直接回答を出してくれないとしている。こうした経営戦略論と産業組織論との間にあるギャップに橋を架けようとした点にこそ、ポーターが競争戦略論を提唱した狙いがあったのである。

ここで、ポーターが競争戦略論のベースとして取り入れた産業組織論とは、1930年代にE. S. メーソンによって最初の分析フレームワークが提唱され、1950年代から1960年代にかけてJ. S. ベインによって大きく発展し、その後は、R. E. ケイブス、W. G. シェファード、F. M. シーラーといったハーバード大学の研究者を中心に展開された伝統的産業組織論（Traditional Industrial Organization Theory）であった[1]。こうした伝統的産業組織論と経営戦略論との間には、最も大きな特質に注目すれば図表4-1のような相違がある。

伝統的産業組織論の前提は、SCPパラダイムにみることができる。SCPパラダイムとは、「S（Market Structure：市場構造）→ C（Market Conduct：市場行動）→ P（Market Performance：市場成果）」という一連の因果関係を

図表4-1　経営戦略論と伝統的産業組織論

	経営戦略論	伝統的産業組織論
準拠枠	私的視点	社会的視点
分析単位	個別企業	産業
企業の見方	多角化企業の一事業部門ごとに認識	単一事業で競争する自立した単位
業界構造の見方	静態的とは限らない	静態的
考慮する変数	多い	少ない
S-C-P間の強調点	「C→S」も可能	「S→C→P」の流れに従う
抽象度	具体的	抽象的

出所：ポーター(1981), pp. 611-614および浅羽(2004), 79頁を参考に著者作成。

---

[1] 伝統的産業組織論の記述については、浅羽(2001)、井手(1994)、柳川・川濱(2006)を参考にしている。

指しており，「市場構造が市場行動に影響を与え，市場成果を決定づける」ということを示している。ここで，市場構造とは，買い手と売り手の集中度，製品差別化の度合い，新規企業の参入障壁，需要の成長率，需要の価格弾力性等，市場内の競争や価格設定に影響を与えると思われる市場組織上の特徴である。市場行動とは，企業が需給条件や他企業の行動を考慮して行うさまざまな意思決定行動である。具体的には，価格設定行動，企業間における暗黙の協調的行動，製品戦略，R&D，設備投資や資金調達を含む。最後に，市場行動の結果としての市場成果には，生産や資源配分の効率性，技術進歩，労働市場に対する影響，分配の公正が含まれる。

ところで，SCPパラダイムが依拠するミクロ経済学は，独占市場と完全競争市場を両極とし，現実の市場をその中間に位置付けて分析する。したがって，企業数の多寡こそが効率性の程度を判定する基準となることから，企業数が増え，完全競争に近づけば近づくほど，資源配分上の効率性が達成されると考える。逆に，資源配分上の非効率が生じた場合，そうした市場成果をもたらした要因を市場行動，市場構造（または基礎的諸条件）に遡って排除しようとする。例えば，寡占的ないしは独占的市場構造を有する産業では，少数の企業間の共謀や協調的行動，あるいは参入障壁に守られた競争制限的な行為によって，資源配分の効率性が歪められると考えることから，企業分割，合併禁止政策等の市場構造に働きかけるような公共政策が採られる。なお，このような公共政策には，独占禁止政策，産業育成，幼稚産業を保護するとともに，衰退産業を調整援助する産業政策，企業の行動に対して直接的に介入する直接規制政策等がある。

2．5つの競争要因分析と戦略グループ

ポーター（1980）は，市場構造分析を重要視する伝統的産業組織論の研究成果をもとに，5つの競争要因分析（Five Competitive Forces Analysis）を提唱した（図表4-2）。ここで5つの競争要因とは，新規参入の脅威（Threat of New Entrants），既存競争業者間の敵対関係の強さ（Intensity of Rivalry Among Existing Firms），代替製品・サービスの脅威（Threat of Substitute Products or Services），買い手の交渉力（Bargaining Power of Buyers），売

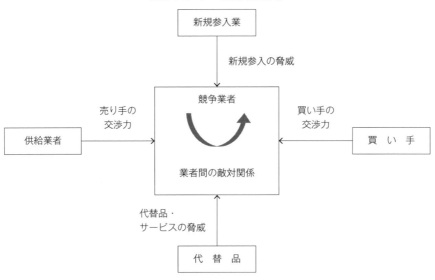

図表4-2　5つの競争要因分析

出所：ポーター（1980），翻訳書，18頁を参考に著者作成。

り手の交渉力（Bargaining Power of Suppliers）を指している。

(1) 新規参入の脅威

通常，新規参入が起こると，業界内の生産能力が高まるため，企業間における競争が激しくなり，業界の収益性は低下する。新規参入がどの程度起こるかは，参入障壁（新規参入業者に対して既存企業が有する優位性）と新規参入業者の予想（「既存業者が新規参入業者に対してどれくらいの反撃を起こすのか」についての新規参入業者の予想）の2つの要因によって決まる。

まず，参入障壁には，(i)供給側の規模の経済，(ii)需要側の規模の利益（買い手側のネットワーク効果），(iii)顧客のスイッチング・コスト，(iv)資金ニーズ（巨額の投資等），(v)流通チャネルの確保，(vi)企業規模と無関係な既存企業の優位性（品質・ブランド力，既存企業が有する独占的技術，原材料調達面における有利な条件，優れた立地，経験の蓄積等），(vii)政府の政策（許認可制度，外資規制等）がある（Porter 2008）。

次に，新規参入業者の予想に関連して，次のような場合，新規参入が生じに

くい状況になる。(i)既存業者が新規参入に対して猛烈に反撃した記録がある。(ii)既存業者が新規参入に対して対抗可能な十分な経営資源（余裕資金，優れた資金調達力，生産キャパシティの余裕，流通チャネルや顧客に対する影響力）をもっている。(iii)既存業者がその業界に対して執念があり，大きな固定資本を投入している。(iv)業界の成長率が低く，新規参入が生じると既存業者の収益が圧迫される。

(2) 既存競争業者間の敵対関係の強さ

一般に，既存競争業者間の敵対関係は，価格競争，広告合戦，新製品導入，顧客サービスや保証条件の拡大といった手段によってエスカレートする傾向にある。敵対関係が激化するのは，多くの業界の構造的要因が作用した結果であるが，具体的には，次の場合である。(i)同業者の数が多く，似通った規模の会社がひしめいている（ハーフィンダール・ハーシュマン指数[2]等の集中度指標で測定），(ii)業界の成長が遅い，(iii)固定コストや在庫コストが高い，(iv)製品差別化が困難で買い手のスイッチング・コストが低い，(v)小刻みな生産能力の拡張が難しい（生産能力を一挙に拡大しなければならない），(vi)競争業者が異質な戦略を持っている（目標や戦い方が異なる），(vii)戦略が良ければ成果が大きい（例えば，ある特定の業界における成功が世界的な威信や対外的な技術の信頼性等につながる場合，事業の収益性を犠牲にすることがある），(viii)撤退障壁が高い。

ここで，上記の要因のうち，最後の撤退障壁について補足しておこう。撤退障壁とは，収益が低く，時にマイナスの収益率であっても，その業界にとどまらざるを得なくしている要因のことである。例えば，機械・設備等がある特定の業種に特殊化されているため，移動したり，他に流用したりすることがコストの面で難しかったり，撤退によって従業員の再配置コストや労働協約を変えるコストが発生する（以上，経済的要因），他の事業の対外的なイメージ低下や資金市場との関係，共同利用の設備の面で不利になる（以上，戦略的要因），

---

[2] ハーフィンダール・ハーシュマン指数（HHI）とは，市場における企業数と規模分布の両方を考慮した集中度指標である。HHIは，各事業者のマーケット・シェアの2乗の総和によって算出され，独占状態に近いほど指数の値は10000に近づき，完全競争状態に近いほど0に近づく。

経営者のその事業に対する思い入れや従業員に対する思いやり，自分自身の経歴やプライド等（以上，感情的要因）。上記以外に，政府や地域社会からの制約（就職機会の減少，地域経済への打撃）も撤退障壁になることがある。

(3) 代替品・サービスの脅威

代替品・サービス（以下，代替品）とは，現在の製品・サービスと同じ機能を有する製品・サービスのことである。業界内のすべての企業は，代替品を生産する他の業界と，広い意味で競争している。代替品の脅威が大きいと業界の収益性は低下する。最も注意しなければならないのは，(i)現在の製品よりも価格対性能比が高い代替品，(ii)収益性が高い業界で生産されている代替品である。とりわけ，後者の場合，高い収益性を背景に，価格引き下げや性能向上の圧力が高まると，既存製品の需要が奪われてしまう可能性が高いため，業界の撹乱要因となることがある。

(4) 買い手の交渉力

買い手は，製品・サービスの価格引き下げを迫ったり，より高い品質・サービスを要求したりするなどして，交渉力を行使することができる。買い手の交渉力が大きくなるのは，次のような場合である。(i)買い手の集中度が高く，大量購入する，(ii)買い手の購入する製品が買い手のコストまたは購入物全体に占める割合が大きい（買い手の価格意識が強くなる），(iii)買い手の購入する製品が標準品または差別化されていない，(iv)当該製品のスイッチング・コストが低い，(v)収益が低い（購入コストをできるだけ低く抑えようとする），(vi)買い手が川上統合に乗り出す姿勢を示している（売り手側に対して取引の譲歩を要求しようとする），(vii)売り手の製品が買い手の製品の品質にあまり関係がない，(viii)買い手が当該企業の製品情報をもっている。

(5) 売り手の交渉力

売り手は，買い手に対して，価格を引き上げる，品質を低下させるといった脅しをかけることにより，交渉力を行使することができる。売り手の交渉力が大きくなるのは，次のような場合である。(i)売り手の業界が少数の企業によっ

て支配されており，買い手の業界よりも集中度が高い，(ii)売り手の製品に代替品が存在しない，(iii)買い手の業界が売り手にとってそれほど重要ではない（売り手は多数の買い手をもっている），(iv)売り手の製品が買い手の事業にとって重要である，(v)売り手の製品が差別化された特殊な製品であり，変更するとスイッチング・コストが高くつく，(vi)売り手が川下統合に乗り出す姿勢を示している（買い手側に対して取引の譲歩を要求しようとする）。

なお，通常，売り手（供給業者）という場合，「企業（会社）」を想定するが，「労働力」も売り手に含めて考えることができる（Porter 1980）。

最終的に，これら5つの競争要因のすべてが脅威となり，これらが一体となって業界内の競争の激しさと収益率を決定する。企業はこの分析フレームワークを通じて，業界内の競争要因を体系的に把握するとともに，それらの競争要因に影響を与えることで，競争を回避し得る戦略上有利なポジションの確保が可能になる。こうした5つの競争要因分析を通じて競争戦略が策定されることから，競争戦略は「業界内で防衛可能な地位をつくり，5つの競争要因にうまく対処し，企業の投資収益を大きくするための，攻撃的または防衛的アクションである」(Porter 1980) と定義される。

ただし，5つの競争要因分析を通じて，ある特定の業界の競争状況について把握することはできるものの，同一業界内における収益性の差を説明することはできない。なるほど，たいていの業界には，いくつかの類似した戦略をとっている企業グループがあり，それらの企業グループ間において，マーケット・シェアや投資収益率の差が生じているのが現実である。このような業界内における収益性の差を説明する上で有用なのが，**戦略グループ**（Strategic Group）の概念である。戦略グループとは，競争戦略上とり得る複数の戦略次元（Strategic Dimensions）をもとに分類されるものであり，「各戦略次元上で同じか，あるいは類似の戦略を取っている企業のグループ」(Porter 1980) を指す。戦略次元には，専門度，ブランド志向度，プッシュ型かプル型か，流通業者の選択，品質，技術のリーダーシップ，垂直統合，コスト面での地位，サービス提供度，価格政策，力（財政力，営業力），親会社との関係，自国ならびに事業を行っている国の政府との関係等がある。そして，これらの戦略次

図表 4-3　戦略グループ・マップ

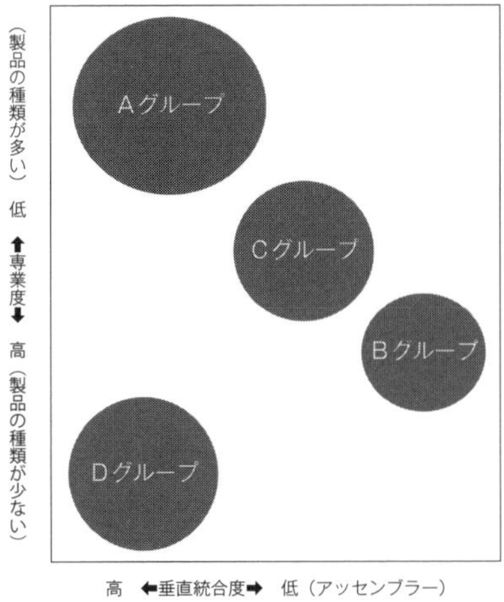

（縦軸）（製品の種類が多い）低 ↑専業度↓ 高（製品の種類が少ない）

Aグループ

Cグループ

Bグループ

Dグループ

（横軸）高 ←垂直統合度→ 低（アッセンブラー）

出所：ポーター（1980），翻訳書，185頁
を参考に著者作成。

元のうちの2つを組み合わせることにより，業界内の戦略グループの状況を視覚的に認識できるように図示したのが，戦略グループ・マップ（Strategic Group Map）である（図表4-3）。

さらに，戦略グループの概念を支えるのが，ポーターがケイブスとの共著論文で明らかにした移動障壁（Mobility Barriers）の概念である（Caves and Porter 1977）。他の業界から別の業界に移動する際に参入障壁があるように，移動障壁は「ある戦略グループに属している企業が別の戦略グループへ移動する際に生じる障壁」を指す。ポーター（1980）は，移動障壁の概念により，同一業界内における企業間の収益性の差，すなわち，非常に強力な移動障壁をもつ戦略グループに属する企業は，弱い移動障壁しか持たない戦略グループに属する企業に比べ，収益性が高くなる可能性を示唆したのである。

第2節 ｜ 3つの基本戦略と価値連鎖分析

1．3つの基本戦略とスタック・イン・ザ・ミドル

5つの競争要因分析を通じて業界の構造的特性を把握した後に取り組むべき

は，具体的な競争戦略の策定である。ポーター（1980）は，業界内における競争要因からうまく身を守り，ライバル企業に打ち勝つための戦略として，コスト・リーダーシップ（Cost Leadership），差別化（Differentiation），集中（Focus）からなる3つの基本戦略（Three Generic Strategies）を提示している（図表4-4）。図表4-4にあるように，この基本戦略は，「どんなタイプの戦略の優利性（競争優位）を追求するのか」，そして，「戦略ターゲットの幅をどの程度にするのか」といった2つの問いをもとに決定される。

まず，コスト・リーダーシップ戦略とは，業界内においてコスト面で最優位に立つことを目的とする戦略である。通常，この戦略を実行するためには，最新鋭の生産設備の導入，攻撃的な価格政策，コストや間接経費の厳格な管理，R&Dやサービス，広告面におけるコスト最小化，マーケット・シェアを確保するためのスタート時点における赤字の覚悟が求められる。マーケット・シェアを確保することができれば，サプライヤーから原材料や部品を大量購入できるようになるため，さらにコストを低下させることが可能になる。結果的に，より一層利益を確保できるようになり，その利益を最新鋭の生産設備導入に再投資することができる。

次に，差別化戦略とは，自社の製品やサービスを差別化して，業界内において特異だとみられる何かを創造しようとする戦略である。基本的な差別化の手段には，製品設計やブランド・イメージの差別化，技術の差別化，製品特徴

図表4-4　3つの基本戦略

戦略の有利性（競争優位）

戦略ターゲット		差別化	低コスト
	業界全体	差別化	コストのリーダーシップ
	特定セグメントだけ	集	中

出所：ポーター（1980），翻訳書，61頁を一部修正して著者作成。

の差別化,顧客サービスの差別化,ディーラー・ネットワークの差別化等がある。こうした差別化を進める上では,単一の差別化要因だけではなく,複数の差別化要因を組み合わせるのがよい。それゆえ,差別化戦略を追求する企業は,差別化のコストより高額の価格プレミアムをもたらすような差別化の方法を常に探求する必要がある。ただし,差別化が極端になると,一部特定の市場セグメントだけを対象にしなければならないため,マーケット・シェアの確保が難しくなる場合がある点に注意する必要がある。

　最後に,集中戦略とは,特定の買い手グループや製品の種類,特定の市場等の狭いターゲットへ企業の経営資源を集中する戦略である。この戦略は,コスト優位を追求するか,または差別化優位を追及するかによって,コスト集中と差別化集中の2つの戦略に区別される。コスト集中であれば,コスト優位の戦略を,そして差別化集中であれば差別化優位の戦略を,ある特定のターゲットに対して実行する。ターゲットを広くするよりも,狭いターゲットに絞るほうが,より効果的でより効率の良い戦いができるものの,集中戦略では,ターゲットとする狭いセグメントと業界内のそれ以外のセグメントとの間に明確な差異があることが大前提になる点に留意する必要がある。

　以上の3つの基本戦略において注意すべきことは,3つの基本戦略のうちのいずれか1つを選択して,それを一貫して追求しなければならないということである。とはいえ,現実には,3つの基本戦略のうち,どれもうまく実行できない企業や複数の戦略を同時追求しようとした結果,中途半端な状況に陥る企業もある。これらの企業は,競争優位を獲得するどころか,平均以下の業績に甘んじることになる。このように,複数の戦略を同時追求し,中途半端な状況に陥ることを**スタック・イン・ザ・ミドル**(Stuck in the Middle)という(図表4-5)。

　ここで,上記のコスト・リーダーシップ戦略,差別化戦略,集中戦略の3つの基本戦略のリスクについても併せて言及しておきたい。

　まず,コスト・リーダーシップ戦略のリスクには,次のものがある。(i)過去の投資や習熟が無駄になるような技術の変化。(ii)ライバル企業が模倣や最新鋭の生産設備への投資を通じて低コストの方法を身に着ける。(iii)コストばかりに注意を払うことで,製品やマーケティングを変更するタイミングを逸してしま

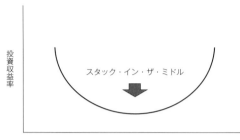

図表 4-5　スタック・イン・ザ・ミドル

出所：ポーター (1980)，翻訳書，66 頁を大幅に修正して著者作成。

う。(iv)インフレ等のコスト上昇により，差別化を進める企業との十分な価格差を維持することができなくなる。

次に，差別化戦略のリスクには，次のものがある。(i)低コストを実現した企業とのコスト差が大きく開いてしまうことにより，ブランド・ロイヤリティの維持が困難になる。(ii)買い手の要求水準の高まりにより，既存の差別化要因に対する買い手のニーズが低下する。(iii)ライバル企業による模倣により，顧客が差異を認識できなくなる。

最後の集中戦略のリスクには，次のものがある。(i)特定のセグメントと市場全体とで要望される製品・サービスの品質や特徴面における差がどんどん小さくなる。(ii)戦略的に絞ったターゲット市場の内部にさらに小さな市場をライバル企業が見出すことで，それまでの優位性が失われる。(iii)逆に，戦略的に絞ったターゲット市場が予想以上に大幅に縮小してしまう。

2．競争優位と価値連鎖分析

ポーター (1985) によれば，競争優位は会社を全体として観察することによっては理解することはできない。競争優位は「会社がその製品を設計し，製造し，マーケティングをやり，流通チャネルに送り出し，各種のサービスをやる，といった多くの別々の活動から生まれてくる」(Porter 1985)。したがって，競争優位の源泉を分析するためには，会社が行う全ての活動とそれらの活動間の相互関係を体系的に把握する必要がある。この際，ポーター (1985) が

図表 4-6 価値連鎖の基本形

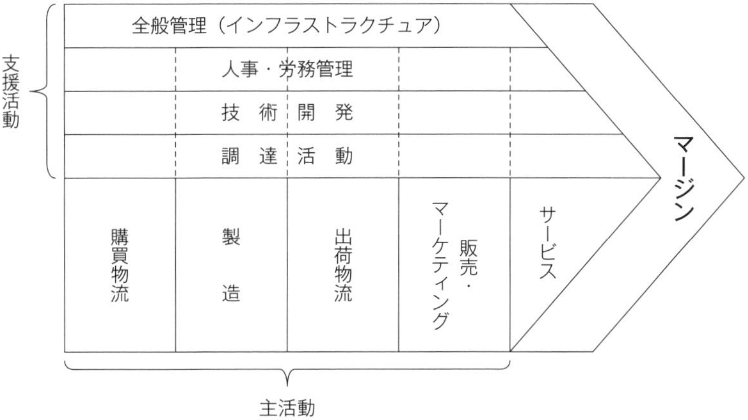

支援活動	全般管理（インフラストラクチュア）					マージン
	人事・労務管理					
	技術開発					
	調達活動					
	購買物流	製造	出荷物流	販売・マーケティング	サービス	

主活動

出所：ポーター（1985）翻訳書，49 頁を参考に著者作成。

提示したのが**価値連鎖**（Value Chain）の概念である（図表 4-6）。

　価値連鎖は，価値のすべてをあらわすものであり，マージンと価値をつくる活動からなる。まず，ここで価値とは，「買い手が会社の提供するものに進んで払ってくれる金額」を意味し，総収入額で表される。次に，マージンとは，総価値と価値をつくる活動の総コストとの差である。最後に，価値をつくる活動とは，会社が買い手にとって価値のある製品をつくる建築ブロックのようなものであり，主活動と支援活動の 2 つに分けることができる。主活動は，製品が顧客に到達するまでの流れに関連する活動であり，購買物流，製造，出荷物流，販売・マーケティング，サービスの 5 つの活動からなる。支援活動は，主活動を支える活動であり，調達活動，技術開発，人事・労務管理，全般管理（インフラストラクチュア）の 4 つの活動からなる。

　以上の価値連鎖における 9 つの活動は，低コストまたは差別化といった競争優位の獲得に貢献するように設計することが肝要である。この際，価値連鎖の要は，「相互に依存した活動システム」として企業を捉える点にあることを忘れてはならない。なぜなら，競争優位は個々の活動自体からも生まれるが，同時に，活動間の連結からも生まれることが多いからである（Porter 1985）。それゆえ，企業の価値活動による成果は，価値連鎖の連結関係によって決まるといっても過言ではない。連結関係とは，ひとつの活動の実績と，他の活動のコ

ストまたは成果との間の関係である。例えば，購買物流において，製造の手間を省くことができるように成形された原材料を購入すれば，製造プロセスを簡素化することができるだろう。こうした活動間の連結関係こそが，最適化と調整の過程を通じて競争優位の獲得に貢献するのである。

なお，連結関係は，企業の価値連鎖内部におけるものにとどまらない。連結関係は，サプライヤーや流通チャネルといった外部との間にもあり，これを垂直連結（Vertical Linkages）という。企業は価値連鎖内部における連結関係のみならず，適切な垂直連結をつくりあげることにより，企業活動の成果を高めることができる。

第3節 | ポジショニング論とコーペティション経営[3]

1．5つの競争要因分析に対する批判とコーペティション経営

本章では，ポジショニング論を扱ってきたが，ポジショニング論の中心的なフレームワークである5つの競争要因分析に対しては，さまざまな批判や限界の指摘がなされてきた。だが，こうした指摘から，新たな理論の発展につながることもある。本節では，そのうちのひとつとして，ゲーム理論を活用した戦略論である**コーペティション経営**について概観することにしたい。

そもそも，ゲーム理論は，基本的には経済学と数学の境界領域に位置する分野であるが，今日では経営学はもちろんのこと，政治学，社会学，法律学等の多岐にわたる学問に応用され，注目されるにいたっている。マクミラン（McMillan 1992）によれば，ゲーム理論とは，「相互依存性のある状況下での合理的な行動についての研究」である。ここで相互依存性とは，ゲームのいかなるプレイヤーも他のプレイヤーたちの行動から影響を受けるということであり，合理的な行動とは，プレイヤーが自分自身の見地から見て最善を尽くそうと努力することを意味する。

例えば，ゲーム理論を活用した有名なケースに囚人のジレンマ・ゲーム（Prisoner's Dilemma Game）がある。囚人のジレンマ・ゲームは，ある犯罪

---

[3] 本節は，今野（2006）の一部を大幅に加筆・修正したものである。

容疑で逮捕され，別々に尋問を受けている2人の容疑者に関するものである。もしも2人とも黙秘（協調戦略）していたならば，証拠不十分で釈放されていたにも関わらず，2人とも自分の状況を有利にするために，相手を裏切って自白（裏切り戦略）してしまうというジレンマである。このシンプルなゲームから2つのことがわかる。ひとつは，協調という視点の重要性である。現実は，囚人のジレンマ・ゲームのように，協調が成立しないケースばかりではない。それはゲームの設定状況に依存する。すなわち，「勝つか負けるかのゲーム」だけではなく，「双方が勝つゲーム」もある。もうひとつは，ある主体の意思決定によって得られる結果は，他の主体がどのような意思決定をしたかに依存するという点である。つまり，「自己に焦点を置く」だけではなく，「他者に焦点を置く」重要性を教えてくれる。

　ところで，ポーター（1980）の5つの競争要因分析によれば，競争相手であれ売り手であれ買い手であれ，これらは業界の収益性に影響を与える要因であり，競争圧力として理解される。なるほど5つの競争要因分析の登場により，競争環境を狭義に捉えていたそれまでの考え方とは異なり，競争環境を広義に捉えることができるようになった。だが，ネイルバフとブランデンバーガー（Nalebuff and Brandenburger 1997）によれば，ビジネスというゲームは，パイをつくり出すときには協調し，そのパイを分けるときには競争するものであり，競争すると同時に協調する側面があるとしている。この指摘をもとに考えれば，5つの競争要因分析のように，既に決まったパイをいかに奪い合うかといった「ゼロサム・ゲームにおける競争」の問題のみを扱うだけでは不十分であり，「プラスサム・ゲームをつくり出す協調」の問題も含めて捉えることが肝要である。確かに，我々の身近な業界では，日々，さまざまなプレイヤーが激しい競争を繰り広げつつも，時にはたとえライバル企業同士であっても協調することもある。この点では，ネイルバフとブランデンバーガー（1997）は，まさにポーター（1980）の5つの競争要因分析を現実のビジネスに適用する上での限界を正確に捉えている。

　このように，ネイルバフとブランデンバーガー（1997）は，ゲーム理論の視点を戦略論に取り入れるとともに，現実の企業間競争において，勝つか負けるかの競争（Competition）の側面と双方が勝つ協調（Cooperation）の両側面が

あることをコーペティション（Co-petition）という造語によって表現した。

2．価値相関図とは何か

コーペティション経営のエッセンスは，**価値相関図**（Value Net）という分析枠組みに凝縮される。価値相関図に基づいて分析する意義は2つある。

ひとつは，自社が参加するゲームの状況を視覚的に理解できることである。すなわち，ゲームがどのようなプレイヤーによって構成されているのか。また，ゲームにおいて各々のプレイヤーが，どのような役割を担っているのか。さらには，プレイヤー間の関係はどのようになっているのか，といったゲームの全体図について客観的かつ体系的に理解することができる。価値相関図を活用することで，ゲームの状況を視覚的に捉え，その相互依存関係を理解することができる。

もうひとつは，プレイヤーがさまざまな役割を演じている点について理解できることである。一見，価値相関図は，5つの競争要因分析と類似した概念のようにみえるかもしれない。だが，この2つの概念には重要な相違がある。5つの競争要因分析では，競争相手であれ売り手であれ買い手であれ，すべては自社から利益を奪う要因であると位置づけられるだけではなく，それらの要因は固定された役割だけを演じるものとしてみなされる。これに対して，価値相関図によれば，価値の創造と配分をめぐって，プレイヤーがある時には機会を提供してくれる存在（味方）になったり，またある時には自社を脅かす存在（敵）になったりというように，固定されているわけではないと捉える。すなわち，ある特定のプレイヤーが状況やタイミングによってさまざまな役割を演じる場合があり，たとえ競争相手であっても，自社にとって脅威であるだけではなく，時には機会を提供してくれる存在になることを認識することができる。

次に，価値相関図の概念について具体的に説明することにしよう（図表4-7）。価値相関図を構成しているのは，①顧客，②供給者（生産要素の供給者），③競争相手，④補完的生産者である。垂直軸に従って顧客と供給者が描かれ，水平軸に従って競争相手と補完的生産者が描かれている。ここで注意すべきは，補完的生産者と競争相手との関係である。

補完的生産者とは，ハードウェアとソフトウェアのように，互いに補完的な

図表 4-7 価値相関図

出所：ブランデンバーガーとネイルバフ (1997)、翻訳書、
38 頁を参考に著者作成。

製品・サービス（補完財）を生産するプレイヤーのことである。速いハードウェアは高性能のソフトウェアの販売を促進し、その逆の関係もまた然りである。より厳密に定義するならば、「自分以外のプレイヤーの製品を顧客が所有したときに、それを所有していない時よりも自分の製品の顧客にとっての価値が増加する場合、そのプレイヤーを補完的生産者と呼ぶ」[4]。

　他方、競争相手の定義は、補完的生産者の逆になる。すなわち、「自分以外のプレイヤーの製品を顧客が所有したときに、それを所有していない時よりも自分の製品の顧客にとっての価値が下落する場合、その自分以外のプレイヤーを競争相手と呼ぶ」。例えば、今まさにコカ・コーラを飲んでいる人が、ペプシ・コーラに大きな価値を見出すことはないであろう。

　ところで、価値相関図におけるそれぞれのプレイヤーの位置は、そのプレイヤーの役割を示している。これらのプレイヤーがさまざまな形でゲームに参加することで「価値」が生み出される。価値とは、「すべてのプレイヤーがゲームに参加した場合のパイの大きさ」を指す。このパイを創造するプロセスでは、垂直軸に従って、顧客、中心にある企業、供給者が一体となって協調する。しかしながら、いざ生み出されたパイを分け合う時、顧客はより低い製品・サービス価格を要求するかもしれない。さらに、供給者は部品・原材料の価格や品質を通じて、少しでも多くの価値を奪い取ろうとするであろう。この段階はまさに競争である。他方で、水平軸に注目してみると、通常、補完生

---

4) ネイルバフとブランデンバーガー (1997) は、補完的生産者が5つの競争要因分析の6番目の競争要因になる可能性を指摘しているが、ポーター (2008) はこの点を否定している。

産者や競争相手がゲームに参加すれば，プレイヤーは将来的なパイ拡大が見込めるため，好ましいと考えるであろう。競争相手がゲームから退出した場合についても，各プレイヤーのパイの取り分が増えるため，この場合も好ましいと考えるかもしれない。ここで注意すべきは，補完的生産者と競争相手について，プレイヤーの役割は固定されてはいないという点である。例えば，アメリカン航空とユナイテッド航空は，日々，熾烈な競争を繰り広げる競争相手同士である。ただし，最新型の機種を購入しようとする時は，互いに補完的な存在となる。なぜならボーイングは，十分な数を販売しないかぎり利益を得ることができないからである。ボーイングの受注台数が多い場合のほうが価格は低くてすみ，ボーイングから購入する2社は互いに相手に補助金を与えているような関係になる。この点で，アメリカン航空とユナイテッド航空の2社は補完的な関係にあるといえる。

　以上のように，価値相関図は，ゲームの状況，すなわち，ゲームにおけるすべてのプレイヤーの相互依存関係だけではなく，ゲームに参加するプレイヤーがさまざまな役割を演じることを明らかにする。また，価値相関図によってゲームの状況を把握することはもちろんのこと，ゲームに参加するプレイヤー，ゲームを通じて創出される付加価値，ゲームの構造を規定するルール，ゲームに参加するプレイヤーの認識を変えるための戦術，ゲームの境界を変える等，参加するゲームを構成する要素に影響を与えることにより，当該企業にとって有利な状況をつくり出すこともできる。この点では，業界内におけるポジショニングに主眼を置く5つの競争要因分析に対して，価値相関図による分析では自社を取り巻くビジネスの状況を変化させることに主眼を置いているといえよう。

第4節 | ポジショニング論とブルー・オーシャン戦略

1．レッド・オーシャンからブルー・オーシャンへ

　ポジショニング論を代表するポーター（1980）によれば，競争優位を獲得するためには，コスト・リーダーシップ戦略，差別化戦略，集中戦略の3つの基本戦略のいずれかひとつを選択して，それを一貫して追求しなければならな

い。この基本原則を守らずに，企業が複数の戦略を同時追求しようとすると，スタック・イン・ザ・ミドルに陥り，低収益に甘んじざるを得ないと指摘する。だが，この考え方に批判的な見方もある。例えば，コスト・リーダーシップ戦略をとる企業が製品・サービスの差別化を軽視しているかというとそうではない。あるいは，差別化戦略をとる企業がコスト面における努力を怠っているということもないはずである。実際のところ，多くの企業は低コストか差別化かといった厳しいトレード・オフに直面しているわけではない。ほとんどの産業における市場でのリーダーシップは，効果的な差別化と低コストを同時に達成している企業に帰属する（Grant 2007）。また，昨今では，低コストと差別化の両方を同時に満たすトレード・オンを実現し，新たな市場創造の重要性を主張する研究も出てきている。その代表的な研究に，キムとモボルニュ（Kim and Mauborgne 2005；2015；2017）によるブルー・オーシャン戦略（Blue Ocean Strategy）がある。

　キムとモボルニュ（2017）は，ポーター（1996）の生産性のフロンティアの図を援用しながら，低コストと差別化の同時追及のメカニズムについて説明している（図表4-8）。左下の実曲線は，ポーター（1996）が生産性のフロンティア（Productivity Frontier）と呼ぶ「ある時点における既存のベスト・プラクティスすべての合計からなる曲線」である。換言すれば，生産性のフロンティアは，「ある特定の製品やサービスを提供する企業が，一定のコストの下で利用しうる最高の技術，最高のスキル，最高の経営手法，最高の資材を使用することで生み出しうる最大価値」を表している。もちろん，生産性のフロンティアは，常に固定されたものではなく，新たな技術やマネジメント手法の開発により，外側にシフトする。とはいえ，少なくとも企業間競争が既存のフロンティアの下で行われると仮定した場合，顧客にとっての価値を高めようとすれば必然的にコストも高くなるだろうし，逆に，コストを低下させれば買い手にとっての価値が低下することになるだろう。要するに，コストと顧客にとっての価値の両方で卓越することはできず，両者はトレード・オフの関係にあるといえる。だが，キムとモボルニュ（2017）によれば，斬新な戦略を導入して提供価値の種類と大きさを一変させることにより，コストと顧客にとっての価値のトレード・オフを解消することができる（点線の曲線）。そのためには，

図表 4-8　ブルー・オーシャン・シフト

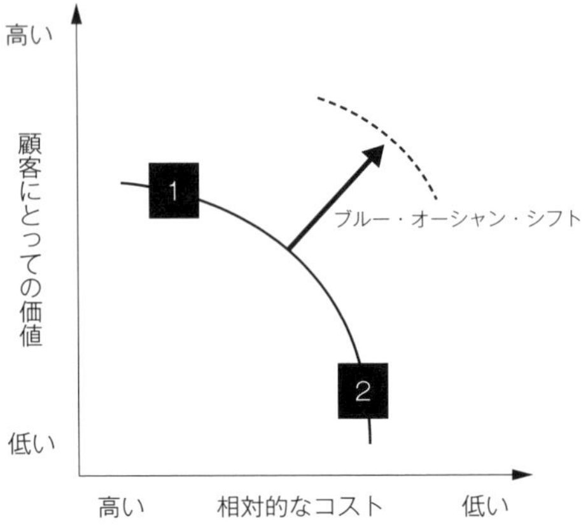

出所：キムとモボルニュ（2017），翻訳書，13 頁を参考に著者作成。

　既存の生産性のフロンティアをはるかに超える，新たな価値とコストのフロンティアである**ブルー・オーシャン**へのシフトが欠かせないのである。

　ブルー・オーシャン（Blue Ocean）とは，「今はまだ生まれていない市場，未知の市場空間すべて」を指す。これに対して，レッド・オーシャン（Red Ocean）とは，「今日の産業すべて，つまり，既知の市場空間」を指す。レッド・オーシャンでは，各業界の競争ルールがあらゆるプレイヤーに受け入れられており，そのルールの下で限られたパイのうち，できるだけ多くを奪い取ろうとする血みどろの戦いが繰り広げられる。製品・サービスのコモディティ化が進行し，競争が激化していくため，利益や成長のための機会はますます少なくなる。これに対して，ブルー・オーシャンは，未開拓の市場であるため，企業は新たな需要を創出しようとする。もちろん，競争のルールも決まっていないため，競争が成り立つこともなく，利益や成長の機会も期待できる（図表4-9）。こうしたブルー・オーシャンを創造する上で鍵となるのが，**バリュー・イノベーション**である。

　バリュー・イノベーション（Value Innovation）とは，「コストを押し下げながら，買い手にとっての価値を高める状態」（Kim and Mauborgne 2005）を意味する（図表4-10）。コストを下げるためには，業界内の企業が長い間，

図表 4-9　ブルー・オーシャン戦略とレッド・オーシャン戦略の比較

	レッド・オーシャン戦略	ブルー・オーシャン戦略
業界の見方	・既存市場における競争	・競争のない市場を主体的に創造
競争の見方	・ライバルを打ち負かす	・競争を無関係なものにする
戦略のフォーカス	・競争優位の構築で既存の需要を引き寄せる	・買い手にとっての価値を創造し、新しい需要を創出
戦略の前提	・価値とコストはトレードオフの関係―差別化か低コスト、どちらかの戦略を選択し、企業活動のすべてをそれに合わせる	・価値とコストはトレードオンの関係―差別化と低コストを同時に追求し、その目的の為に企業活動のすべてを推進する

出所：キムとモボルニュ（2005）、翻訳書、38頁を大幅に修正して著者作成。

競争の拠り所としてきた要素のうち、もはや買い手にとって価値のない要素をそぎ落とし、買い手にとっての価値を高めるためには、既存の業界にはない未知の要素を取り入れる必要がある。こうすることで、低コストを進めながら、同時に買い手にとっての価値を高めることができる。また、バリュー・イノベーションにおいては、バリュー（価値）とイノベーションは等しく重要である。価値だけを高めようとしても、中途半端となり市場で秀でることはできないであろうし、価値を考慮しないイノベーションは技術主導となり、買い手に

図表 4-10　バリュー・イノベーション

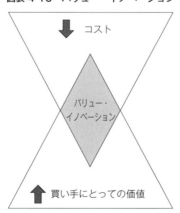

差別化と低コストを同時に実現

出所：キムとモボルニュ（2005）、翻訳書、37頁を参考に著者作成。

受け入れられることはないからである。

　さらに，ブルー・オーシャン戦略では，分析単位を企業や産業ではなく，戦略的な打ち手（Strategic Move）に据える点にも注目する必要がある。ポーター（1980；1985）が分析単位として重視するのは，業界や戦略グループ，価値連鎖における企業の活動であり，これらを分析することで企業の好業績の要因を探ろうとする。これに対して，戦略的な打ち手は，製品やサービスを投入して新しい市場を開拓するのにともなう，一連の行動や判断を指す（Kim and Mauborgne 2005）。例えば，デルがPC業界において購買方法とデリバリー・システムを一新したことやアップルがiPodやiPhoneを市場投入したこと等，企業は戦略的な打ち手によって，新たな市場空間を切り開き，需要を大きく押し上げることができるのである。

2．ブルー・オーシャン創造のためのツールとフレームワーク

　キムとモボルニュ（2005）は，ブルー・オーシャンを創造するためのツールやフレームワークについてもいくつか提示している。例えば，そのひとつに戦略キャンバスがある。

　戦略キャンバス（Strategy Canvas）は，業界内の企業の製品・サービスがどのような競争要因（横軸）に，どの程度力を入れているのか（縦軸）をチャート化したものである（図表4-11）。戦略キャンバスを描くことにより，現状を把握するとともに，各企業がどのような競争要因を売りにしているのか，そして，顧客がどのようなメリットを享受しているのかを理解することができる。

　図表4-11に示されるように，競争要因ごとにスコア化し，それらを線で結ぶと，各企業の戦略の特徴を示す価値曲線（Value Curve）を描くことができる（▲：高級ワイン，◆：デイリー・ワイン）。戦略キャンバスを大胆に塗り替えるためには，既存のフィールドにおいて競合企業との比較から低コストか差別化かといった古いロジックに基づいて考えてはいけない。同じような価値曲線で，縦軸の位置が多少変わった程度では大きな発展は望めないからである。このため，6つのパス（Six Paths）の視点を通じて市場の境界線を引き直したり，あるいは，新たな需要を掘り起こすために既存顧客ではなく非顧客層

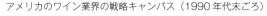

図表 4-11　戦略キャンバス

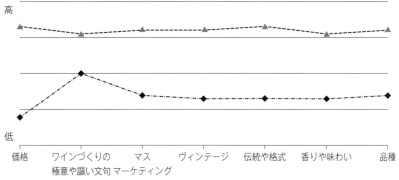

出所：キムとモボルニュ（2005），翻訳書，47頁を参考に著者作成。

に注目したりすることで，それまでの戦略の前提そのものを問い直すことがポイントとなる。なお，具体的な6つのパスは，以下の内容からなる。

① 代替産業に学ぶ
　　顧客が代替産業との比較・選択をする際の判断ポイントが何かを学ぶ。
② 業界内の他の戦略グループから学ぶ
　　顧客がある戦略グループから別の戦略グループに移動した決め手が何かを学ぶ。
③ 別の買い手グループに目を向ける
　　購買者，利用者，影響者といった買い手のうち，従来とは異なる買い手グループに照準を合わせる。
④ 補完材や補完サービスを見渡す
　　顧客が抱える課題に対するトータル・ソリューションを理解し，製品・サービスの価値を増減させる補完材や補完サービスを見渡す。
⑤ 機能志向と感性志向を切り替える
　　業界の常識に囚われることなく，機能志向と感性志向を問い直す。
⑥ 将来を見通す
　　外部のトレンドが，顧客価値や自社のビジネスモデルにどんな影響を与

えるのかを探る。

　以上の6つの視点を通じて，ブルー・オーシャン創造のための着想や手がかりが得られたならば，4つのアクション（Four Actions Framework）とこれを補うアクション・マトリクス（Action Matrix）の活用により，業界の常識に囚われることのない新たな価値曲線を描くことができるようになる（図表4-12，図表4-13）。

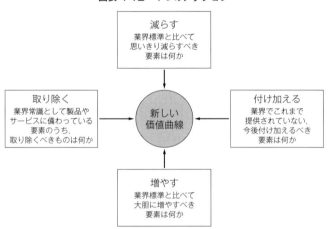

図表4-12　4つのアクション

減らす
業界標準と比べて思いきり減らすべき要素は何か

取り除く
業界常識として製品やサービスに備わっている要素のうち，取り除くべきものは何か

新しい価値曲線

付け加える
業界でこれまで提供されていない，今後付け加えるべき要素は何か

増やす
業界標準と比べて大胆に増やすべき要素は何か

出所：キムとモボルニュ（2005），翻訳書，51頁を参考に著者作成。

図表4-13　アクション・マトリクス：イエロー・テイルの事例

取り除く	増やす
ワインの専門用語や等級表示 熟成 マスマーケティング	デイリーワイン並みの価格 小売店との連携
減らす	**付け加える**
深みのある味わいや香り 品種 ぶどう園の格式	飲みやすさ 選びやすさ 楽しさと冒険

出所：キムとモボルニュ（2005），翻訳書，59頁を参考に著者作成。

キムとモボルニュ（2005）によれば，優れた戦略は，例外なく何かにフォーカスしているため，戦略キャンバスにおいて独自の卓越した価値曲線を描く（図表4-14）。具体的には，優れた戦略には，①メリハリ（一目で何に力を入れているのかがわかる），②高い独自性（競合企業とは異なる独自の形状をもった価値曲線），③訴求力あるキャッチフレーズ（明快かつ記憶に残るキャッチフレーズ），といった3つの特徴がある。もしもこれらの特徴に欠けた戦略であれば，平凡で，パンチ力に欠け，伝えにくい戦略ということになる。戦略キャンバスに描かれた戦略が3つの特徴をクリアすることができれば，その戦略はライバル企業の戦略とは明らかに際立った違いのあるものといえるだろう。

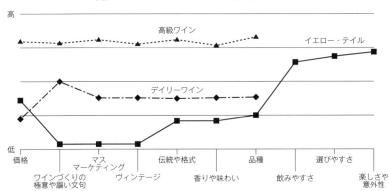

図表4-14　イエロー・テイルの戦略キャンバス

出所：キムとモボルニュ（2005），翻訳書，55頁を参考に著者作成。

さらに進んだ学習のために

Porter, M. E. (1980), *Competitive Strategy: Techniques for Analyzing Industries and Competitors*, Free Press.（土岐坤・中辻萬治・服部照夫訳『新訂 競争の戦略』ダイヤモンド社，1995年。）
　…ポジショニング論を理解する上では必読の書。できれば5つの競争要因分析以外にも，業界環境のタイプ別競争戦略等にも目を通してほしい。

Kim, W. C. and Mauborgne, R. (2017), *Blue Ocean Shift: Beyond Competing – Proven Steps to Inspire Confidence and Seize New Growth*, Hachette Books.（有賀裕子訳『ブルー・オーシャン・シフト』ダイヤモンド社，2018年。）
　…ブルー・オーシャン・シフトを実現するツールの紹介もなされており，非常に実践的である。

第5章
資源ベース論

第1節 │ 資源ベース論とは

　資源ベース論とは，経営戦略論の領域における代表的アプローチのひとつである。資源ベース論は，企業を資源の束（集合体）であると捉え，企業内部に競合他社からの模倣が困難な独自の強みとしての資源を形成・強化することが競争優位の源泉となるという主張を行うことが特徴である。英語表記"resource-based view"の頭文字からRBVと称されることも多い。

　「資源ベース論」という名称は，主に1980年代のワーナーフェルト（B. Wernerfelt）やバーニー（J. B. Barney）などの競争優位の源泉を企業の個別資源の分析から明らかにしようとする立場に対して用いられてきた。しかし，それ以降の**コア・コンピタンス論**や**ダイナミック・ケイパビリティ論**に至るまでの諸研究に対して「資源ベース論」の名称をどこまで拡大して適用するかは，論者によって異なっている。本章においては，「企業内部の強みとしての資源に特化して強化することが競争優位をもたらす」という主張を行ってきた研究群をすべて資源ベース論と捉えて解説を行う。

　なお，そのような考え方に基づいて資源についての着眼点のシフトに着目すると，資源ベース論の理論進化には3つのフェーズが存在する。具体的には，個別資源に着目した第1フェーズ，**コア・ケイパビリティ**に着目した第2フェーズ，ダイナミック・ケイパビリティに着目した第3フェーズである。第2節以降，資源ベース論の理論進化の契機となった指摘に着目しながら，それぞれのフェーズにおいていかなる問題と理論的主張が示されたかを解説する。

第2節 | 第1フェーズの資源ベース論

1.ポジショニング・アプローチへの批判

　資源ベース論の生成段階において，最初に設定された問題は，ポーター（M. E. Porter）に代表されるポジショニング・アプローチにおける外部環境分析の偏重への批判を基礎としている。

　ポーターは，市場構造（業界構造）において最終的な収益率に大きな影響を及ぼす5つの競争要因を示した。そして，それらの要因を考察することによって，企業を取り巻く外部環境を分析することの重要性を主張した（Porter 1980, pp. 3-33 を参照）。そのうえで，彼は，企業はそれらの競争要因から自らを防衛できるように有利にポジショニングすべく，3つの基本戦略に代表されるような競争戦略を策定することが必要であると述べた（Porter 1980, pp. 34-46 を参照）。このポーターの主張は，根本的に「業界の状況の違いが企業の収益性を規定する」というものであったと考えられる[1]。

　このように企業の競争優位性を考えるにあたって業界構造という外部環境の分析を重視するポジショニング・アプローチに対して，資源ベース論と称されるアプローチは，企業間の収益性の格差は外部要因よりもむしろ企業の特殊な内部要因によってもたらされるのではないかという疑問を出発点として展開された。この疑問は，ポジショニング・アプローチの主張においては企業の資源は市場でつねに即時に入手できることを前提としているが，実際には企業による資源の獲得には制約があるはずだという指摘から生まれたものである。

　例えば，「資源ベース論」という用語をはじめて用いたとされるワーナーフェルトは，市場においてすべての資源が瞬時に獲得できるというポーターが想定していたような状況を否定し，企業は非常に不完備な市場において個別資源の束の購入を行うと捉えている（Wernerfelt 1984, p. 172 を参照）。そのうえで彼は，企業の内部要因に着目することが，とくに多角化企業の戦略の研究

1）ポーターは，戦略グループの違いによっても企業の収益性に差異が生じることを述べているが，そのような戦略グループの違いも業界の構造分析に基づいて生じるものであることから，ポーターの主張はあくまで「業界の状況の違いが企業の収益性を規定する」と示すことができる。

にとって有用であると指摘した。

さらに，外部要因が企業の優位性を左右するとのポジショニング・アプローチの主張に対する反証として，経験的なデータが資源ベース論の論者によって示されている。例えば，ルメルト（R. P. Rumelt）は，アメリカ企業1292社における20年間の資本利益率に対して分散分析を適用した結果，産業内における長期的な利益率の分散が産業間の分散よりも3倍から5倍も大きいことを明らかにした。彼はこのデータをもとに，ある産業の構成員であるということが企業に超過利潤をもたらすというよりも，むしろ企業が内部に有する特殊性が超過利潤の重要な源泉となっていることを指摘している（Rumelt 1987, p. 141を参照）。

2．第1フェーズの主張と代表的研究

このような状況で，資源ベース論の第1フェーズでは，ルメルト，バーニー，そしてディーリックス（I. Dierickx）とクール（K. Cool）などによって，企業の競争優位性は業界構造や業界状況ではなく，企業内部の資源によって決定されるのではないかという議論が展開されることになる。

例えば，ルメルトは企業の潜在的なレントを保護するものとして隔離メカニズムという概念を示した（Rumelt 1984, pp. 140-142を参照）。彼の主張は，隔離メカニズムが他社の模倣に対する防御壁として機能し，競合他社の参入を防ぐことによって，企業内の固有資源を守ることが可能となり，その結果として企業は競争優位を持続できるというものである。

また，ディーリックスとクールは市場において取引不可能な資産に着目し，企業における資源の非流動性が競合他社による模倣を防ぐとともに代替困難性を高め，競争優位の獲得に寄与すると主張した（Dierickx and Cool 1989, pp. 1505-1509）。

さらに，これらの研究を受けて，バーニーは経済価値，稀少性，模倣困難性，代替不可能性（VRIN）を有する個別資源を獲得するほど，企業は優位性を獲得できることを主張した（Barney 1991, pp. 105-106を参照）。なお，彼は，戦略的要素市場においていかに優位性をもたらす性質を有する資源の束の購入を行うか，そこで購入できない資源をいかに獲得するか，といった点につ

いても論じている（Barney 1986, pp. 1233-1283 を参照）。

　上述したルメルトやディーリックスとクールの研究は，バーニーが指摘したような優位性をもたらす個別資源の性質のなかでも，とくに模倣困難性や代替困難性について，隔離メカニズムや非流動性（取引不可能性）といった概念に着目した研究であった。

　これらの研究群は，いずれも企業に優位性をもたらす個別資源の性質を分析し，それに特化する意義を示すものであった。したがって，資源ベース論の第1フェーズは，企業内の個別資源を強化するほど企業の競争優位性が高まるということを主張するものであったといえる。

第3節 ｜ 第2フェーズの資源ベース論

1．個別資源強化の逆機能の指摘

　このような第1フェーズの理論に対して，個別資源を獲得しようとする組織メンバーの努力があまりに狭い範囲に焦点が絞られ過ぎている場合に優位性喪失の可能性が生じるという指摘がなされた。これは，組織を構成する要素である個人やセクションがそれぞれ個別資源を強化していくためのルーティンを強化するなかで，そこに過度の慣性が働き，その結果として逆機能が生じるというものである。

　この点について，プラハラッド（C. K. Prahalad）とハメル（G. Hamel）は，それぞれの組織メンバーが技能を中心とした個別資源の蓄積・強化のための努力を行う際に，非常に狭い範囲で焦点化した場合，自分の職能的経験を他者の職能的経験と新しい興味深い方法で混合するための機会を認識できなくなることを示唆している（Prahalad and Hamel 1990, p. 82 を参照）。また，各セクションにおいても，「多くの資金に恵まれ，才能のある人材を大量に抱えていても，優位性を失う」（Hamel and Prahalad 1994, p. 128）と表現されるような現象が生じる可能性がある。

　つまり，企業はそれぞれのセクションにおいて巨額の研究開発費を用いて企業特殊的な専門的技術を開発し，専門的知識を有した人材を獲得し，稀少な個別資源の蓄積を行うことで競争優位を構築しようとしている。しかし，そのよ

うな企業特殊的な個別資源の強化に伴って企業全体としての内部補完性が崩れてしまっては，かえって優位性を維持することができなくなることが示されたのである。

このような個別資源強化の逆機能は，実際の企業においても，1990年代前半に企業特殊的な個別資源を豊富に有する企業が優位性を喪失するケースが数多く生じたことを受けて指摘された。前述のハメルとプラハラドも，いくつかの業界において，莫大な個別資源を有していたはずの欧米企業が（企業特殊的な個別資源をより豊富に有していたとはいえないような）日本企業の台頭によって優位性を喪失した事例について，数多く紹介している。

例えば，自動車業界において，1992年当時のGMは膨大な経営資源を持っており，それぞれのユニットにおいて豊富な個別資源を用いて研究開発が行われていた。しかし，個々の研究開発において独自の強みを強化しようという努力が行われていたものの，企業全体としては目的意識が共有されていないことから，個々の努力が全体の動きに反映されにくい状態にあった。

そのため，GMは「各ユニットがちぐはぐに動き，優先順位は気まぐれに決定され，一貫性はしばしばご都合主義の犠牲になる」（Hamel and Prahalad 1994, p. 130）という状況に陥っていた。結果として，GMはホンダの4倍も研究開発に費やしているのにもかかわらず，少なくとも顧客から見てGMが自動車シャシー技術で名実ともに世界ナンバーワンと評価されないという事態を招くことになってしまった（Hamel and Prahalad 1994, p. 158を参照）。

また，家電業界においては，アメリカのGTEやイギリスのGEをはじめとする欧米企業は，それぞれ多様な事業を扱うとともに，それぞれの事業において先進技術を蓄積していた。例えば，GTEは電気通信会社として活発に活動しており，その事業は，電話機，交換・伝送システム，照明製品など多岐に渡っていた。さらに，シルバニア・カラーテレビを作っていたGTE娯楽製品グループは，ディスプレー技術でも一定の地位を獲得していたとされる（Prahalad and Hamel 1990, p. 79を参照）。また，GEも小型テレビの技術に代表されるような独自の高度な技術を有していた。

しかし，これらの欧米企業においては，それらの複数の事業分野でそれぞれ独自の技術を有していたものの，企業全体を一貫して貫く総合的なコンセプ

トを作ることができなかった。そのため，C&C[2]という一貫した総合的なコンセプトによって新たな製品市場を作り出したNECのような日本企業の台頭によって，その優位性を喪失するという結果を招くことになった（Hamel and Prahalad 1994, p. 111-114を参照）。

2. 第2フェーズの主張と代表的研究

　競争優位を生み出す企業内の個別資源を強化すれば，その逆機能が発生するという新たな問題を解決するために，資源ベース論は第2フェーズへと移行することになる。この第2フェーズでは，企業内の個別資源をいかに活用できるかを考えることが個別資源強化の逆機能を克服し優位性を構築するための鍵となることが主張され，個別資源を活用するための内部資源について説明することに焦点が当てられた。

　第2フェーズの代表的研究としては1990年代前半に多く出現したコア・コンピタンスやケイパビリティに関する研究が挙げられる。これらの研究は，グラントの研究にみられるように，個別資源とそれらを活用する能力の間の明確な区別を行う（Grant 1991, pp. 115-123を参照）とともに，とくに後者に焦点をあてる点で共通している。

　例えば，ハメルとプラハラッドによるコア・コンピタンス論では，「顧客に特定の利益をもたらすことを可能にする一連のスキルや技術」（Hamel and Prahalad 1994, p. 219）であるコア・コンピタンスの構築が企業に優位性をもたらすことが主張された。そして，「とくに多様な製造スキルをいかに調整し，複数の技術の流れをいかに統合していくかを学ぶ」（Hamel and Prahalad 1994, p. 82）ための集団的学習の重要性が指摘された。

　これに対し，ストーク（G. Stalk）等はコア・コンピタンスの重要性は認めるものの，それだけでは企業の競争における成功を説明するにあたって不十分であると述べた。彼らは，「戦略的に理解された一連のビジネス・プロセス」

2）C&Cとはコンピュータとコミュニケーションの頭文字から名付けられたものである。つまり，NECは，システム化とデジタル化という2つの局面を想定し，コンピュータ業界とコミュニケーション業界の合流点に出現するビジネス機会に向けて企業の能力を構築しようとした（Hamel and Prahalad 1994, p. 111を参照）。

(Stalk, Evans and Shulman 1992, p. 62) としてのケイパビリティの必要性を主張した。

彼らは，ウォルマートのクロスドッキング・システムの例を挙げ，これに代表されるような顧客に対して優れた価値を提供するケイパビリティの構築と，それに基づく競争 (capabilities-based competition) によって，企業は競争優位を確立できるとした。

さらに，コグート (B. Kogut) とザンダー (U. Zander) は，知識という概念に焦点をあててケイパビリティについて考察を行った。そして，「獲得した知識を合成し応用する能力」(Kogut and Zander 1992, p. 384) を統合ケイパビリティとよび，統合ケイパビリティの強化が企業の優位性を高めることを主張した。

さらに，コグートとザンダーの研究においては，この統合ケイパビリティは社会的コミュニティを前提として形成され，集団的学習を通して企業独自の模倣困難な強みとして強化されていくことが述べられる。つまり，彼らは企業を「コーディネーションと学習についての社会的知識を意味する組織」(Kogut and Zander 1996, p. 502) と定義し，社会的コミュニティを前提として形成される知識の役割というものを論点としている。

ここで，ウルリッヒ (D. Ulrich) とスモールウッド (N. Smallwood) による分類をもとにして，これらの概念について整理を行い，一連の研究の特徴をまとめたい（図表5-1を参照）。ウルリッヒとスモールウッドの分類によれば，コア・コンピタンスもケイパビリティもどちらも組織の能力を示すものである。しかし，両者が焦点をあてているものには違いがあるという。

ウルリッヒとスモールウッドによれば，前述のプラハラッドとハメルによって競争優位の源泉であると主張されたコア・コンピタンスは，図表5-1において第3象限に位置し，組織の技術的な側面を強調した能力の概念であるとされる。これはプラハラッドとハメルのコア・コンピタンスの例からもうかがえる。彼らは，異質の事業に整合性をもたらすコア・コンピタンスとして，NECのデジタル技術（とりわけVLSIとシステムインテグレーション技能）やホンダのエンジンと駆動系統における技術といったものを挙げているからである (Prahalad and Hamel 1990, p. 83を参照)。

図表 5-1 能力のマトリックス

	Individual 個人	Organizational 組織
Technical 技術的	① 個人の 職務能力	③ 組織の コア・コンピタンス
Social 社会的	② 個人の リーダーシップ能力	④ 組織の ケイパビリティ

出所：ウルリッヒとスモールウッド（2004），p. 120。

　これに対し，ストーク等によるケイパビリティおよびコグートとザンダーによる統合ケイパビリティについての研究は図表 5-1 の第 4 象限に位置している。つまり，それらの概念は，組織の社会的な側面を強調したものであるとされる。

　実際に，ストーク等も自らの主張するケイパビリティの概念とハメルとプラハラッドによるコア・コンピタンスの概念の差異について述べている。彼らは，コア・コンピタンスの概念が価値連鎖上の特定の点での技術と生産の専門力を強調しているのに対して，ケイパビリティの概念はより広い範囲に立脚しており，価値連鎖の全体を包含するものであると主張しているのである（Stalk, Evans and Shulman 1992, p. 66 を参照）。

　また，コグートとザンダーの研究も，企業を社会的コミュニティとして捉え，組織化の原則によって，多様な人材や機能の調整問題を解明し，解決しようとするものと捉えることができる。つまり，統合ケイパビリティを含むケイパビリティという概念は，「企業組織に通底する DNA，企業文化，個性」（Ulrich and Smallwood 2004, p. 120）を背景として形成される企業の社会的な能力なのである。

　したがって，前述の代表的研究で示されたようなコア・コンピタンスやケイパビリティという概念には，技術的な側面を強調するか社会的な側面を強調するかという違いは存在している。しかし，それらは，個別資源そのものを意味するのではなく，それらの個別資源間の補完性を高めるための組織的なシステ

ムやルーティンを意味するものであると解釈できるのである。

そして，競争優位の構築にあたり，コア・コンピタンスとケイパビリティは相互補完的な概念として捉えられることになる。つまり，技術的な強みであるコア・コンピタンスを形成・活用していくためには，社会的なケイパビリティが不可欠となる。

ここで，レオナルド・バートン（D. Leonard-Barton）の概念を用いて，企業内部の個別資源間・活動間の補完性を高めるような企業独自の技術的・社会的システム，プロセス，ルーティンの集合のことをコア・ケイパビリティとよぶとすれば，第2フェーズにおいて注目されたコア・コンピタンスやケイパビリティは，このコア・ケイパビリティに含まれる概念であると捉えられる。したがって，資源ベース論の第2フェーズは「企業特殊的なコア・ケイパビリティを強化するほど競争優位性が高まる」ことを主張するものであったと言える。

さらに，第2フェーズにおいては，企業特殊的なコア・ケイパビリティは企業内部の知識構築活動を意味する集団的学習によって強化されるという主張がなされていることも大きな特徴である。つまり，このフェーズでは，企業特殊的な性質を有する独自のルーティンやプロセスやシステムを獲得し模倣困難性を高めるための集団的学習のあり方を探る，という企業努力の有用性が示唆されることから，第2フェーズにおいて資源ベース論に学習論が導入されたと考えられる。

第4節 | 第3フェーズの資源ベース論

1．コア・リジディティの指摘

第2フェーズの理論に対してもまた，企業がコア・ケイパビリティを強化することに伴う逆機能が指摘された。この逆機能現象を資源ベース論の中ではじめて明確な概念として示したのが，レオナルド・バートンによる**コア・リジディティ**についての研究である（Leonard-Barton 1992；1995を参照）。

レオナルド・バートンは，過去の成功を生み出し競争優位の源泉となっていたコア・ケイパビリティは，柔軟性を失ってイノベーションを阻害するとい

う可能性を有していると述べている（Leonard-Barton 1992, pp. 118-121 を参照）。この「企業の強みが同時にその弱みとなる」（Leonard-Barton 1995, p. 30）というコア・ケイパビリティの有するダウン・サイドこそが，コア・リジディティである。

つまり，彼女は，第2フェーズにおいて競争優位の源泉として特徴的であったコア・ケイパビリティがコア・リジディティへと変異した場合，企業が優位性を喪失する可能性を指摘したのである。レオナルド・バートンの研究にもとづいてコア・リジディティの概念についてより具体的に述べると，以下のようになる。

企業を取り巻く条件が同じならば，コア・ケイパビリティを生み出す相互依存的なシステムによって企業は優位性を維持できる。しかし，もしビジネス環境が変化したにもかかわらず，それらのシステムがルーティン・ワークとして硬直化してしまっていると，企業は成功の土台そのものと格闘しなければならないのである（Leonard-Barton 1995, p. 30 を参照）。

コア・リジディティは，コア・ケイパビリティが変異したものであるが，レオナルド・バートンは，コア・リジディティはコア・ケイパビリティを生み出した活動と同じ活動によって蓄積されると述べている（Leonard-Barton 1995, p. 30 を参照）。このことは，コア・リジディティによる優位性喪失が，コア・ケイパビリティの形成・強化における意図せざる結果としての逆機能現象であることを意味している。

つまり，コア・リジディティが生じている場合であっても，組織において何らかの知識構築活動が行われている。しかし，レオナルド・バートンは，コア・ケイパビリティを生み出してそれを強化するメカニズムである知識構築活動それ自体にこそ，硬直化の原因が存在することを指摘したのである。この点について，コア・ケイパビリティがコア・リジディティへと変容するにあたり，企業の知識構築活動においていかなる現象が生じているかを，レオナルド・バートンの見解に沿って見ていきたい。

まず，コア・ケイパビリティを強化するための知識構築活動は図表5-2のようになっている。

これに対し，コア・リジディティが生じている場合の企業における知識構築

図表 5-2 コア・ケイパビリティ強化のための知識構築活動

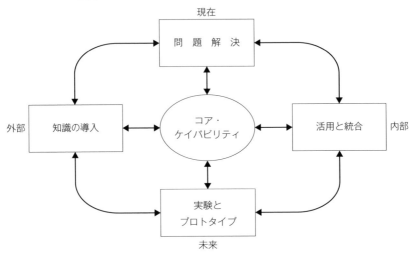

出所：レオナルド・バートン (1995), p. 9。

活動は，図表5-3のようになっている。図表5-3は，慣性に支配されることによって企業における学習能力が脆弱化しており，それによって，知識構築活動自体が硬直化の原因となっていることを示している。

つまり，硬直化した知識構築活動においては，組織メンバーは慣習的に現行の知識を拡大することに集中しており，現行の市場動向や現行のオペレーションに焦点を当てている。また，未来は暗黙のうちに現在と同じようなものと仮定され，結果として，実験は現在行っていることをもっと良くすることに主眼が置かれる。さらに，外部からの情報についても，それが現行のコア・ケイパビリティにとって不適当なものであれば排除されてしまう。

レオナルド・バートンは，コア・リジディティの実例として，1990年代のトヨタ等を挙げている。彼女によれば，トヨタは，ジャスト・イン・タイムによる在庫配送，多能工化による従業員割り当て，TQC，小ロット生産等から構成されるコア・ケイパビリティを有していた。しかし，1990年代に円高が進む等環境が変化しても，トヨタは1980年当時のように過剰な品質管理や多様性の維持に固執していた。そのため，従来のコア・ケイパビリティが環境にそぐわないものとなってコア・リジディティへと変容し，結果として競争力の

図表 5-3　コア・リジディティが生じている場合の知識構築活動

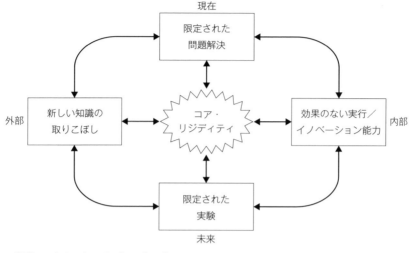

出所：レオナルド・バートン（1995），p. 36。

低下を招いたとレオナルド・バートンは指摘している（Leonard-Barton 1995, pp. 32-33 を参照）。

2. 第3フェーズの主張と代表的研究

　このようなコア・リジディティの指摘を受け，資源ベース論のもとに競争優位を生み出すコア・ケイパビリティを強化すればするほど，逆にそれはコア・リジディティ化するという新たな問題が発生した。この新しい問題を解決するために，資源ベース論は第3フェーズに移行することになる。

　この第3フェーズにおいては，市場変化に対応することこそがコア・リジディティを克服して優位性を持続する鍵であることが主張され，市場変化への対応を可能にするための内部資源について説明することに焦点が当てられた。その代表的アプローチのひとつが，ティース（D. J. Teece），ゾロ（M. Zollo）とウィンター（S. Winter），そしてヘルファット（C. E. Helfat）といった論者によるダイナミック・ケイパビリティ論である。

　ダイナミック・ケイパビリティ論の主張は，「企業特殊的なダイナミック・ケイパビリティを強化するほど競争優位性が高まる」というものである。そし

て，ダイナミック・ケイパビリティという概念は，それぞれ以下のように示されている。

例えば，ティース等はダイナミック・ケイパビリティを「タイムリーな反応や，急速でフレキシブルな製品イノベーションを達成することができ，内的および外的なコンピタンスを効果的にコーディネートして再配置する経営ケイパビリティ」（Teece, Pisano and Shuen 1997, p. 516）と定義する。

また，ゾロとウィンターは「有効性の改善のために，組織がシステマティックにゼロレベルのケイパビリティを生み出し，修正することを通じた，集団的行動の安定した学習のパターン」（Zollo and Winter 2002, p. 340）であるとする。さらに，ヘルファトは「組織が資源ベースを意図的に創造，拡大，修正する能力」（Helfat 2007, p. 1）であると定義する。

第6章で述べるように，ダイナミック・ケイパビリティ概念の詳細は，論者によって異なっている。しかし，ダイナミック・ケイパビリティがコア・ケイパビリティ自体を変更・更新する能力であるという点では，上述の研究群の見解は共通している。そして，企業はダイナミック・ケイパビリティを有することで，コア・リジディティの問題を克服することができるとされるのである。

その根拠として，例えばティースはダイナミック・ケイパビリティを強化するほど進化的適合力（evolutionary fitness）が高まると述べる。彼は，第2フェーズで注目されていたようなコア・ケイパビリティを強化することは，既存の機能の効率性を示す技能的適合力（technical fitness）を高めるにすぎないという。一方で，ダイナミック・ケイパビリティを強化し，ビジネス・エコ・システムを構成するサプライヤー，補完者，カスタマーといったさまざまなプレイヤーが有する外部資源をオーケストレーションし，イノベーションを促進することで，「いかに企業を生存させるか」（Teece 2007, p. 1321）を示す進化的適合力を高めることができると主張するのである。

第3フェーズの出発点となっているコア・リジディティの議論は，第2フェーズで導入した学習論の概念に大きくかかわっている（図表5-2および図表5-3を参照）。つまり，企業内部の補完性を高めるコア・ケイパビリティを強化するような（低次の）集団的学習において，環境変化に対応するための（高次の）学習能力が欠如しているために企業外部との補完性が崩れること

が，コア・リジディティの原因であった。

　ダイナミック・ケイパビリティ論は，このような問題を克服すべく，企業内外の資源を適宜組み替えて外部との補完性を高める高次の学習能力の重要性を示している。つまり，資源ベース論は，第3フェーズにおいて，コア・リジディティを外部の市場とのかかわりの中で認識する進化論的な視点をとり入れたと考えられるのである。

さらに進んだ学習のために

Barney, J. B. (1991), "Firm Resourses and Sustained Competitive Advantage," *Journal of Management*, 17 (1), pp. 99-120.
　…企業に優位性をもたらす個別資源の特徴を理解できます。

Collis, D. J. and Montgomery, C. A. (1998), *Corporate Strategy: A Resource-Based Approach*, McGraw-Hill.（根来龍之・蛭田啓・久保亮一訳『資源ベースの経営戦略論』東洋経済新報社，2004年。）
　…資源ベース論の代表的研究がまとめられています。

Hamel, G. and Prahalad, C. K. (1994), *Competing For the Future*, Harvard Business School Press.（一條和生訳『コア・コンピタンス経営』日本経済新聞社，1995年。）
　…コア・コンピタンス論について理解を深められます。

Leonard-Barton, D. (1995), *Wellsprings of Knowledge*, Harvard Business School Press.（安部孝太郎・田畑暁生訳『知識の源泉―イノベーションの構築と持続』ダイヤモンド社，2001年。）
　…コア・ケイパビリティとコア・リジディティの関係について分析されています。

第6章
ダイナミック・ケイパビリティ論

第1節 | ダイナミック・ケイパビリティ論とは

　近年の激しく変化する経営環境のなかで，いかに環境変化に対応できるかは企業にとって大きな課題である。**ダイナミック・ケイパビリティ論**（ダイナミック・ケイパビリティ・アプローチ）とは，環境変化に対応するための自己変革能力である**ダイナミック・ケイパビリティ**の重要性を主張する一連の研究群を意味する。ダイナミック・ケイパビリティ論に属するとされる代表的論者としては，ティース（D. J. Teece），ヘルファット（C. E. Helfat），そしてウィンター（S. G. Winter）といった研究者が挙げられる。

　ダイナミック・ケイパビリティを有していない場合，企業は環境変化に対応できず，持続的な優位性を獲得できずに衰退してしまうとされる。例えば，第5章で述べたようなコア・ケイパビリティがコア・リジディティに変化してしまうといった現象は，企業がダイナミック・ケイパビリティを有していないことから生じるとされる。つまり，ダイナミック・ケイパビリティを有していない企業においては，過去の成功を生み出し競争優位の源泉となっていたコア・ケイパビリティが環境変化という局面で柔軟性を失い，新たなコア・ケイパビリティ形成のためのイノベーションを阻害することになるのである。

　本章においては，まずはダイナミック・ケイパビリティの概念について，代表的論者の見解の相違点を明らかにしながら整理する。さらに，ダイナミック・ケイパビリティ論の中でも戦略経営論として新しい見地を示したと考えられるティースの枠組みを基礎として，ダイナミック・ケイパビリティ・アプローチの体系を解説する。

第2節 | ダイナミック・ケイパビリティの概念

1．論者による見解の相違

　ダイナミック・ケイパビリティ論にカテゴライズされる諸研究は，それぞれダイナミック・ケイパビリティという用語を用いて，企業がその強化を行うことの重要性を主張する。そして，ダイナミック・ケイパビリティを環境変化に対応するための能力として捉える点でも共通している。

　しかし，ダイナミック・ケイパビリティという概念の詳細は論者によって異なっている。ここでは，ダイナミック・ケイパビリティ論の代表的な論者であるウィンター，ヘルファット，そしてティースによる見解を挙げ，それぞれのダイナミック・ケイパビリティの概念を比較する。

　まず，ウィンターはゾロ（M. Zollo）との共著において，ダイナミック・ケイパビリティを「有効性の改善のために，組織がシステマティックにオペレーティング・ルーティン（ゼロレベルのケイパビリティ）を生み出し，修正することを通じた，集団的行動の安定した学習のパターン」（Zollo and Winter 2002, p. 340）であると定義している。ウィンターは，その単著において組織ケイパビリティを「高次のルーティン（の集合）」（Winter 2003, p. 991）と定義していることから，彼等はあくまでダイナミック・ケイパビリティについてもルーティンの概念を用いて説明が可能であると考えていると推察される。

　また，ヘルファットは，ダイナミック・ケイパビリティを「組織が意図的に資源ベースを創造，拡大，修正する能力」（Helfat 2007, p. 1）であると定義している。そして，このダイナミック・ケイパビリティが実行する機能は「反復可能であり，少なくともある程度は確実に実行できる」（Helfat 2007, p. 5）とする。ヘルファットは，イノベーションや買収・提携にかかわる経営者のダイナミック・ケイパビリティについても言及しているが，それもあくまで反復可能なものであり，組織的なダイナミック・ケイパビリティの一部であると位置づけられよう。つまり，ヘルファットもダイナミック・ケイパビリティはパターン化された要素が必要となるという点ではウィンターと同様の見解を示していると考えられる。

これに対し，ティースのダイナミック・ケイパビリティ論においては，ウィンターの進化論をとり入れているものの，ウィンターのいうようなルーティンだけでなく，それを超えた経営者の能力に着目している点に大きな特徴がある (Teece, Pisano and Shuen 1997；Teece 2007；2009 を参照)。つまり，ティースのダイナミック・ケイパビリティ論においては，上記のゾロとウィンターおよびヘルファットの見解とは異なり，経営者の企業家精神ともいうべき能力をも用いて市場変化に対応することに大きな関心があるといえる。

2．企業家的経営者への着目

ウィンターやヘルファットのような見解においては，ダイナミック・ケイパビリティの構成要素はあくまで（より高次の）ルーティンであると捉えられる。つまり，環境変化への対応という視点が追加されているものの，反復可能（再生可能）なルーティンとしての組織的知識であるという点では，従来の知識ベース論や資源ベース論といった領域において主張された統合ケイパビリティあるいは組織ケイパビリティといった概念と同様のものであると解釈することが可能である。

しかしながら，ティースのような見解にたった場合，明らかにダイナミック・ケイパビリティを構成する知識の性質はそれらのケイパビリティとは異なっていると考えられる。なぜならば，ティースの主張するダイナミック・ケイパビリティは，ルーティンとしての組織的知識だけを意味しているのではなく，経営者（経営陣）の企業家精神という個人的知識を含んでいるからである。

この点については，ティース自身も，ウィンター等の概念との違いについて認めている。つまり，ティースのダイナミック・ケイパビリティ・フレームワークでは資産の選択やオーケストレーションも重要なケイパビリティのひとつとして捉えている。そのため，ウィンター等の研究者が高次のルーティンを中心としてダイナミック・ケイパビリティを定義しているのに対して，ティースは新しいルーティンの選択に留まらない大きな役割を示唆しており，企業家的経営者に着目することが重要となると明確に述べているのである（Teece 2009, p. 104 を参照）。

したがって，知識を組織的に統合することを目的とした企業の活動が企業外部まで拡大されているという点では，ダイナミック・ケイパビリティ論に含まれる研究はほぼ共通している。また，進化論をとり入れたウィンターやティースの研究は，市場淘汰を考慮している点でも共通しているといえる。

しかし，そのようなケイパビリティが高次のルーティンという形のみで示されるか否かによって，ダイナミック・ケイパビリティという概念を構成する知識の性質は大きく異なるのである。このような分析を踏まえ，第3節以降，従来のケイパビリティ論で扱われていた概念とは質的に大きく異なるケイパビリティに着目したティースの研究に焦点をあてる。そして，ティースの研究を基礎として，企業におけるダイナミック・ケイパビリティ構築の意義を明らかにしたい。

第3節 | ティースのダイナミック・ケイパビリティ論の理論的基礎と問題意識

1．理論的基礎としての2つの流れ

理論を理解するには，その理論的基礎を明らかにすることが不可欠となる。ティースのダイナミック・ケイパビリティ論を解説するにあたり，まずは，本学説がどのように生まれてきたのかを整理する。

ティースのダイナミック・ケイパビリティ論の理論的基礎となっている研究は幅広いとされる。実際，ティース自身もダイナミック・ケイパビリティ・フレームワークの知的潮流として，企業家精神，行動理論・行動意思決定論，組織論，取引コスト経済学，進化経済学，資源ベース論といった多くの領域に言及している。しかし，これらの知的潮流は，主に「カーネギー学派からの流れ」と「経営戦略論からの流れ」に大別できると考えられる。

まず，カーネギー学派からの流れとして，ティースのダイナミック・ケイパビリティ論は，サイモン（H. A. Simon）の意思決定プロセス研究からウィリアムソン（O. E. Williamson）の取引コスト経済学への流れの延長線上にある。サイモンは新古典派経済学の人間の完全合理性の仮定を批判し，限定合理性の概念を示した。彼によれば，人間は限定合理的なので瞬時に最適解を得る

ことができず，満足化原理のもとに満足な解に至る意思決定プロセスが存在するとされる。

　このサイモンの限定合理性の概念を基礎としながらも，よりインプリケーションの高い経済学的枠組みの構築を目指したのが，ウィリアムソンの取引コスト経済学であった。彼は，限定合理的な人間行動を経済学的に説明するため，サイモンの満足化原理ではなく，新古典派経済学の効用極大化つまり機会主義の行動仮定を維持し，コース（R. H. Coase）によってすでに展開されていた取引コストの発生メカニズムを解明した。

　とくに，これまで不明確であった企業間の垂直的統合現象を取引コスト節約原理にもとづいて説明した点に，ウィリアムソンの貢献がある。しかし，垂直的統合現象には，取引コスト理論では説明できない現象があることを指摘し，特に市場が不完全な場合，取引コストではなく自社のケイパビリティを再構成して製造から販売へと垂直的に拡大せざるをえないとしたのが，ティースのダイナミック・ケイパビリティ論なのである。

　一方，戦略経営論からの流れとしては，第5章で述べたように，ダイナミック・ケイパビリティ論はポーターのポジショニング・アプローチへの批判として生まれた資源ベース論から発展した議論（資源ベース論の第3フェーズ）として示すこともできる。ティースのダイナミック・ケイパビリティ論が戦略的インプリケーションとして目指すところは，「企業レベルでの経時的な競争優位の源泉を説明し，完全競争市場において同質的な企業が競争した際に生じるゼロ利潤条件を回避するための指針を，経営者に提供すること」（Teece 2009, p. 5）である。このゼロ利潤条件を回避するための条件は，戦略経営論の領域において，ポーターのポジショニング・アプローチ以降論じられてきた。

　とくに，ポジショニング・アプローチの外部要因偏重への批判を基礎として生じた資源ベース論は，ゼロ利潤条件を回避して競争優位を構築するための内部要因についての解を求めて組織論的要素を導入しながら理論的に発展してきた。ティースは，企業が環境変化のなかで長期的に優位性を維持するためには，従来の資源ベース論が論じてきた内部資源の概念だけでは限界があるとし，よりダイナミックなケイパビリティの存在を主張した。

　その主張の背後には，従来の資源ベース論が主張していたコア・ケイパビリ

図表 6-1 ティースのダイナミック・ケイパビリティ論の理論的基礎

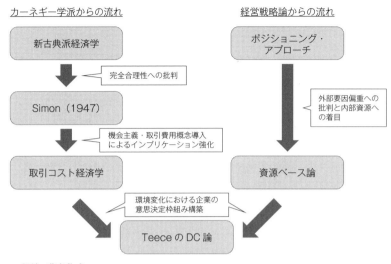

出所：著者作成。

ティを強化すれば，環境が変化した場合に逆に優位性を喪失する可能性があるというコア・リジディティの指摘（Leonard-Barton 1992；1995）がある。ティースのダイナミック・ケイパビリティ論はこのコア・リジディティの問題を解決するための解としても位置づけられるのである。

2．ティースの問題意識

したがって，ティースのダイナミック・ケイパビリティ論は図表6-1で示したような発展プロセスとしての理論的基礎を有し，主に取引コスト経済学と資源ベース論を前提としている。そして，環境変化の激化を前提として，それらの理論の不十分性を補いながら，よりインプリケーションの高い理論構築を試みていると考えられる。

つまり，従来の取引コスト経済学や資源ベース論では，一時点での優位性を導く企業行動については説明できるものの，環境変化において企業がゼロ利潤条件を回避するための意思決定について十分に説明できないため，長期的な価値最大化による優位性獲得のためのインプリケーションを提供できない。そのため，ティースは企業家精神や進化経済学の概念を導入し，既存のケイパビリ

ティを修正・更新して環境変化に対応するメタレベルのケイパビリティの存在を示すことで，ダイナミックで堅固な理論的フレームワークを構築しようとしたのである。

第4節 | ダイナミック・ケイパビリティの構成要素

1．センシング，シージング，リコンフィギュアリングの能力

ティースのダイナミック・ケイパビリティ論においては，企業レベルのセンシング（感知），シージング（活用），リコンフィギュアリング（再構成）のための能力を構築することが求められる。

スピードが速く，グローバルに競争するような環境では，消費者のニーズ，技術的機会，競合他社の活動といったものはつねに変化している。そのような環境下で，機会は新規参入者と既存企業の双方に開かれ，既存企業の利益が危険に晒されることになる。

新しい機会のセンシング（および形成）とは，精査，創造，学習，解釈の活動を意味する。機会を特定し形成するため，企業はローカルとディスタント双方の技術や市場をつねに精査，探索，探査しなければならない。そして，研究や関連的な活動への投資は，これらの活動を補完するために必要とされる（Teece 2007, pp. 1322-1323 を参照）。

ひとたび新しい技術あるいは市場の機会を感知したならば，企業は，新しい製品，プロセス，サービスを通じて，その機会のシージングに取り組む必要がある。そのためには，開発と商業化の活動への投資が必要になる。

機会への対処は，技術的コンピタンスや補完的資産を維持，改良し，機会が熟したときに市場に最も受け入れられそうな特定の技術やデザインに重点的に投資することである。しかし，企業が直面する問題は，いつ，どこで，どれだけ投資するかという問題だけではない。企業は，自社の商業化戦略や投資の優先順位を定義するための特定のビジネス・モデルの選択や創造を行う必要がある（Teece 2007, pp. 1326-1329 を参照）。

技術や市場の機会をうまく特定・測定し，技術・製品の属性を適切に選択し，ビジネス・モデルをデザインし，資源を投資機会にコミットさせること

は，企業の成長と収益性をもたらす。しかし，その成功は企業の経路依存的な方向への進化を引き起こすこととなる。

したがって，市場や技術が変化するほど，またそれらの変化が続くほど，持続的な収益性の成長へのカギは，資産や組織構造をリコンフィギュアリングする能力となる。なぜならば，そのような能力は望ましくない経路依存性を回避してイノベーションを実現するために必要となるからである（Teece 2007, pp. 1334-1336 を参照）。

2．企業家精神とミクロ的基礎の関係

変化する環境において企業レベルでセンシング，シージング，リコンフィギュアリングを行うにあたり，ティースは企業家精神とミクロ的基礎という2つの概念をダイナミック・ケイパビリティの構成要素として示している。

ティースは，確立された資産・ルーティンの存在は過度のリスク回避という問題を悪化させてしまうとし，過度のリスク回避が意思決定バイアスをもたらして既存企業がハイリスクなラディカル・イノベーションを追及することを制約してしまうことを指摘した（Teece 2009, p. 21 を参照）。ティースによれば，そのような意思決定バイアスを克服するとともに新しい機会を捉えるために必要なスキルは，企業が新しい投資機会を評価する際のルーティン，意思決定ルール，戦略，リーダーシップといったものに依存している（Teece 2009, pp. 21-22 を参照）。

そのなかでも，ティースはとくに経営者（経営陣）の役割に焦点をあてる。つまり，経営者は，複数の成長軌道と関連のある将来の需要，競争的反応だけでなく，不確実性のもとでできる限りバイアスのない判断を下さざるを得ない状況に直面する。そのような状況で，意思決定バイアスの克服の中核をなすものは，経営者の企業家精神なのである。

しかし，ティースはダイナミック・ケイパビリティを構成するものとして，ゾロとウィンターやヘルファットが述べるような組織ルーティンとしての組織的知識の存在を考慮していないわけでは決してない。ティースの研究においては，そのような組織的知識はミクロ的基礎（microfoundations）に含まれている。ミクロ的基礎は，センシング，シージング，リコンフィギュアリングと

図表6-2　ダイナミック・ケイパビリティにおけるミクロ的基礎

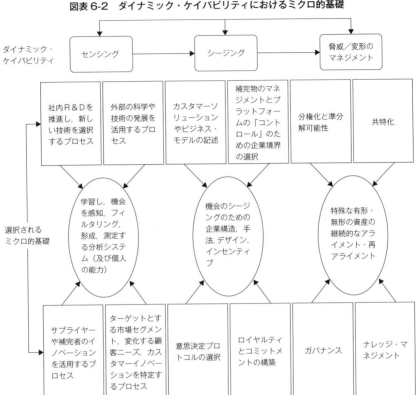

出所：ティース（2007），p. 1342。（邦訳は渡部編著（2010），49頁を参照。）

いった能力を支えるための「特異なスキル，プロセス，手続き，組織構造，意思決定ルール，および規律」（Teece 2009, p. 3を参照）と定義されるものであり，具体的には図表6-2のように示されている。

　つまり，ミクロ的基礎には，「社内R&Dを推進し，新しい技術を選択するプロセス」「サプライヤーや補完者のイノベーションを活用するプロセス」「外部の科学や技術の発展を活用するプロセス」「ターゲットとする市場セグメント，変化する顧客ニーズ，カスタマーイノベーションを特定するプロセス」「意思決定プロトコルの選択」および「分権化と準分解可能性」といったものが含まれている（Teece 2007, p. 1342を参照）。これらのプロセスはルーティンを中心に構成されていることから，ウィンター等の述べるようなより高次の

ルーティンに近い概念であると考えられる。

ティースのダイナミック・ケイパビリティ概念においては，前述のようにあくまで経営者の個人的な知識がその中核をなしていると捉えられる。したがって，このようなミクロ的基礎としての組織的知識は，ダイナミック・ケイパビリティの構成要素ではあるが，あくまで経営者の企業家精神を補完的にサポートするものであると位置づけられるだろう。

第5節 | 2つのケイパビリティの区別と適合力

1．オーディナリー・ケイパビリティとダイナミック・ケイパビリティ

ここで，ダイナミック・ケイパビリティと従来のケイパビリティがいかに異なるのか，そして，ダイナミック・ケイパビリティが企業のパフォーマンスにいかに影響を与えるかについての理解を深めるため，ティースの2014年の論文に基づいて企業における2つのケイパビリティについて整理を行う。

ティースによれば，そもそも企業が保有する可能性のあるケイパビリティは2種類存在しているという。ひとつは**オーディナリー・ケイパビリティ**であり，もうひとつはダイナミック・ケイパビリティである。

オーディナリー・ケイパビリティとは，ある一時点における特定の一連の製品やサービスの生産と販売に関するケイパビリティのことを意味し，運用，管理，ガバナンスの各ケイパビリティに分割することができるとされる。つまり，オーディナリー・ケイパビリティとは，第5章で述べたコア・ケイパビリティのように特定の環境のもとでの企業の優位性を高めるようなケイパビリティを意味する。

一方，このオーディナリー・ケイパビリティ自体を修正したり更新したりするためのケイパビリティがダイナミック・ケイパビリティである。つまり，ダイナミック・ケイパビリティとは，急速に変化するビジネス環境において，内部および外部の資源や能力を統合，構築，再構成するためのメタレベルの能力を意味する。

2．適合力との関係

　オーディナリー・ケイパビリティとダイナミック・ケイパビリティは，どちらも企業の適合力を高め優位性獲得に貢献する。しかし，両者がもたらす適合力は異なる。

　まず，オーディナリー・ケイパビリティとは「（決められたことを）正しく行う（doing things right）」（Teece 2014, p. 18）ためのケイパビリティであり，ベスト・プラクティスとしてのルーティンを基礎とする。つまり，「企業をいかに生存させるかとは関係なくそのケイパビリティがいかにその機能を効果的にはたせるか」（Teece 2007, p. 1321）という意味での**技能的適合力**（technical fitness）を高めることに貢献する。そのため，オーディナリー・ケイパビリティによって企業はタスクを効率的に実行でき，一時点における利潤最大化を目指すことができる。

　しかし，既存のオーディナリー・ケイパビリティの強化のみによっては，企業は持続的競争優位を構築することはできない。なぜならば，環境変化の際にイノベーションを実現できず，新たなオーディナリー・ケイパビリティを形成できずに優位性を喪失してしまうからである。

　そこで求められるのが，「正しいことを行う（doing the right things）」（Teece 2014, p. 18）ためのダイナミック・ケイパビリティである。具体的には，企業固有のプロセス，組織文化，ビジネス環境と技術的機会の先験的な評価に基づいて，国内外の企業環境に合わせた戦略的な新製品やビジネス・モデルへの投資などを，適切なタイミングで適切に行うためのケイパビリティを意味する。

　このケイパビリティは，オーディナリー・ケイパビリティとは異なり，一時点での利潤最大化ではなく企業が長期的にゼロ利潤条件を回避することを目指すものである。つまり，ダイナミック・ケイパビリティは，「そのケイパビリティがいかに企業を生存させるか」（Teece 2007, p. 1321）という意味での**進化的適合力**（evolutionary fitness）を高めることに貢献するのである。

　したがって，ダイナミック・ケイパビリティとオーディナリー・ケイパビリティの存在を基礎とした技能的適合力と進化的適合力によって，企業の業績は影響を受けることになる。静的・短期的な状況においては，オーディナリー・

図表6-3　2つのケイパビリティ

	オーディナリー・ケイパビリティ	ダイナミック・ケイパビリティ
ケイパビリティの内容	「(決められたことを) 正しく行う」ためのケイパビリティ	「正しいことを行う」ためのケイパビリティ
行動原理	利潤最大化	ゼロ利潤条件回避（価値最大化）
貢献する適合力	技能的適合力	進化的適合力
業績への影響	静的・短期的	動的・長期的

出所：ティース（2007；2014）を基に著者作成。

　ケイパビリティに基づく技能的適合力による利潤最大化が企業に優位性をもたらす。これに対し，動的・長期的な状況においては，ダイナミック・ケイパビリティに基づく進化的適合力によるゼロ利潤条件回避が不可欠となる。

　ダイナミック・ケイパビリティによる「正しいこと」は，利潤最大化をもたらさず，一時的には業績低下を招いているような印象を与えるかもしれない。しかし，その経営判断がダイナミック・ケイパビリティに基づくものであれば，長期的には必ず企業に価値最大化による優位性をもたらすであろう。

さらに進んだ学習のために・・・

Helfat, C. E., Finkelstein, S., Mitchell, W., Peteraf, M. A., Singh, H., Teece, D. J. and Winter, S. G. (2007), *Dynamic Capabilities: Understanding Strategic Change in Organizations*, Blackwell.（谷口和弘・蜂巣旭・川西章弘訳『ダイナミック・ケイパビリティ―組織の戦略変化』勁草書房，2010年。）
　…ダイナミック・ケイパビリティ論の主要論者の見解を学習できます。

Teece, D. J. (2009), *Dynamic Capabilities and Strategic Management: Organizing for Innovation and Growth*, Oxford University Press.（谷口和弘・蜂巣旭・川西章弘・ステラ・S. チェン訳『ダイナミック・ケイパビリティ戦略―イノベーションを創発し，成長を加速させる力』ダイヤモンド社，2013年。）
　…ティースによるダイナミック・ケイパビリティ論の枠組みが理解できます。

菊澤研宗編著（2018），『ダイナミック・ケイパビリティの戦略経営論』中央経済社。
　…日本の研究者によるダイナミック・ケイパビリティ論に関する論文がまとめられています。

渡部直樹編著／D. J. ティース他著（2010），『ケイパビリティの組織論・戦略論』中央経済社。
　…ティースの代表的論文の翻訳および日本の研究者による論文が収録されています。

第III部

企業戦略

第7章
垂直統合戦略と多角化戦略

　垂直統合戦略，そして多角化戦略とはどのような企業行動だろうか。本章では，垂直統合戦略と多角化戦略について理解を深める目的から，まずチャンドラーにみるこの2つの概念を紹介する。次に，いくつかの観点からの諸議論を紹介したい。

第1節 │ チャンドラーにみる垂直統合と多角化

　垂直統合（Vertical Integration）とは，原材料から最終商品が顧客に届くまでの業務活動を社内におき，自社の範囲内で管理することを意味する。そして，企業がそれまでの事業領域を超えて，事業領域を拡大していくことを**多角化**（Diversification）と呼ぶ。垂直統合と多角化は，経営戦略論のパイオニアのひとりである，チャンドラー（A. D. Chandler）が1962年に公刊した著書 *Strategy and Structure*（邦訳『経営戦略と組織―米国企業の事業部制成立史』）の中で企業の成長様式として取り上げた概念である[1]。直近の日本語訳では『組織は戦略に従う』というタイトルで2004年に公刊された。

　チャンドラーは著書 *Strategy and Structure* において，19世紀後半から20世紀初頭の米国における大規模な製造企業（industrial enterprise）の生成と展開の歴史を明らかにした[2]。19世紀後半からアメリカにおいて鉄道や電信

---

1) チャンドラーは，新しい職能分野へ進出することを垂直統合の戦略といい，新製品の開発に向かうものを多角化の戦略ということにしている。Chandler, Alfred D. Jr. (1962), *Strategy and Structure: Chapters in the History of the Industrial Enterprise*, The MIT Press.（三菱経済研究所訳『経営戦略と組織―米国企業の事業部制成立史』実業之日本社，1967年。）翻訳書，30頁。
2) チャンドラーの議論については，チャンドラー（1967），橋本（2007），坪井・間嶋（2008），↗

といった交通と通信のインフラストラクチャーが整備されたことによって国内を網羅する全国市場が形成された。このような状況を時代背景に，製造企業はさらに機械と生産工程の発明や科学的管理法といった新しい経営管理方式の導入によって，大量生産の実現を可能にした。タバコ，農産物の加工，農機具，事務機，石油精製，砂糖精製などといった資本集約型産業において大量生産方式を導入した例が特に多く見られた。

このように，生産工程，工場の新設や新しい機械の導入をするために高額の設備投資が必要であった。そのため，設備投資をおこなった企業は投資額に見合った生産性を確保するために工場の稼働率を上げる必要があり，大量生産と大量販売が求められた。そのなかで，製造企業は大量かつ安定した原材料の調達と消費者に至るまでの販売・流通経路を確実に把握するために，自ら原材料資源と輸送，販売の機能の獲得に進出した。

アメリカの製造企業はこうしたいわゆる垂直統合を19世紀の後半から開始した。また，図表7-1に示したように原材料の調達・確保，製品の製造，製品の販売，マーケティングという一連の機能を自社内に統合するためには，2つの異なるやり方がある。ひとつは単一の製造企業が全国的さらには世界的に組織を設け，原材料供給源や販売経路を把握していくやり方である。もうひとつは，買収や吸収を通じて同じ業種や同じ機能を結合することで規模を拡大するという**水平統合**のやり方である。なお，垂直統合の方向において，部品や原材料に近づいていく後方（川上）統合と，完成品や小売り，消費者に近づく前方（川下）統合の2種類がある。

上記のように，大量生産を可能にする設備や機械などへの高額の投資を回収するためには，工場が稼働率を上げて生産性を高めないといけない。図表7-1に示すように，垂直統合をすることによって，バリューチェーンにおける一連の機能を自社内で管理することで，交渉力を高め，稼働率を上げられる。また，水平統合をすることによって生産量を増やすことで**規模の経済**（economies of scale）を働かせることを期待できる。規模の経済とは，単一の製品を生産したり流通したりする単一の業務単位の規模を大きくすることに

↘秋野他（2018）を参考とした。

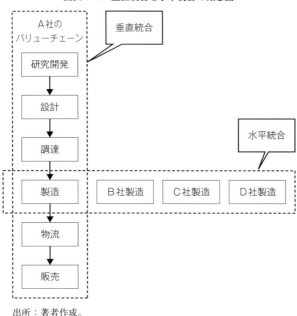

図表 7-1　垂直統合と水平統合の概念図

出所：著者作成。

よって，生産や流通の単位費用が引き下げられるときに生じる経済性と定義されうる[3]。このような現象は，水平統合と垂直統合をする場合にも観察される。

　しかし，大量生産による規模の経済性を享受することが必然的に需要減をもたらす。この事態を受け，これら製造企業のうち既存資源を遊休させないために新規事業への転換が図られた。また，垂直統合の展開過程において蓄積された経営資源に対し，状況において未利用という事態が生じている場合，その未利用資源を活用することで多角化による新規事業進出が遂行された。

　以上から，垂直統合や多角化による新規事業進出が進められることで，既存の職能別組織では効率運営できない問題が発生し，これら製造企業のうち事業部制が成立した。それは，異質な複数の市場に対応するために，さまざまな職能活動を調整する仕事は複雑さを増すばかりとなったからである。それで，事

---

[3] チャンドラー（1990），翻訳書，13頁。

業部が各製品系列を管理するようになって，事業部長が各職能活動を調整する責任を負うようになった。また，各事業部の業績を評価したり，経営資源の配分を計画したりするための総合本社を設けた。こうして，市場の変化に合わせながら，経営資源を活用し利益を上げるために，これらの製造企業では事業部制組織が成立し，組織構造が戦略にしたがって作られるようになった。

1962年の *Strategy and Structure*（新邦訳『組織は戦略に従う』）の書名のとおり，チャンドラーは戦略だけではなく，組織についても取り上げたのである。「機構（structure）とは，企業体を管理する組織の仕組み」と定義される[4]。そこで，チャンドラーがアメリカを代表する大規模な製造企業の多角化戦略の推進と事業部制組織の導入の関連性を歴史的に解明した。その結果，事業部制という組織構造は多角化という成長戦略にともなって導入されたことがわかった。このように，戦略と組織との関連を説き，有名な命題「組織は戦略に従う」が導き出される。

チャンドラー（1962）が企業の成長様式として取り上げた多角化の概念は，その後，アンゾフ（H. I. Ansoff）によって戦略的意思決定の観点からより精緻化されることになる。また他方で，チャンドラーの研究はルメルト（Rumelt 1974）をはじめとする多角化戦略の実証研究を触発した。

第2節 | 多角化とシナジー効果

1．企業はなぜ多角化をするのか

アンゾフによると，多角化とは，新しい市場に新しい製品を提供するという「戦略的意思決定」のひとつとなる[5]。チャンドラーの『経営戦略と組織』におくれること3年の1965年に，アンゾフの *Corporate Strategy*（『企業戦略論』）が公刊された。『企業戦略論』において，アンゾフは「企業がどんな分野に進んでいくべきかを決めるための意思決定」[6]に主眼をおいている。そし

---

[4] チャンドラー（1962），p. 14，翻訳書，29頁。
[5] アンゾフの議論については，アンゾフ（1965），坪井・間嶋（2008），高橋（2009）を参考とした。
[6] アンゾフ（1965），翻訳書，6頁。

て，図表2-6に示したように，横軸に製品，縦軸に市場の2軸を用いて市場と製品との関連で企業がどの成長方向に進むべきかを選択することを提示した。

アンゾフの議論によると，企業の成長は拡大化と多角化との2面から成り立っている。そして，拡大化は，市場浸透，市場開拓，および製品開発から成り立っている[7]。第2章で述べているように，企業は現在の製品－市場分野との関連を用いて，現在の立ち位置からの新たな方向性を検討するのである。従って，多角化をすることはその企業の発展に対して一種の変革をもたらすものになる。とすれば，企業がなぜ多角化をするのか。アンゾフによれば，①現在の製品―市場範囲内では，企業目標を達成できそうにないとき，②たとえ現在の目標が達成できるとしても，拡大化より多角化の方がより大きな収益をもたらしてくれるときに，企業は多角化を選ぶとされている。

そこで，企業が多角化戦略をとる理由には，①既存事業の衰退，②リスク分散，③魅力的な事業の発見，④未利用資源の有効活用などをあげることができる。製品にはライフサイクルがあるため，現在成長し，利益を獲得している製品でもやがて衰退していくことにある。例えば，技術革新によって，既存の製品や技術が陳腐化すれば，既存製品市場の生存が脅かされる。デジタル化の波に直面した写真フィルム事業やスマートフォンの普及に代替される可能性のある音楽プレーヤー事業などが取り上げられる。

そこで一部の事業が衰退したり，不況で業績が悪化したりしていく場合でもほかに成長事業をもっていれば，企業の成長を維持できる。このように，リスクを分散することと魅力的な事業を確保することは，多角化戦略をとる企業の動機になる。

もうひとつの多角化の動機として未利用資源の有効活用が考えられる。この考え方を提示したのは，企業成長理論のパイオニアと位置付けられるペンローズ（Edith Penrose）である。ペンローズは，企業を経営資源や能力の集合体としてとらえ，企業の内側から企業が多角化する動機を説明する。彼女によると，企業は経営資源から得られる資源の機能を最大限に活用しようとする動機をもっている。「どんな資源であれ，現在の業務で完全に利用されていない限

---

[7] アンゾフ (1965)，翻訳書，160頁。

り，企業にはそれらをより完全に使う方法を見つけようとする誘因が働く」[8]との指摘のとおり，企業は未利用資源を有効活用するため新しい製品を開発することによって新しい市場を開拓しようとする。

2．なぜ多角化がうまくいくか

多角化がうまくいくとされる根拠には，**範囲の経済**（economies of scope）と**シナジー**（synergy）効果があげられる。範囲の経済とは，共通利用可能な未利用資源を有効活用することによって，複数の製品やサービスを複数の企業で取り扱うよりも，単一の企業でまとめて取り扱ったほうが費用を抑えられるという経済性をいう。例えば，コンビニエンスストアがATMサービスに参入し，24時間営業という便利さと店舗数を共通利用可能な資源として有効活用することで，コンビニエンスストアとATMサービスを別々に展開する場合と比べると費用を抑えることができる。言い換えると，ブランドや販売チャネルなどは一度構築してしまえば複数の製品やサービスに共通して利用可能なものであるため，範囲の経済性が享受できるようになる。

シナジーは，一般に**相乗効果**といわれている。簡単にいうと，1+1=2ではなく，3にも4にもする効果のことをいう。経営学において，このシナジーという用語ははじめてアンゾフによって提示され，新しい製品—市場分野へ進出することで得られる相乗的な利益獲得の効果を示すものである。このシナジーは，「新しい製品—市場分野への進出にあたって，企業がどの程度の利益を生み出す能力があるかを測定する」[9]ための尺度であり，とくに多角化を検討するときに最重要な検討ポイントである。つまり，企業が多角化を検討する際，より大きなシナジーを得ることができれば，その多角化は成功しやすくなる。

シナジー効果が得られる論理には，「経営資源の共同利用」と「相互補完性」の2つがある。経営資源の共同利用とは，複数の事業で既存の経営資源を同時に利用することである。これは，新規事業を展開する際に既存の未利用資源を活用することによって享受できる範囲の経済性を踏まえて考えると，範囲

---

8) Penrose, E. (1995), *The Theory of the Growth of the Firm*, 3rd ed., Oxford University Press. （日高千景訳『企業成長の理論【第三版】』ダイヤモンド社，2010年。）翻訳書，110頁。
9) アンゾフ（1965），翻訳書，138頁。

の経済性が大きくなる製品や事業の組合せが，シナジー効果が高いと見なすことができる。一方，相互補完性とは，ある製品が別の製品の顧客にとっての価値を高めることである。例えば，パソコンの販売をしている企業がソフトウェアの販売もしていれば，パソコンが売れればソフトウェアも売れる可能性が高まる，というシナジー効果である。

上記のシナジー効果の論理を踏まえて，シナジーには4つのタイプがあるとされている[10]。

(1) **販売シナジー**：共通の流通経路，販売チャネル，販売管理システムなどを利用するときに起こりうるものである。
(2) **操業（生産）シナジー**：施設と人員の高度な活用，共通の学習曲線にもとづく利点，一括大量仕入れなどの結果によるものである。
(3) **投資シナジー**：設備の共同活用，共通の原材料調達，研究開発成果の他製品への利用などといったことによるものである。
(4) **マネジメントシナジー**：経営者の豊富な経験，知識による問題解決力による効果である。

3．キユーピーの事例

ここで，キユーピー株式会社（以下，キユーピー）の事例をみてみよう[11]。キユーピーというと，皆さんはまずマヨネーズとドレッシングを思い浮かぶのであろう。日本国内市場のシェアにおいて，キユーピーのマヨネーズは約7割，ドレッシングは約5割を占め，高いシェアを有している。

しかし，実はマヨネーズやドレッシングなどの調味料の売り上げは，キユーピーの総売上高の4分の1ほどしか占めていない（図表7-2を参照）。同社は1919年に創業され，国産初のマヨネーズを販売して以来，調味料事業の他にも周辺事業を拡大させてきた。現在では，調味料事業，タマゴ事業，サラダ・惣菜事業，加工食品事業，ファインケミカル事業，および物流システム事業の

---

[10] アンゾフ（1965），翻訳書，99-101頁。
[11] キユーピーの事例については，2018年度（2016年12月1日～2017年11月30日）有価証券報告書を参考とした。

図表 7-2　キユーピー株式会社の 2017 年度売上高の状況

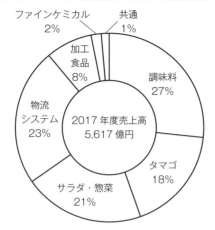

出所：キユーピー株式会社 2017 年度有価証券報告書から作成。

6 事業をわたる 76 社の子会社をもつ多角化企業である。

　キユーピーの多角化の展開をみると，タマゴ技術を軸として事業を繰り広げていることがわかる。マヨネーズの製造で使用されない卵白はケーキやかまぼこのメーカーに販売している。そして卵白には卵黄を菌から守るリゾチームという成分がある。リゾチームは風邪薬の成分として販売される。卵の殻も捨てず，粉末にしてチョークやカルシウム剤の原材料として販売する。また，殻の内側についている卵殻膜にコラーゲンを生成する働きがあるため，化粧品やストッキングメーカーに使われている。さらに，吉野家の半熟卵やロッテリアのハンバーガーに入る目玉焼きなどの卵加工品を食品メーカーや外食産業に向けて販売している。こうして，キユーピーはタマゴ技術を生かし，タマゴをフルに有効活用し，多角化を展開している。

　また，国内の調味料市場において有するトップシェアは，キユーピーの全国にもつ生産拠点，ブランド力，および小売業に対する高い交渉力に結びついている。ドレッシングが売れていればカット野菜も売れる可能性が高まると考えられるため，パッケージサラダを販売している。また，新鮮さが大切な野菜にとって全国に持つ生産拠点が大きな強みとなっている。さらに，食品事業の成長と共に発展した食品の運送，保管を担っている物流システム事業は，常温・

低温・冷蔵・冷凍の4つの温度帯による運送，保管体制において高い技術を有する。それゆえ，物流システム事業の売上高の85％はほかの食品企業の仕事の委託を受けていて，日本国内の食品物流分野の売上高1位を誇る。

第3節 | 多角化のタイプと経営成果

多角化と経営成果に関する代表的な研究には，ルメルト（1974）と吉原・佐久間・伊丹・加護野（1981）が取り上げられる。吉原他（1981）の研究では，図表7-3のように，多角化の程度に応じて多角化戦略のタイプを7つに分類している。そして多角化の程度を判断する量的尺度については，事業の総売上高に占める比率をもとに以下の3つに設定されている。

(1) 特化率（Specialization Ratio：SR）：最大の売上規模をもった事業の総売上高に占める比率。
(2) 垂直比率（Vertical Ratio：VR）：垂直統合している事業分野の総売上高に占める比率。
(3) 関連比率（Related Ratio：RR）：事業間に関連がある場合，その最大の関連事業の合計が総売上高に占める比率。

まず，多角化の程度がもっとも低いタイプを**専業型**（Single）として分類される。最大の売上高をもつ事業がその企業の売上高の95％以上を占める企業である。次に多くの製品を持つが，製品分野が原材料・製造・最終製品のようにサプライチェーンでつながっているような企業は**垂直統合型**（Vertical）と呼ばれる。

そして，上述の2つのタイプ以外のものを吉原他（1981）は多角化と呼ぶ。さらに多角化を**本業中心型**（Dominant），**関連型**（Related），と**非関連型**（Unrelated）の3つに分類する。垂直比率70％未満で特化率70以上95％未満の企業を本業中心型に，垂直比率70％未満かつ特化率70％未満で関連比率70％以上の企業が関連型に分類される。最後に垂直比率70％未満かつ特化率70％未満で，関連比率も70％未満の企業が非関連型として分類される。

図表 7-3　多角化程度の判別方法と多角化戦略のタイプ

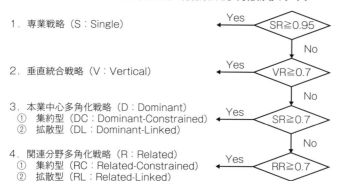

SR：特化率　VR：垂直比率　RR：関連比率

出所：吉原・佐久間・伊丹・加護野（1981），14頁と18頁から作成。

なお，本業中心型と関連型にはさらに資源展開のパターンによって，**集約型（Constrained）** と **拡散型（Linked）** の2種類に分類される。こうして，多角化のタイプは5つに分けられる。そして図表 7-4 に示しているように，資源展開のパターンを判断する質的尺度については，下記のように説明されている。

(1) 集約型：事業分野間の関連が網の目状に緊密で少数の種類の経営資源を複数の事業分野で共通利用するタイプ。
(2) 拡散型：さまざまな経営資源が企業内に蓄積され，緊密な共通利用関係は生じていない。既存資源をテコに新分野に進出し，その新分野で蓄積

図表 7-4　集約型と拡散型

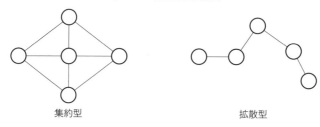

出所：吉原他（1981），15頁。

した経営資源をベースにさらに新しい分野に進出するタイプ。

　これらの多角化のタイプの中で，どれが良い経営成果につながっているのだろうか。吉原他（1981）は，米国企業の分析をおこなったルメルト（1974）の調査結果と比較し，日米企業の多角化戦略の比較研究をおこなった。図表7-5に示すように，吉原他の調査結果によれば，第1に，多角化の程度が高くなるにつれ，成長性が直線的に高くなることである。第2に，収益性は中程度の多角化まで高くなるが，多角化の程度がさらに高くなると下がるということがわかる。ここで，ひとつの事業しかおこなっていない場合に多角化の程度がもっとも低いととらえ，非関連型の多角化をもっとも高いとみている。

　すなわち，本業中心の集約型（DC）と関連分野の集約型（RC）は日米企業ともに収益性がもっとも高くなっている。それは，既存事業と新規事業の間にはシナジー効果があるからである。しかし，成長性を求めるのであれば，非関連型の多角化を推進することが有効となる。それは，関連性がなければ，どちらかの事業が不振に陥っていても，ほかの事業の業績に影響がないからである。それゆえ，キャッシュフローの観点からみると，資金の効率的活用ができる。

　日本のビール業界の事例を見てみよう[12]。少子高齢化や若者のアルコール離れ，顧客の嗜好の多様化などが原因で，ビール類の国内出荷量が年々減少している。そこで，「スーパードライ」で日本のビール市場の首位を走り続けてきたアサヒグループホールディングスは近年，清涼飲料水，医薬品，食品，バイオビジネスなどへの多角化を積極的に展開している。2006年にベビーフード最大手の和光堂，2008年にフリーズドライ最大手の天野実業，さらに，2012年に味の素の乳酸菌飲料「カルピス」事業を買収するなど，食品事業を成長の柱に据えるという非関連型多角化戦略を展開している。日本市場の総需要が減少しているなか，より顧客との接点を増やしていくため，乳幼児から高齢者まで幅広い年齢層をターゲットとする製品展開をおこなっている。それは，日本のビール市場が縮小している難題に立ち向かうだけではなく，長期的

---

[12] アサヒグループホールディングスの事例については，同社のウェブサイトを参考とした。

図表 7-5　多角化と成果（成長性・収益性）の関係

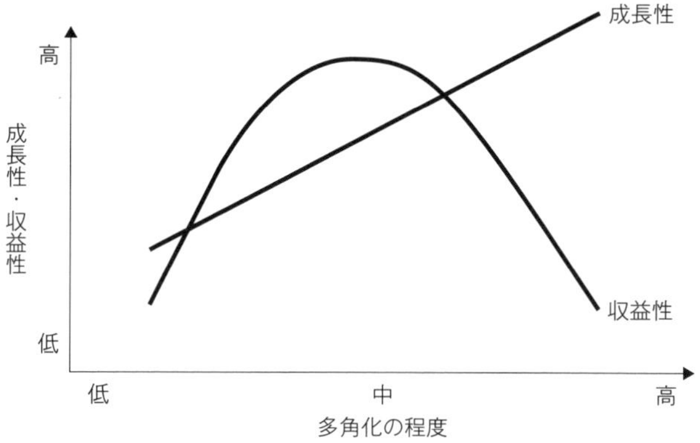

（縦軸：成長性・収益性　低→高、横軸：多角化の程度　低→中→高。成長性は右上がりの直線、収益性は中程度でピークを持つ逆U字曲線。）

出所：吉原他（1981），181頁。

で安定的な企業成長をねらう多角化戦略でもある。

　このように，多角化戦略は企業の成長様式のひとつとして採用されてきた。しかしながら，1990年代以降，多角化を通じた企業成長は限界に直面し，多角化の方向性や内容の見直しを迫られた。例えば，日本企業はバブル経済の崩壊を経て「失われた20年」[13]に入り，1997年と2008年に起きた金融危機も経験した。そして，日本企業がこうした経済の構造的変化に合わせて多角化戦略の展開を見せてくれた。つまり，日本企業は**「選択と集中」**という視点で企業の長期的な全社戦略を考えざるをえなくなった。

　しかし，上野（2011）が指摘しているように，「選択と集中」をすることは必ずしも事業範囲の縮小を意味するわけではない。2007年までの過去5年間の調査結果によれば，日本企業は事業数を維持しながら既存の主力事業へ投資する傾向がもっとも顕著で，または既存主力事業への投資を拡大しながら，積極的に新規事業へ進出していることがわかった。要するに，「選択と集中」戦略は競争力の弱い事業を売却し，経営資源を中核的事業に集中的に投入しようとする戦略として一般的に理解されているが，「選択と集中」をおこないつつ，多角化もしている事例もある。

13）朝日新聞「変転経済」取材班編集（2009），『失われた〈20年〉』岩波書店。

第4節 | 近年における環境変化と垂直統合戦略の変化

第1節において,チャンドラーが歴史的事例から導いた企業の成長様式としての垂直統合戦略と多角化戦略に関する説明をみた。しかしながら,このような企業成長様式に対して,20世紀末になって疑問視されるようになった。その代表的な論者のひとりはラングロワ(R. N. Langlois)である。ラングロワによれば,第二次世界大戦後には市場のグローバル化によって原材料の代替的供給源や多くの販路の利用が可能になり,チャンドラーが議論した製造企業は垂直統合から市場取引に転換する**脱垂直化**(Deverticalization)が進み,市場による調整へと変化しはじめたとされる。

この脱垂直化と呼ばれる現象はとくにエレクトロニクス産業で顕著にみられる。それは,1990年代前半になって製造企業が自社工場を売却し閉鎖することで製造機能をアウトソーシングするというファブレス化が急速に加速したためである。このように垂直統合戦略から市場取引に転換する脱垂直化が進んだ結果,エレクトロニクス機器に典型的にみられるように不特定多数のブランド企業向けに製造サービスを提供する下請け業者が設立され,成長するようになってきた。このような業界では製造専門企業,いわゆるEMS(Electronics Manufacturing Services)企業[14]が**水平分業**を担い,高い成長率を示している。

EMS業界が大きく成長してきた背景には,伊藤(2004)は製造委託企業側がコストの削減や資産圧縮により収益力の強化を図るとともに,経営資源を研究開発部門に集中配分するため,製造部門のアウトソーシングを積極的に進めてきたことがあげられると指摘している。すなわち,市場の需要が不安定で技術革新が日進月歩しているなか,一度設備投資をおこなうと需要変動への対処や生産工程の開発が難しく,埋没費用が生じる可能性が高い。とくに米国企

---

14) EMSはエレクトロニクス・マニュファクチュアリング・サービス(Electronics Manufacturing Services)の略で,日本語に訳せば「電子機器の生産受託サービス」となる。一般的には,製品を作るメーカーに代わって製品の設計から試作,生産,発送,補修業務までを一括して受託し製造するビジネスモデルのことを"EMS"と定義している。すなわち,EMS企業とは独自ブランドを持たずに,複数のエレクトロニクス・メーカーから電子機器の製造を請け負う企業である。

図表 7-6　EMS 企業が担う水平分業の概念図

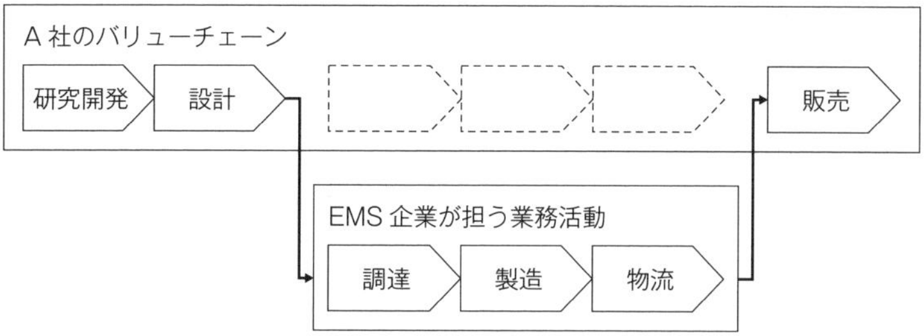

```
A社のバリューチェーン
研究開発 → 設計 → ⇢ ⇢ ⇢ → 販売
                ↓                ↑
          EMS 企業が担う業務活動
          調達 → 製造 → 物流
```

出所：著者作成。

業は景気変動や製品ライフサイクルの短縮化による市場シェアの縮小が利益やキャッシュフローに与える影響を小さくするために，製造機能を EMS 企業にアウトソーシングする一方，経営資源を製品開発，マーケティング，ブランド育成に関する中核的な諸活動に集中的に投入することになった。

この脱垂直化現象に関して，台湾のパソコンメーカーのエイサー（宏碁，Acer）の創業者，施振栄が提唱したとされるスマイルカーブの説明によると，開発から販売サービスまでのバリューチェーンの流れのなかで製造組立がもっとも付加価値が低いと主張している。図表 7-7 に示すように，スマイルカーブとは横軸に製品開発から，保守サービスにいたるまでの業務の流れで，縦軸には付加価値，或いは利益率を図式したものである。両側に持ち上がった U 曲

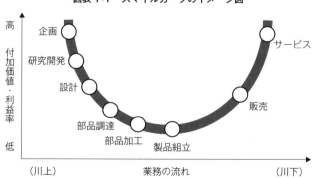

図表 7-7　スマイルカーブのイメージ図

出所：施振栄（1992）『再造宏碁：開創，成長與挑戰』天下文化出版から作成。

線を描き，人が笑ったときの口の形に見えるから，スマイルカーブと呼ばれる。一般的にエレクトロニクス機器では，スマイルカーブの両側にある製品企画，研究開発，販売，サービスという業務活動による付加価値が大きく，部品調達や組立などの製造工程の付加価値が少ないといわれる。それゆえ，製造企業は付加価値が低い製造機能を切り離すという脱垂直化を上記の理由と説明より遂行されたと考えられる。

さらに進んだ学習のために……………………………………………………………

Chandler, Alfred D. Jr. (1962), *Strategy and Structure: Chapters in the History of the Industrial Enterprise*, The MIT Press.（三菱経済研究所訳『経営戦略と組織―米国企業の事業部制成立史』実業之日本社，1967 年。）
　…戦略論における先駆的・記念碑的研究と位置付けられる。もともと軍事用語であった戦略という用語を経営学の領域に明示的に導入し，はじめて経営学の戦略概念に明確な規定を与えたのが，チャンドラーであるというのが通説である。経営戦略論の展開を知るうえで必読の一冊。

Ansoff, H. I. (1965), *Corporate Strategy*, McGraw-Hill.（広田寿亮訳『企業戦略論』産業能率大学出版部，1969 年。）
　…チャンドラーが『経営戦略と組織』において扱った多角化や戦略的意思決定などの諸概念をアンゾフによって企業戦略の問題として精緻化されることになり，戦略論が経営学のなかで本格的に論じられることとなる。とりわけ，さらなる成長を模索していた当時の企業に多角化というひとつの方策に対する指針を与えてくれた。全社戦略を考える際に，思考の基礎として現在でも有効な一冊である。

秋野晶二・關智一・坂本義和・山中伸彦・井口知栄・荒井将志 (2018)『グローバル化とイノベーションの経営学』税務経理協会。
　…本書は，企業の成長様式がどのように変化してきたのかについて，企業成長に関連する基礎理論と歴史的発展を踏まえたうえで，今日の企業成長の実態について明らかにした一冊である。複雑かつ多様化している現代の企業行動を把握するのに参考になる。

第8章
成長戦略

　第7章ではチャンドラーによって企業の成長様式としてとらえられた垂直統合戦略，および多角化戦略をいくつかの観点からの諸議論を概観した。チャンドラーの著名的な命題「組織は戦略に従う」で表しているように，規模の拡大によって業務の複雑性が増大し，組織構造もそれに応じて転換するという捉え方が一般的である。要するに，組織は成長を実現するためには戦略転換と組織のあり方が問われるのである。本章では，こうした背景を踏まえて，企業成長の議論について理解を深めるとともに，それに対する組織のあり方について検討する。

第1節 ｜ 組織の成長・発展モデル

1．グレイナーの組織成長・発展モデル

　組織の成長・発展の議論を振り返ると，それは，人間の歴史とともに存在してきたといえる。そもそも，なぜ組織が作られるのか。それは，ひとりの人間でできることは限られているが，目的を同じくする人と協働していれば，目的達成を実現できるからである。そして，歴史的に組織の発展形態の変化をみてみると職能部門制組織→事業部制組織→マトリックス組織の流れで新しい形態が出てきたといえるのである。

　では，組織の量的側面と質的側面の前進的変化を意味する組織の成長・発展はどのような論理で説明がつくのであろうか。グレイナー（Grenier 1972）は組織の年齢と規模を組織の成長・発展を規定する次元としてみなし，進化論的に5段階の組織成長・発展モデルを示した。図表8-1に示しているように段階

ごとに危機的な問題に直面せざるを得なく，その危機を乗り切れなかった組織は淘汰され，その危機的局面を乗り越えた組織は次の段階に移行することになる。

この成長・発展モデルによれば，5段階とは5つの進化段階から構成されている。しかも，各進化段階においてもっとも有効的なマネジメント・スタイルが違うため，①創造性（creativity）による成長，②指揮（direction）による

図表8-1　グレイナーの組織成長・発展モデル

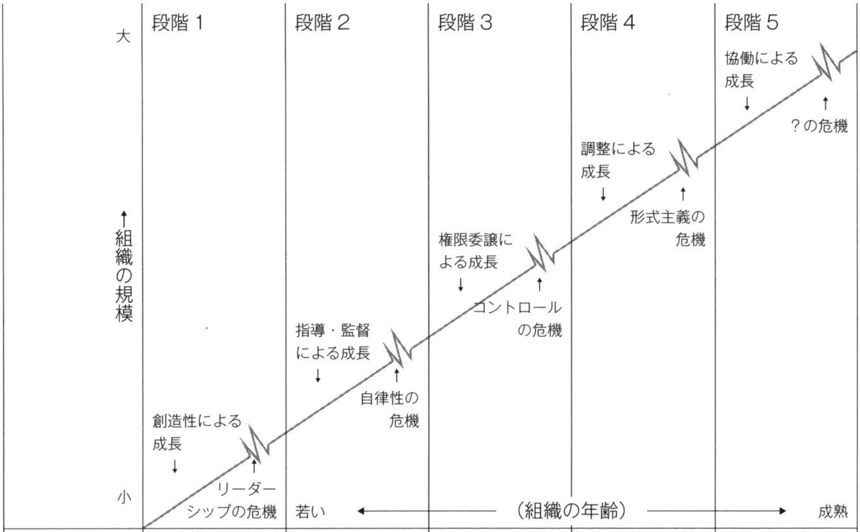

	段階1	段階2	段階3	段階4	段階5
経営の焦点	製造と販売	業務の効率化	市場の拡大	組織の結合	問題解決と革新
組織構造	非公式	集権的かつ職能部制	分権的かつ地域別構造	ライン・スタッフと製品グループ	チーム，マトリックス
トップ・マネジメントのスタイル	個人主義型かつ企業家型	指揮型	委譲型	目付役型	参加型
コントロール・システム	市場成果	標準とコスト・コントロール	報告とプロフィット・センター	計画と投資センター	互恵的目標設定
経営報酬の力点	所有	給与と成果配分主義	個人ボーナス	利益配分と持株制度	チーム・ボーナス

出所：グレイナー（1972），p. 41, 45から作成。

成長，③権限委譲（delegation）による成長，④調整（coordination）による成長，⑤協働（collaboration）による成長，と特徴付けられる。

しかし，こうした進化段階がそれぞれ，①リーダーシップ（leadership）の危機，②自律性（autonomy）の危機，③コントロール（control）の危機，④形式主義（red tape）の危機，という内容が異なる革命段階によって分断される。しかも，次の成長段階に移行させる契機となる危機は，各進化段階において，もっとも有効的だったマネジメント・スタイルに起因するものである。さらに，次の成長段階において有効となるマネジメント・スタイルは，各危機を乗り切るための解決方法でもある。

例えば，自律性の危機の克服を通じて，次の権限委譲による成長段階へ移行することができる。それは，自律性の危機を乗り切るために権限委譲の実施が有効的であるため，やがて組織内に定着し，次の成長段階へと発展させる引き金となる。言い換えると，組織は規模と年齢が増大し，成長していくにつれ，さまざまな問題が必然的に起きる。それらの問題を解決することで，さらなる組織の成長・発展につなげることができる。

またこの組織の成長・発展モデルでは，進化段階が進むにつれ，経営の焦点，組織構造，トップ・マネジメントのスタイル，コントロール・システム，経営報酬の力点がそれぞれ変化することも指摘されている。例えば，経営の焦点に関していえば，第1の創造性による成長段階において製造と販売に焦点が置かれるのに対し，第2の指揮による成長段階に進むと，経営の焦点は業務の効率化に変化する。また，組織構造に関しては，非公式組織から集権的かつ職能部制組織に変わる。

こうして，グレイナーによる組織の成長・発展モデルでは，各進化段階の成長過程に内在するものから起きる危機によって進化段階は革命段階に移ることが描かれている。そして，次の進化段階に進むことができるのは，その危機を乗り切ることに成功する場合である。さらに，経営の焦点や組織構造などの項目に分けて各進化段階において**組織変革**を実現すべき内容も提示してくれている。このように，組織の成長・発展を段階的にとらえることは，組織の成長・発展とともにどのように組織形態を変えていくかとの示唆を与えてくれるといえよう。

2．組織変革と慣性力

　組織の成長・発展過程ではさまざま変化に迫られる。企業を取り巻く環境は常に変化しており，有効であった戦略がこれらかも有効な戦略であり続けると限らない。また，チャンドラーの著名な命題「組織は戦略に従う」のように，組織は戦略の転換に直面した時に，これまでの組織のあり方や人材の認識や行動を大きく変革する必要が生じる。つまり，組織変革が求められるのである。

　しかし，組織変革はつねに意図どおりに行われるとは限らない。それは，何かを変革しようとするときに，そこには変革への抵抗が生じるからである。変革への抵抗は，**組織の慣性力**と呼ばれる。要するに，従来の行動様式を踏襲しようとする組織の慣性力が働いてしまい，変化への抵抗が生じる。こうして，組織の慣性力は，組織行動の各局面で変革を妨げるため，組織変革は容易に達成できないのである。

　組織の慣性力につながる要因は何であろうか。組織全体のレベルでは，過去の成功体験にもとづく組織文化は，強力な抵抗力になるであろう。また，伝統企業においては，長年にわたって構築されてきた既存の行動様式，規則，マニュアルなどは，合理的にルーティン化されたものとして，従業員の行動を縛ってしまい，変革への障害となる。さらに，長い間で継続していた予算配分の割合，利害対立と組織内のパワー関係なども組織の慣性力を生み出し，変革への妨げとなる。変革の規模が大きくなればなるほど，変革への抵抗も多くなるであろう。

　例えば，2015 年に起きた経営権を争う「お家騒動」で世間の注目を集めた大塚家具の事例を見てみよう。創業者で前会長の大塚勝久氏の娘の久美子が株主総会では支持を得て，経営の実権を握ってから「時代にあわせた抜本的な経営改革」を進めてきた。しかし，2018 年 2 月 8 日に発表された同社の 2017 年 12 月期決算は，過去最大の営業赤字に転落したことが報道された。久美子社長の経営改革は，なぜ失敗したのかについて，多面な視点からの解説が可能である。そのなかで，組織の慣性力という視点はひとつの有力な論点となるであろう。

　組織の慣性力に対処し，組織変革をどう実現すればよいのであろうか。古典的な変革の枠組みとして，レヴィンの 3 段階変革モデルが取り上げられる。図

図表 8-2　レヴィンの 3 段階変革プロセス

解凍 defreezing　→　移動 movement　→　再凍結 refreezing

出所：ロビンス (1997)，翻訳書，394 頁。

表 8-2 のように，「解凍」とは従来の組織形態を解体し，今までのやり方，認識，価値観などを捨てる準備をおこなう段階である。次に，「移動」とは新しい戦略の実行に必要となる組織作りや人材の行動を促すさまざまな変革の活動である。第 2 段階は，「変革」段階ともいわれ，いわゆる変革計画を実行していくのである。最後の「再凍結」は，一度導入した変革を長期間維持するために再び組織を凍結させることを意味する。要するに変革の導入だけで止めてしまうと変革が短期間に終わる可能性がある。従って，変革結果を定着させるために，絶えず新しい行動や考え方を強化し奨励する環境を作らないといけない。

また，このレヴィンの 3 段階変革モデルをより具体的に示したものとして，ハーバード・ビジネス・スクールのジョン・コッター (Kotter 1995) による「企業変革の 8 段階」がある（図表 8-3）。コッターはより競争力の強い企業に

図表 8-3　コッターの企業変革の 8 段階

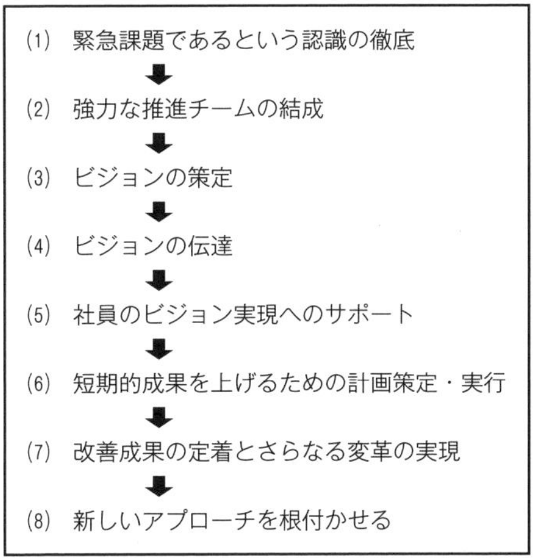

(1) 緊急課題であるという認識の徹底
　↓
(2) 強力な推進チームの結成
　↓
(3) ビジョンの策定
　↓
(4) ビジョンの伝達
　↓
(5) 社員のビジョン実現へのサポート
　↓
(6) 短期的成果を上げるための計画策定・実行
　↓
(7) 改善成果の定着とさらなる変革の実現
　↓
(8) 新しいアプローチを根付かせる

出所：コッター (2002)，翻訳書，76 頁。

生まれ変わろうとする100以上の企業を研究し，失敗を最小化するためにはいくつかの段階を踏まなければならないと結論づけた。どれかの段階を省略したりミスをおかしたりすると，けっして満足のいく成果をあげることができないと指摘している。

図表8-3に示しているように，レヴィンの3段階変革プロセスに関連づけてみると，コッターの(1)～(4)はレヴィンの「解凍」に相当し，(5)～(7)は「移動」に該当し，(8)は「再凍結」になる。このように，変革の経験は十分に蓄積されているリーダーであっても，企業を取り巻く環境がその都度変わるため，変革を成功させるための必勝法がないと思われる。こうして，コッターの変革の8段階は，今後の競争が激化する環境に対応し，ビジネスを改革しようとする多くの企業の参考になれるであろう。

第2節 | ペンローズの企業成長論

1959年に刊行されたペンローズ（Edith Penrose）の *The Theory of the Growth of the Firm*（邦訳『企業成長の理論』［第3版］）[1]は企業成長論のパイオニアと位置付けられる。ペンローズの没後，さまざまな分野の研究者たちがそれぞれの立場から彼女の業績と意義を評価した。例えば，1999年12月に *Contributions to Political Economy* ジャーナル誌の18巻1号に「ペンローズと経済学（Edith Penrose and Economics）」と題する特集号が刊行されている。また，2000年にカナダのトロントで開催された世界最高峰の経営学会 Academy of Management（AOM：米国経営学会）年次大会では「ペンローズと経営学への歴史的影響（Edith Penrose and Her Historical Influence on Management Scholarship）」と題するシンポジウムが開かれている。さらに，経営学と経済学における彼女の評価や影響を論じた論文を収録した論文集が2002年に発行された[2]。

---

1) 本章は，1995年に出版された『企業成長の理論』の第三版（*The Theory of the Growth of the Firm*, 3rd ed.）の邦訳を参照とした。なお，文中に引用する際の表記をペンローズ（1995 [1959]）とする。

2) Pitelis, C. eds. (2002), *The Growth of the Firm: The Legacy of Edith Penrose*, Oxford University Press.

このように，経済学そして経営学の分野において大いに注目されているペンローズの『企業成長の理論』について他言は必要ないであろう。第2節では，企業成長論の古典であるその著作 *The Theory of the Growth of the Firm*（邦訳『企業成長の理論』）について概観してみる。

1．ペンローズの学説と資源ベース論

　ペンローズの『企業成長の理論』は経営戦略論領域において資源ベース論（Resource-Based View）の諸研究の先駆的業績とされる。同書の資源ベース論への重要な影響力について，「聖書的な参考書（Canonical Reference）」という造語でたとえられているように，経営戦略論の発展に多大な影響を与えたといえよう[3]。

　なぜペンローズの学説が資源ベース論に重要な影響力を与えたのかに関して，ティース（Teece 1982）とワーナーフェルト（Wernerfelt 1984）という2つの重要な先行研究に引用されたことがきっかけであるとされる（Rugman and Verbeke 2002）。多角化企業の理論を扱ったティース（1982）は，未利用資源をもつというペンローズの企業観が**範囲の経済性**の本質を表していることを提示した。そのうえに，企業が多角化する目的を説明するためにペンローズの企業観に依拠することの有効性を述べている。

　また，ワーナーフェルト（1984）では，「企業は物的・人的資源の集合体との企業観はペンローズの主要な著作に依拠した」（p. 171）および「企業の最適成長は既存資源の活用と新しい資源の開発とのバランスに関係する」（p. 178）とされ，ペンローズ（Penrose 1995 [1959]）を引用している。このようにペンローズの見解に依拠して，個々の企業が保有する資源は異なっていることを前提にする。そして，参入障壁から類推して「資源ポジション障壁（resource position barrier）」という概念を提示し，企業間の収益性の差異を説明しようと試みた。

　軽部（2003）によると，近年の資源ベース論に代表される諸研究は，確かに企業を「**経営資源の集合体**（collection of productive resources）」[4]と考える

---

3) Cockburn, I. M., Henderson, R. M. and Stern, S. (2000), "Untangling the Origins of Competitive Advantage," *Strategic Management Journal*, Vol. 21, No. 10-11, pp. 1123-1145.

点においてペンローズの後継者といえる。しかしながら,『企業成長の理論』において,企業の成長を未利用の生産資源を利用しようとする企業の行動によって引き起こされる動的プロセスととらえる分析視角は,資源ベース論の諸研究者に見過ごされていると指摘している。

2. ペンローズの企業成長モデル

ペンローズによれば,生産プロセスにおける「インプット」は資源そのものではなく,あくまでも資源が提供できるサービスにすぎない[5]。同一の資源であっても,企業ごとに異なる目的や方法で用いられるため,そこから企業が引き出しうる生産的サービスには違いが生じる。言い換えると,各企業の生産活動においてこれらの資源が果たしうる貢献が異なるのである。このように,ペンローズは企業の内側にある機能的側面に注目し,経営資源と経営資源から引き出しうる生産的サービスとを区別した。

また,その資源から生産的サービスを引き出し,実際に事業として活かすためには,企業の有するさまざまな資源についての知識と経験を備えた経営者の能力に依存する。このように,分業化や専門化が進めば,資源からより効率的に生産的サービスを引き出すことが可能となる。そして,未利用資源を活用する試みは,生産の拡大や多角化を誘発することとなる。さらに,生産の拡大や多角化に着手すると,この過程を通じて企業内部にさらに新たな資源が生じる。こうして,ペンローズは企業の成長に関して,未利用資源を活用しようとする企業の行動によって引き起こされる動的プロセスとしてとらえている。

3. 経営者の役割

ペンローズの企業成長モデルにおいて,企業の成長を誘発する要因となるのが,知識の増大である。知識の増大はそれらの資源をより有利に活かす方法を探すことになり,さらなる拡張の誘因を生む。また,資源から生産的サービスを引き出す経験が蓄積されていれば,生産過程に投入できるサービスを効果的に増大できる。さらに,経営者の知識が蓄積すれば,外的環境に対する認識も

---

4) ペンローズ (1995 [1959]), p. 21, 翻訳書, 48 頁。
5) ペンローズ (1995 [1959]), p. 22, 翻訳書, 50 頁。

変わり，新たな成長が追求されるようになる。このように，ペンローズは経営者が知覚する成長の機会を「**事業機会**」（Productive Opportunity）と呼び，この事業機会はかなりの部分，経営者の資質と能力に依存するのである。

一方，ペンローズは企業者が見出し活用することのできる成長の機会を事業機会と呼び，また，これが企業の成長を制約することもあると論じている。『企業成長の理論』において，「合併をともなわない拡張——マネジメント上の限界の後退」と題する第4章の冒頭で，「企業の成長には，なぜ限界が存在するするのか。これには，経営者の能力，製品あるいは要素市場，不確実性とリスクという三つの側面からの説明がある」[6]と述べている。このように経営者能力が拡張の誘因と成長率の限界の両方を引き起こしうることを「**ペンローズ効果**」と呼んでいる。

言い換えると，成長プロセスの中で経営者は知識や経験が増加することによって，新たな成長の可能性が開かれ，さらなる企業成長が追求されるようになる。そして，成長が計画され実行されると経営者資源を必要とされるため，次期の成長のために回せる経営者資源の量が制限される。ただし，成長の計画が完成し，運営段階に入ると，計画立案プロセスに吸収されていた経営者資源は徐々に解放され，次の計画立案に利用できるようになる。

「成長しうる企業があると仮定するならば，その成長を支配する原則は何か」[7]，とのペンローズの問いのように，『企業成長の理論』においては，企業の成長を誘発する要因を提示してくれている。このように，企業の持続的成長を理解するためにも有効な視点となるであろう。

第3節 | M&A 戦略と企業成長

1．M&A の定義と形態

M&A は，Merger（企業合併）と Acquisition（企業買収）の頭文字で作られた専門用語である。合併は2社以上の会社が法的に1社に合同することを意味する。これには，他企業を自社に取り込む「吸収合併」と，複数の会社が対

---

6) ペンローズ（1995 [1959]），p. 39, 翻訳書，77頁。
7) ペンローズ（1995 [1959]），p. 6, 翻訳書，29頁。

等な立場で合併する「対等合併」がある。

　買収には，「株式取得」と「資産取得」がある。株式取得には，経営権の取得をともなう多数持分と従属的経営権をもつ少数持分の2種類がある。また，資産取得には，相手企業が保有する技術，特許，人材，工場などの資産や事業部門を買い取る形で自社に取り込むことである。経営権と事業支配権に着目し，M&Aとほかの外部成長戦略の比較を図表8-4に示す。

図表8-4　M&Aとほかの外部成長戦略の比較

形態		長所	短所
買収	マジョリティー（多数持分）	経営権を取得	責任の増大
	マイノリティー（少数持分）	少数株主権の獲得	従属的経営権
合併		一体化が可能	統合・融合に時間要す
合弁		出資持分に応じた事業参画	経営権があいまい。相手企業の経営方針に影響される。
提携		相手からの影響力極小	関係が希薄で安定性に欠ける

出所：二神恭一編著（2006），『新版　ビジネス・経営学辞典』49頁。

　買収の事例を見てみよう。例えば，2018年1月31日に富士フイルムホールディングス（HD）は米事務機大手のゼロックスを買収すると発表した。富士フイルムHDがゼロックス株の50.1％を多数取得する。同時に共同出資会社の富士ゼロックスをゼロックスが完全子会社化する。買収により，富士フイルムHDグループは世界最大の事務機メーカーとなる。さらに，先進国市場が成熟するなか，富士フイルムHDが持つ画像処理などの先端技術と，ゼロックスが得意とする人工知能（AI）やネットワーク技術を融合することによって，アジア新興国などの世界展開を加速させる狙いがみてとれる。

　また，図表8-5に示すように，M&Aの分類には対象別と市場別がある。対象別では，「In-In型」は日本企業同士のM&Aをいう。「In-Out型」は日本企業による外国企業へのM&Aで，「Out-In型」は外国企業による日本企業へのM&Aである。市場別では「水平統合型M&A」，「垂直型M&A」，と「混合型M&A」の3つのタイプがある。

図表 8-5　M&A の分類

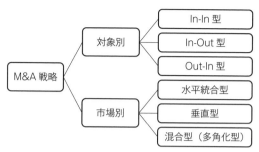

出所：著者作成。

　「水平統合型 M&A」は同一の製品・サービス市場で競い合う企業同士のM&A であり，簡単にいうと，同業他社の買収である。**規模の経済**の享受が期待されるが，競争を阻害し，独占を形成する傾向にあると判断されると，政府当局による規制を受ける場合がある。例えば，2017 年 11 月に米国の通信キャリアの 3 位の T モバイルと 4 位のスプリントが合併で合意したことが発表された。両社の合併は米国 1 位と 2 位の AT&T，Verison に対抗すべく，携帯電話市場の自由競争の脅威になるとして米国の司法省が反トラスト法発動の可能性を示したニュースが流れた。

　「垂直型 M&A」は，バリューチェーンの強化，統合を狙うため，川上分野（原材料，部品メーカーなど）や，川下分野（販売先など）にあたる企業や事業の M&A をおこなうものである。「混合型 M&A」は多角化型 M&A である。そして，既存事業と関連のない非関連事業への進出のケースと，既存事業とのシナジー効果を追求する関連型多角化を目指すケースがある。

2．日本企業における M&A の動向

　企業の外部成長の手法として定着している M&A 戦略は，日本の社会で認知されてからまだそれほど時間が経過していない。1980 年代における日本のM&A は，日本国内企業同士の案件よりも，日本企業が海外の企業を買収する案件（In-Out 型）の方が多かった。これは，日本の企業が買収対象として国内の企業より海外の企業を希望していたのでは決してなく，日本の企業が売却するに対する抵抗感が強かったためである[8]。

図表8-6 日本企業が関与するM&A件数の推移

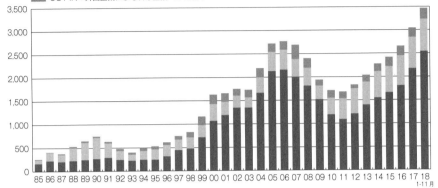

出所:レコフ社による集計（同社のウェブサイト：https://www.marr.jp/genre/graphdemiru）より。

　しかし，図表8-6でみるとおり，1990年に入ってからバブル経済の崩壊とともに，海外進出型M&A（In-Out型）が激減しはじめたのである。海外からの撤退がはじまり，それに伴って日本国内では企業および業界などの組織再編が活発になった。それにより，1990年代末頃から日本国内企業間のM&A（In-In型）件数が増えたと思われる。

　近年，日本企業の対外M&A件数（In-Out型）も金額も大きく増加している。図表8-7をみるとおり，2008年の日本企業の対外M&Aは過去最高を更新した。そして，世界金融危機の影響により2009年に一時落ち込んだが，2011年には急回復し，以降6年続けて，日本企業の海外企業買収は高水準が継続している。

　ジェトロ世界貿易投資白書2016年版によると，過去10年間の日本企業の対外M&Aの傾向をみると，①買収案件の大型化，②サービス業の構成比拡大，③米国への集中の三つの特徴が指摘できる。買収案件の大型化に関しては，とりわけ，銀行などの金融機関や保険会社による大型買収が目立つようになった。また，過去10年間における業種別の年間買収額をみると，2000年代後半

8）二神恭一編著（2006），48頁。

図表 8-7 日本の対外 M&A 金額と件数の推移（2009 年版と 2018 年版）

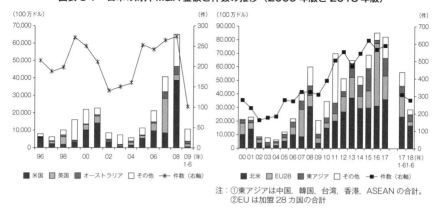

出所：ジェトロ世界貿易投資白書 2009 年版，2018 年版より。

は一貫して製造業向けの対外 M&A が多かったが，2010 年代に入るとサービス業向けが製造業向けを上回る年もみられるようになった。

このように世界的な事業再編の活発化を背景に，今後，日本企業が成長を図っていくなかで，その外部成長の手法として M&A 戦略は重要な役割を果たすことになるといえよう。

さらに進んだ学習のために

大月博司『組織変革とパラドックス』同文館，1999 年。
…環境変化にともなう組織変革の諸問題について，多面的に解明しようとする研究書である。組織変革論の現状を理解するのに参考になる。また，組織研究を志す研究者，特に組織変革論や戦略論を研究対象とする研究者には本書が知的刺激となる一冊である。

Penrose, E. (1995), *The Theory of the Growth of the Firm*, 3rd ed., Oxford University Press.（日高千景訳『企業成長の理論【第三版】』ダイヤモンド社，2010 年。）
…従来の経済学理論で扱われていない企業の主体的側面にアプローチし，企業の成長モデルを模索した一冊である。また，経営戦略領域において資源ベース論の諸研究の先駆的な研究として位置づけられる。企業成長のプロセス，または資源ベース論の研究者には必読の一冊である。

大月博司『経営のロジック』同文館，2018 年。
…企業を取り巻く環境が激変しているなかで，企業に求められる課題も多様化してきた。経営学の発展を通して解明されてきた経営学的な考え方をロジックとして理解し，実践するために参考になる一冊である。

第9章
グローバル戦略

　本章では多国籍企業の経営戦略に焦点を当てる。多国籍企業の主要な特徴は国境を跨いで複数の国で事業を展開していることにある[1]。それでは2つ以上の国や地域で事業を展開する状況は，国内でのみ事業を行う場合と比較して何が異なり，その違いは企業の戦略的意思決定にどのような影響を与えるのだろうか。

　そもそも，経済活動のグローバル化が急速に進展している今日において，「国境を跨いで事業展開する」ということを重要視する必要があるのだろうかと疑問に思われるかもしれない。事実，グローバル化に伴う世界の市場や経済の統合，国家間の市場の差異の消失を強調する議論が数多く提出されている。例えば，ピューリッツァー賞を3度受賞し，世界的にも著名なジャーナリストであるトーマス・フリードマン（Thomas L. Friedman）は，グローバル化の進展に関するエピソードをいくつか紹介しながら，「世界はフラットである」と表現した。あるいは，ハーバード大学のセオドア・レヴィット（Theodore Levitt）は，コカ・コーラやリーバイスのジーンズ，ソニーのカラーテレビが世界的に普及したように，いずれ世界中の消費者の嗜好が収束し，世界の市場が同質化する時代が間もなく到来するという大胆な予測を示した（Levitt 1983）。加えて，1995年に刊行された英国エコノミスト誌において，ICTの発展と普及により，経済活動における物理的な制約がほとんど解消される「距離の死」が達成すると論じられている。

1）多国籍企業の定義は数多く提出されている。本章では，「海外直接投資を行い，一カ国以上で付加価値活動を所有あるいは，何らかの方法で支配する企業」（Dunning and Lundan 2008, p. 3）という国際経営の研究領域に広く採用されている定義を踏襲する。

ところが，国際経営の領域の研究成果を紐解いていけば，これらのセンセーショナルな表現や大胆な予測は実態と乖離しており，今日のグローバル化の水準は「セミグローバリゼーション（semiglobalization）」の状況にあることがわかる。つまり，経済のグローバル化は確かに急速に進展しつつあるが，今日においても世界の市場は完全には統合されておらず，多様性が依然として残っているのである。それゆえ，多国籍企業が国境を跨いで事業を展開しようとすると，本国と進出国の間のさまざまな差異（隔たり）に直面することになる。

したがって，今日のセミグローバリゼーションの状況を所与として，多国籍企業の戦略的意思決定を理論的に説明するためには，国や地域間の差異や特殊性を十分に考慮に入れなければならない。本章ではこうした要請に応えてきた国際経営の諸研究の中でも代表的な分析枠組みとして，OLIパラダイムとI-Rフレームワークの2つを取り上げる。OLIパラダイム（Dunning 1979；1988；2000）は英国レディング大学のジョン・ダニング（John H. Dunning）が提唱した理論的枠組みであり，企業の海外進出に関する戦略的意思決定（動機，進出先，進出形態）に関する研究において最も支配的なアプローチとして位置づけられている。次いで，I-Rフレームワークは米国ミシガン大学のC・K・プラハラッド（C. K. Prahalad）と仏INSEADのドーズ（Yves L. Doz）が提示した，多国籍企業の戦略や組織デザインを検討する上で極めて頻繁に引用されているフレームワークである。まずは，セミグローバリゼーションの状況について敷衍した上で，これら2つのフレームワークを紹介したい。

第1節 ｜ セミグローバリゼーションの時代

1．グローバル化とは何か？

近年，「グローバル化」，「グローバル企業」，「グローバル人材」など「グローバル」という言葉があらゆる場面で使用されている。こうした言葉が強調されている背景は，今日の海外展開を進めている日本企業の活動から理解することができる。日本の対外直接投資額は2016年に約1,740億ドルで過去最高記録を更新し[2]，一部上場企業の海外売上高比率も増加の一途を辿っている[3]。あるいは外国人の積極的な活用も日本企業の重要な経営課題のひとつ

として位置付けられるようになった。

　他方で「グローバル」という用語は，今日の世界の動向を説明するための人口に膾炙したある種の枕詞と化しているものの，その定義は論者によってさまざまである。本章では，国際経営の諸研究を踏襲し，完全にグローバル化した状況を「世界のあらゆる市場が統合され，単一の市場になった状態（Ghemawat 2003）」と捉える。これは国境を跨いだ経済活動が発生しない，すべての国が「鎖国」した状況の対極にあると理解することができる。また，グローバル化という用語はしばしば国際化（internationalization）と混同されるが，国際化が国内と海外ないし他国の関係性を念頭に置きながら，国内から海外へと拡大・進出を意味するのに対し，グローバル化は世界規模で経済や市場が統合されていく過程に関係する。

2．フラット化していない世界

　それではグローバル化は実際のところ，どの程度，進展しているのだろうか。上述の通り，「フラット化した世界」，「嗜好の収束」，「距離の死」等，多くの論者が多種多様な表現を用いながらグローバル化の飛躍的な進展を強調しているが，果たしてそれは実態を捉えているだろうか。

　客観的なデータに基づけば，今日の経済活動のグローバル化の水準は完全なグローバル化の状態とは程遠い状態にあると考えられる。例えば，ゲマワット（2003）は，製品市場や資本投資等におけるグローバル化の水準を，完全にグローバル化した状態の仮説的なベンチマークと比較しながら，現実の世界が完全なグローバル化した状態とは程遠いことを示している。ゲマワット（2007）は他にも，移民の人口比，電話やインターネットにおける国際的な通信の比率，株式投資の海外比率などあらゆるヒト，モノ，カネ，情報の国際的な移動を示す指標においても同様の傾向にあると論じている。彼はいささか強引であることは前置きしつつも，単純化すれば国境を跨いだ経済活動は全体の 10％程度であると推定している。

　また，企業レベルにおいても完全なグローバル化とは程遠い状況にある

2）ジェトロ世界貿易投資報告 2018 年版に基づく。
3）ジェトロ世界貿易投資報告 2018 年版に基づく。

ことが確認されている。例えばラグマンとバーベク（Rugman and Verbeke 2004）は 2001 年度の世界最大の多国籍企業 500 社を対象として，各多国籍企業の地域別（北米地域，欧州地域，アジア地域）の売上高を調査した。その結果，多くの多国籍企業において本社の位置する地域に売上高が偏在していることを観察し，「世界中の海外市場に広範囲かつ深く浸透しているという意味において，これらのほとんどの企業は『グローバル』企業ではない」と強調する[4]。

このように，経済活動のグローバル化は過去に類を見ない速度で進展しているのは紛れもない事実であるが，一方でその水準は完全なグローバル化とは程遠い状態にある。このような中途半端なグローバリゼーションの状況をゲマワット教授は「セミグローバリゼーション」と呼称している。

3．国家間の隔たり

セミグローバリゼーションの状況においては，国家間における文化や法制度，商慣習，気候，経済的な諸条件等，さまざまな次元での差異や多様性が色濃く残っている。それゆえ，企業や個人が国境をまたいで経済活動を行う際には本国と進出先の間のさまざまな「隔たり（distance）」に直面することになる。ゲマワット（2007）は，多国籍企業が直面する国家間の隔たりを，文化的（cultural），制度的（administrative），地理的（geographic），そして経済的（economic）な隔たりの4つの次元に分類し，それらの頭文字をとって CAGE フレームワークと呼んでいる。

まず，文化的隔たりとは言語，民族，宗教の差異や価値観や規範についての態度の違いである。これらの差異は感覚としては理解できても，客観的に把握することが難しいと思われるかもしれない。実は，国際経営の研究領域においては国の文化の計測が試みられ，さまざまな指標が開発されてきた。その中で最も頻繁に言及されるのはホフステッド指数にほかならない。これは世界中の

4）なお，ラグマンとバーベクの研究論文の追試を行ったラグマンとオウ（Rugman and Oh 2013）においても同様の結果が得られた。当論文でも世界最大の多国籍企業 500 社を対象に調査し，売上高に限らず資産や海外拠点の立地も，本社の位置する地域に偏在していること，2000 年から 2007 年にかけてその傾向にほとんど変化がみられないことが示された。

IBMの社員を対象にした調査を基に各国の文化の差異を分析することを通じて構築された。尺度の追加と修正が行われているが，最新の調査によれば，各国の文化は①権力格差，②個人主義，③男性らしさ，④不確実性の回避，⑤長期志向，⑤快楽的か禁欲的かという6つの次元から構成されるという。

次に，制度的隔たりとは法律，政策など政府により執行される諸制度の差異，植民地時代の繋がりの有無や共通の貿易圏への所属や共通の通貨の使用などで把握される。特に政府の活動は企業の国境を跨いだ経済活動に大きな影響を与える可能性がある。例えば，賄賂防止，衛生，安全，環境などの面での規制や罰則の強化，国内企業の保護等は，外国企業の進出を妨げるかもしれないが，反対に外国企業を誘致するための補助金や税制面での優遇策は，それを促進するだろう。あるいは，政府が十分な権力を行使できないとともに企業の国境を跨いだ活動に影響を与えるかもしれない。先進国の企業が，政府の基盤がぜい弱で公務員による汚職が蔓延し，司法制度が十分に整備されていない途上国に進出することをためらうというケース等である。

3つめの地理的な隔たりは国家間の物理的な距離である。国家間の距離が離れるほど，物流コストやコミュニケーションコストが増大し，国家間の経済的なつながりは弱まると考えられてきた。ICTや輸送技術の発展は，これらの費用を飛躍的に減少させるものと予測されたが，驚くべきことに，重力モデルに関する近年の諸研究において（例：Disdier and Head 2008），国家間の物理的な距離が国境をまたいだ経済活動に及ぼす負の影響は過去数十年の間に弱まるどころか強まっているという結果が示されている[5]。

最後に，経済的な隔たりとは国民の購買力，インフラの整備状況，教育や科学技術の水準，天然資源や人的資源，情報のアクセスのしやすさの差異を指す。先進国の企業は本国において購買力の高い消費者向けに製品やサービスを提供している。それゆえ，本国向けの製品やサービスを提供しても，途上国の購買力の相対的に低い消費者には受け入れられない可能性がある。一方で，先

---

[5] 重力モデルとは国家間の貿易額を説明する理論モデルであり，貿易額は，経済規模（GDP）の大きい国同士では大きくなる一方，互いの距離が遠いと小さくなると考える。天体と天体の引力が天体の重量に比例し，天体間の距離に反比例することになぞらえて「重力」モデルと呼ばれている。キースとヘッド（Disdier and Head 2008）らは重力モデルに関する過去数十年分の実証研究のメタアナリシスを行い，上記の結果を得た。

図表9-1　国家間の隔たり

隔たりの次元	定義
経済的隔たり	経済発展の程度とマクロ経済的な特性の差異
金融的隔たり	金融セクターの発展の程度の差異
政治的隔たり	政治の安定性，民主主義，貿易圏の差異
制度的隔たり	植民地経験の有無，言語，宗教，法体系の差異
文化的隔たり	権力，信頼，個人主義に対する態度，仕事と家族の重要性の差異
人口統計学的隔たり	人口統計学的な特性における差異
知識の隔たり	特許や科学における産出量の差異
連結性の隔たり	海外旅行やインターネット利用率の差異
地理的隔たり	首都間の物理的な距離

出所：ベリー他（2010），p.1, 464を基に著者作成。

進国の企業は本国から途上国に工場を移転させることで安価な人件費で製品を製造することができるようになるかもしれない。

　以上，国家間の隔たりの中でも代表的なものを列挙してきたが，それは4つの次元に限定されるわけではない。ベリー他（Berry et al. 2010）はより包括的に国家間の隔たりについて紹介している（図表9-1）。

　このように，セミグローバリゼーションの世界において，多国籍企業は多種多様な隔たりに直面し，それに対処しながら複数の国で事業を展開しなければならないのである。以下では，セミグローバリゼーションの状況を所与として，企業がいかにして海外市場に進出するかを説明するOLIパラダイム，多国籍企業が置かれた事業現況に適した戦略と組織デザインを検討する上で有用なI-Rフレームワークについて学習する。

第2節　企業の海外市場進出

1．企業の海外市場進出の動機

　企業は国家間で多種多様な隔たりが存在するにもかかわらず，なぜ海外市場に進出するのだろうか。この基本的な問題を考察するにあたり，国際経営の研究領域においては，その端緒を開いたハイマー（Hymer 1976）以降，企業は

進出国の経済，言語，法律，政治に関する情報面で現地企業に対して劣位性をもつと仮定してきた。言い換えれば，先行研究は，海外市場との隔たりや情報劣位から生じる非効率性を補ってあまりある便益を獲得できる場合にのみ企業が海外市場に進出すると考えてきたのである。

ハイマー (1976) は企業間において能力の差異があり，一定の企業は研究開発やマーケティングなどの機能において特筆すべき優位性を保有していると仮定した上で，企業はその優位性を海外市場において活用するために海外市場に進出しようと試みると主張する。同様に，ラグマン (1981) は本国において長い時間をかけて形成された無形資産の形式をとる**企業特殊的優位性（FSA）**を海外市場で活用することが海外市場進出の主要な動機であるという。つまり，現地の競合企業に対して競争優位をもたらす経営資源や能力を保有し，現地市場で市場支配力を行使する，あるいは高い効率性や革新性を発揮することができれば，国家間の隔たりや現地市場に関する情報の劣位性のある海外の企業であっても利潤を獲得できる可能性がある。先行研究はここに企業の海外市場進出の動機を見出すのである。

2．企業の海外市場進出の形態

企業がある海外市場に進出するとして，次に問題になるのがその進出形態である。企業は海外市場において自らの優位性を活用するにあたり，現地の経営資源にアクセスし，それらを調整，コントロールする手法として海外市場進出形態を選択しなければならない。OLI パラダイムの理論的枠組みに立ち入る前に，企業がどのような海外市場進出形態を選択することができるのかを概観しておこう。

海外市場進出形態は大きく分けて，本国ないし現地の外部企業と取引を行う形態と，海外直接投資に分類することができる。海外直接投資とは「海外の企業を長期間にわたってコントロールすることを目的とした投資」を指し，これは配当や利子の獲得を目的とした海外企業への資本投資（海外証券投資）とは区別される。さらに，外部企業との取引をおこなう形態は，輸出とライセンシング，海外直接投資も合弁，買収，グリーンフィールド投資にそれぞれ細分化することができる（図表9-2）。

図表9-2　海外市場進出形態の分類

外部企業との取引	輸出
	ライセンシング契約
海外直接投資	合弁
	買収
	グリーンフィールド投資

出所：大木（2018），18頁を基に著者作成。

　まず，輸出とは自社が生産した製品を商社や現地の販売代理店などの外部企業を通じて，現地市場で販売する形態である。外部企業と取引することで海外市場に進出する際に発生する投資費用を抑え，取引先の企業のもつ知見を活用することができる反面，海外市場に関する情報や知識を収集，蓄積することが難しい。また，進出国の関税や非関税障壁の影響を受けることが懸念される。

　次に，ライセンシングとは自社が保有する特許，商標，ブランド，ノウハウなどの使用を現地企業に一定期間許諾し，その対価としてライセンス料（ロイヤルティー）を得るという形態である。ライセンシングも輸出同様に外部の企業の保有する経営資源を活用するため，投資費用を抑制することができる。それゆえ，一見するとリスクの低い進出形態のように見えるかもしれない。しかし，現地のライセンシーは外部企業であるために，品質管理が難しく，中核的な技術が外部に流出するという問題が発生するかもしれない。

　海外直接投資の場合，投資企業が現地の資産を所有するために，海外市場における活動をコントロールすることが容易になることが期待できる。反面，上記の輸出やライセンシング契約と比較すると，海外市場での活動に対する投資費用は増大することになる。

　海外直接投資の中でも比較的，投資額を抑えることができる形態が合弁である。これは自社と現地企業あるいは複数の本国の企業が共同で出資しあい，現地に企業を新たに設立するものである。この手法は，投資額の抑制に加えて，外部の企業と協働することで外部企業の保有する技術やノウハウ，あるいは海外市場に関する情報や知識，現地国の政府機関や現地企業とのコネクションへのアクセスが可能になる。ただし，複数の企業が共同で所有するためにパートナー企業への技術流出，経営権をめぐるトラブルが懸念される。

次に，買収による進出とは現地市場の企業ないし現地で操業している他の企業の海外子会社を自社の傘下に入れることである。既存の生産設備や人的資源を活用することができるために，後述のグリーンフィールド投資と比較すると，迅速に現地での事業を開始することができるという点で時間を買う効果を目的として選択される形態である。買収額をいかに抑えることができるか，買収後にいかに自社と融合を図るかが重要課題として位置付けられる。

最後の形態がグリーンフィールド投資である。これはまさに未開拓の更地（グリーンフィールド）を取得し，一から現地での活動の拠点を設立するというものである。自社の意図したとおりに海外の拠点を設計，運用することができる。その反面，現地での事業の開始までに時間を要し，外部企業の知識やノウハウが十分に活用されないために自社で現地市場の情報や知識を一から蓄積していかなければならない。

3．OLIパラダイム

以上の海外市場進出形態を前提として，OLIパラダイムについて敷衍したい。ダニング（1979）は海外直接投資に関する先行研究として3つのアプローチに分類し，そのいずれもが部分的な説明に終始していることを指摘する。すなわち，先行研究は「なぜ」企業が海外市場へ進出するのか，企業は「どこの」国や地域に進出するのか，「いかなる」海外市場進出形態が選択されるのかという問題のいずれかについて断片的に説明を試みているという。それゆえ，彼は海外生産に関する包括的な説明，すなわち「全ての国の海外生産の全ての形態」（p. 275）を説明するアプローチが必要であると主張する。彼が提唱するOLIパラダイムはその基本的仮説は以下の3つの条件，すなわち所有の優位性（Ownership advantages），内部化の優位性（Internalization advantages），立地の優位性（Location specific advantages）の全て満たされた場合に企業は海外直接投資を選択するというものである（Dunning 1979, p. 275）。これら3つの優位性の頭文字をとってOLIパラダイム，あるいは先行研究の折衷的なアプローチであることから折衷理論と呼称される。

まず，企業が海外直接投資を行うためには，現地企業に対する競争上の優位性をもたらす所有の優位性を確保し，その優位性をもって現地企業に対する情

報劣位に伴う非効率性や現地拠点の設立費等の費用を賄う必要があるという。所有の優位性は主として企業が保有している本国の資源やケイパビリティを海外市場において活用することから生じると想定している（Dunning 2000, p. 168）。

次いで，企業が所有の優位性を保有していたとして，その優位性を活用するために，直接投資以外にも海外企業へのライセンシングや他の代替的手段を用いることもできる。ダニング（2000）は，「中間製品，情報，技術，マーケティング技術などの交換において外部のアームズ・レングス市場を用いる取引費用とコーディネーション費用」（p. 179）が取引を内部の階層組織において組織化する費用を超過した場合に，内部化の優位性が生じると論じている。

最後に，所有の優位性と内部化の優位性を所与としても，当該優位性をいかなる立地において内部化するかという選択が残されている。その選択は主に代替的な立地で付加価値活動を行う費用と便益によって決定されるという。それゆえ，企業の付加価値活動において不可欠かつ移動不可能な天然ないし人工資源が豊富で，輸送やコミュニケーション費用が低位な立地が選択されると主張する（Dunning 2000）。

以上の3つの優位性が全て揃えば，海外直接投資が選択されるというのがOLIパラダイムの基本的主張であるが，ダニングはこれらの優位性概念を用いて他の海外市場進出形態も説明することもできると強調する（図表9-3）。まず，上述の通り所有の優位性は海外直接投資に限らず，いかなる進出形態を採用するにしても海外市場に進出する際には不可欠である。次に，内部化の優位性がない場合には自社のもつ所有の優位性を海外市場において自らコントロールするよりも外部企業を頼ることが効率的となるために，ライセンシング契約が選択される。最後に，所有の優位性と内部化の優位性はあるが立地の優位性

図表9-3　3つの優位性と海外市場進出形態

	所有の優位性	内部化の優位性	立地の優位性
海外直接投資	Yes	Yes	Yes
輸出	Yes	Yes	No
ライセンシング契約	Yes	No	No

出所：ダニング（1988），p. 28を基に著者作成。

がない場合には，本国において自社の所有の優位性を活用し，そこで生産された製品を現地市場に輸出することになる。このように，OLIパラダイムは先行する諸研究を統合しながら，企業が海外直接投資による海外市場進出形態の選択について包括的な説明を提供する理論的枠組みを構築してきたのである。

第3節 | 多国籍企業の戦略と組織デザイン

1．多国籍企業が直面する2つの圧力：I-Rフレームワーク

　これまで海外市場進出形態について議論してきたが，多国籍企業にとって決定的な戦略的意思決定はそれだけではない。ひとたび海外市場に進出すれば，海外子会社の戦略の策定と遂行，組織体制の構築を行わなければならない。その際にはセミグローバリゼーションの状況において国境を跨いで事業を展開することに起因する機会と困難性が考慮されなければならない。

　まず，セミグローバリゼーションの世界における多国籍企業にとっての機会とは，技術革新や各種貿易協定などの制度的な環境の整備により海外市場への進出が容易になったことである。つまり，企業はある国で優れた経営資源を築き上げることができれば，それをグローバル規模で活用することが可能になったのである。その場合，規模の経済性を実現する，あるいは景気変動などの国レベルの事業リスクを分散させることを通じて自社の競争力を高めることができるだろう。

　他方で，上述の通り，国ごとで法制度，文化，商慣習等のさまざまな次元において多様性が残っている。それゆえ，多国籍企業は本国の製品やサービスないし業務プロセスをそのまま海外市場に移転すれば本国同様のパフォーマンスが確約されるわけではない。国ごとの差異やその国の消費者の個別ニーズに対処することが不可欠になってくる。

　かくして多国籍企業はセミグローバリゼーションの状況において国境を跨いだ事業展開を行う際にトレードオフに直面することになる。グローバル規模で同一の製品やサービス，あるいは業務プロセスや組織運営を統一することができれば規模の経済性を実現することができる反面，現地市場の特殊性への対処が困難になる。一方で，現地市場の特殊性を重視し，国や地域ごとに異なる製

品やサービス，業務プロセスを採用すればするほど，現地市場の特殊性や個別ニーズに対応することが可能になるかもしれないが，規模の経済性を実現することはできず，複数の国を跨いで事業を行うことの利点を十分に活用することができなくなってしまう。

こうしたトレードオフへの対応は，多国籍企業の戦略や組織デザインの在り方に関わる重大な意思決定になる。こうした問題について考察するにあたって，国際経営に関するテキスト等で極めて頻繁に引用されるI-Rフレームワークを紹介したい（図表9-4）。これは米国ミシガン大学のC・K・プラハラッドと仏INSEADのドズが提示したフレームワークである。グローバル統合（Integration）と現地適応（Local responsiveness）という多国籍企業が直面する2つの圧力を軸として多国籍企業が置かれている事業環境，戦略と組織デザインを分類するため，その頭文字をとってI-Rフレームワークと呼ばれる。

まず，**グローバル統合**とは，複数の国で展開している地理的に分散している諸活動を本社が集権的に管理することを意味する。これは複数国間の共通性を活用することによる規模の経済性等を通じた費用の削減の可能性や本社と海外子会社における資源配分を最適化する必要性から生じる。他方で，**現地適応**とは現地の競合企業や現地の消費者のニーズに対応するために，海外子会社が自

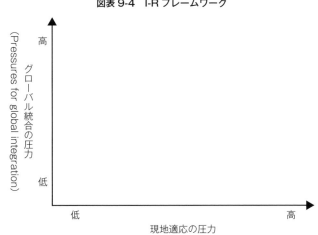

図表9-4 I-Rフレームワーク

出所：プラハラッドとドズ（1987），p. 24を基に著者作成。

律的に資源配分を行うことである。これは消費者のニーズや流通チャネル等の各国市場の特殊性に対処する必要性から発生する圧力に対処するものである。グローバル統合と現地適応の圧力の例としては以下の表に記載したものが挙げられる（図表9-5）。

I-Rフレームワークは，上記の2つの圧力への対応を，単純にグローバル統合か現地適応かという二項対立で捉えるわけではない。むしろ，両者の圧力の高低を基に多国籍企業の置かれた事業環境の類型化を行うのである[6]。

図表9-5　グローバル統合と現地適応の圧力

グローバル統合の圧力	多国籍企業の顧客の重要性
	多国籍企業の競合のプレゼンス
	投資・技術の強度（intensity）
	費用削減
	世界で共通したニーズ
	原材料やエネルギーへのアクセス
現地適応の圧力	消費者ニーズの差異
	流通チャネルの差異
	現地市場における代替製品の入手可能性
	市場構造
	進出国政府の要求

出所：プラハラッドとドズ（1987），pp. 18-21を基に著者作成。

2．多国籍企業の4つのタイプ

I-Rフレームワークは多国籍企業が置かれた事業環境を類型化することのみならず，I-Rグリッド上の各ポジションに適した戦略や組織デザインを分析することもできる。例えば，規模の経済性が強く働く事業環境では，グローバル統合を重視する戦略や組織デザインが，一方で現地ニーズへの対応が求められ

---

[6]　ただし，グローバル統合，現地適応の圧力はそれぞれ多種多様であり，両者の強弱を規定する基準や尺度は明確ではない。加えて，事業環境は不断に変化しているが，I-Rフレームワークは静態的な性質がある。以上のことから，I-Rフレームワークを実務において運用する際には，仮定や前提を明示的に設定する必要があることに留意しなければならない。

る事業環境では現地適応を重視することが不可欠となる。また，2つの圧力が強く働く環境下では両者に同時に対処しなければならない。I-Rフレームワークを基に多国籍企業の置かれた事業環境とそれに適した戦略や組織デザインについて議論したのが，米国ハーバード大学のクリストファー・バートレット（Christopher A. Bartlett）とロンドンビジネススクールのスマントラ・ゴシャール（Sumantra Ghoshal）である。彼らが共同で執筆し，1989年に出版された *Managing across borders* はその後の研究に大きな影響を及ぼした。彼らは米国，欧州，日本の多国籍企業9社の分析を通じて，I-Rグリッドが示す4つの事業環境の類型とそれぞれに適した4つの多国籍企業のタイプを提示した（図表9-6）。

① グローバル型

グローバル型の多国籍企業は，グローバル統合の圧力が強く，現地適応の圧力が低い環境に適した形態である。このような事業環境における最大の戦略上の課題は，規模の経済性を通じたコスト優位性の実現にある。それゆえ，親会社に研究開発などの機能や主要な経営資源を集中するとともに，権限も親会社に集約し世界規模でオペレーションを管理する。他方で，海外子会社は本社によって厳しく管理され，本国で立案された戦略を正確に遂行することが重視さ

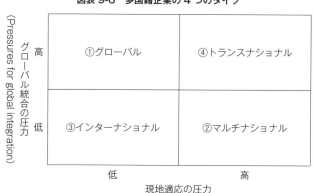

図表9-6　多国籍企業の4つのタイプ

出所：バートレットとゴシャール（1989）を基に著者作成。

れる。それゆえ，現地の消費者や競合企業への対応という点では優れているとはいえない。

バートレットとゴシャールはこのグローバル型の多国籍企業の例として，松下電器産業（現 Panasonic）を挙げている。松下電器産業は，彼らの調査によれば，海外売上高比率が当時約4割に達していたものの，製品の約9割は日本で製造されていたという。これは日本の生産工場で標準化された製品を開発，製造し，それを世界中に展開していたからである。当時の家電産業においては研究開発とマーケティング，製品の製造において規模の経済性が働き，消費者の嗜好も世界的に均質的であったため，松下電器産業のグローバル型の戦略や組織デザインは環境に適応したという。

② マルチナショナル型

マルチナショナル型の多国籍企業は，グローバル統合の圧力が弱く，現地適応の圧力が強い環境に適した形態である。ここでの戦略的課題は国ごとの差異や特殊性に適応することである。それゆえ，グローバル型とは対照的に，親会社よりも海外子会社の役割が重視されることになる。親会社は海外子会社に権限を大幅に委譲し，海外子会社が主体的に現地のニーズや機会を把握し，資源配分を行う。海外子会社が自律的に活動することで，研究開発や製造等の各機能において規模の経済性を追求することは困難ではあるものの，現地適応の圧力への対処に優れた形態である。

このマルチナショナル型の代表例としてバートレットとゴシャールが挙げているのがユニリーバである。ユニリーバは周知のとおり英国とオランダに本社を置く世界有数の日用消費財メーカーであり，特に第二次大戦後に積極的にグローバル展開を果たした。海外市場に進出する際には，大幅に権限を委譲した海外子会社を設立し，本社からの命令は最小限に抑えられた。このような現地の海外子会社の自主性を重視する戦略や組織デザインは，各国の文化や生活スタイル等の影響を強く受ける日用消費財産業に適しており，本国により資源や権限を集約したP&Gや花王が海外展開に苦戦する中，ユニリーバは順調に各国の市場に浸透することができたという。

③ インターナショナル型

　インターナショナル型の多国籍企業はグローバル統合と現地適応の圧力の双方が低い事業環境に適している。グローバル統合と現地適応の圧力の双方が低いということは見方を変えれば，海外市場に積極的に資源配分を行う利点が乏しいことを示唆する。つまり，経営資源や権限を本国に集約することで規模の経済性が強く働くわけでも，現地市場の特殊性に対処することが重大な戦略的課題になるわけではない。それゆえ，こうした環境下では本国の事業で得られた中核的な経営資源やケイパビリティの海外市場での活用が図られる。ただし，規模の経済性が十分に働くわけではないため，グローバル型のような集権的なデザインはその管理コストに見合わない。他方で，マルチナショナル型のように海外子会社に大幅に権限を委譲すると，効率的に本国の資源やケイパビリティの活用することができないかもしれない。それゆえ，インターナショナル型においては本国の中核的な経営資源を本社に集約し，その他の資源は海外子会社に分散させる。ここでの戦略的課題はいかに効率的に中核的な経営資源を本社から海外子会社に移転し，現地に適応させるかである。

　スウェーデンに本社を置く通信機メーカーのエリクソン社は本国の市場規模が研究開発予算に見合わないとして，製品を米国，その他の欧州各国や日本，途上国の順序で展開した。その際には，海外子会社が進出国の政府からの要求等の現地市場の特殊性に対処した。このような本国の中核的な資源やケイパビリティの効率的な移転と適応に優れていたエリクソンはそのほかの世界的な通信機メーカーに対して優位性を構築していたという。

④ トランスナショナル型

　バートレットとゴシャールによれば，これまで標準化を通じて規模の経済性の追求が求められてきた産業でも現地ニーズへの対処が必要になるなど，いかなる産業においてもグローバル統合と現地適応の双方の圧力が強まる傾向にあるという。言い換えれば，上記3種類のタイプの多国籍企業の「良いとこ取り」が求められるようになったのである。それではいかにして，グローバル型の規模の経済性の追求，マルチナショナル型の現地適応，インターナショナル型の知識の移転という長所を両立させることができるのだろうか。

バートレットとゴシャールはトランスナショナル型という多国籍企業の形態を提案する。トランスナショナル型の多国籍企業の特徴は，経営資源が各国に広く分散すると同時に専門化していること，本社・海外子会社間で知識の共有や移転が活発に行われるという点にある。それぞれの海外子会社は現地の環境に適応できるだけの能力を備えている。同時に，各海外子会社はそれぞれの専門に特化するとともにその成果を他の拠点と共有するため，規模の経済性も実現することができる。あるいは相互に知識を交換する過程で新たな知識の創出も期待できる。

3．メタナショナル経営

　以上のバートレットとゴシャールの研究は国際経営の研究領域において頻繁に引用されるなど影響力をもつものではあるが，他方でトランスナショナル・モデルに対しては多くの研究者が疑義を示している。主要な批判は，彼らが提示したトランスナショナル・モデルがあくまで理念的なものであるという点に関連する。つまり，海外子会社で生じたイノベーションを他国でも活用する等のトランスナショナル型の要素を備えた多国籍企業は観察されるものの，完全にトランスナショナル型に合致する企業が見当たらず，あるいは既存の多国籍企業がトランスナショナル型に移行するためのプロセスも十分に解明されていない。

　トランスナショナル型に対する批判を受けて，国際経営の研究領域で多国籍企業の新たな革新モデルが模索されるようになった。本章ではその中で近年最も注目を集めている「メタナショナル経営」（Doz, Santos and Williamson 2001）について簡単に紹介する。メタナショナル経営の最大の特徴は，メタ（meta）という用語が意味するように，本国の優位性に立脚した従来の多国籍企業の戦略の定石を超えて，グローバル規模で優位性を構築するという点にある。加えて，ドズらはこのメタナショナル経営が多国籍企業の唯一最善のあるべき姿というよりもむしろ，今日のニュー・ナレッジ・エコノミーの時代に適した形態であることを強調している。

　ニュー・ナレッジ・エコノミーの時代においてはグローバル規模で知的資産を活用することが求められる。ナレッジベースは急速に世界中に拡散するた

め，将来の技術革新が世界のどこで発生するか予測することが困難になった。これは，米国等の主要先進国がイノベーションの発信地であり，そこに本社を置く多国籍企業が本国で研究開発を行い，その成果を海外市場で活用するという伝統的な戦略がもはや通用しなくなりつつあることを示唆する。それゆえ，本国の優位性に固執することなく，またホスト国で獲得した知識や経験を現地市場においてのみ活用するという発想から脱却することが求められる。加えて，世界規模で新たな技術や市場の動向を把握し，社内に新たな知識を取り込み，それを活用するという戦略が不可欠となる。

メタナショナル経営のプロセスは，感知（sensing），流動化（mobilizing），事業化（operationalizing）という3つの段階から構成され，各段階においてそれぞれ2つのケイパビリティを構築する必要がある。

まず，感知とは各国の海外子会社において現地特有の知識資産にアクセスする段階である。イノベーションが世界規模で発生するようになったとはいえ，グローバルに際限なく知識の探索活動を行うことは非効率的である。それゆえ，感知の段階においては新たな技術や市場の動向を予測するケイパビリティと現地に特有の知識資産にアクセスするケイパビリティが不可欠となる。これらのケイパビリティを強化するためには，現地の事情に精通する，あるいは現地にネットワークをもつ人物の登用，彼らに対するインセンティブの付与が肝要となる。

次の流動化は世界規模で収集した知見を多国籍企業内部で共有，結合する段階であり，ここで新たなイノベーションの芽が生まれる。それゆえ，この段階においては，世界各国で入手した知識を本国ないし第三国に移転するケイパビリティと入手した知識を基に新たな知識に融合するケイパビリティが求められる。知識を多国籍企業内部で効率的に移転し，新たな知識を創出するためには，知識の移転と結合に関するノウハウの蓄積と，本国ないし他の海外子会社とのコミュニケーションに促進するナレッジ・ブローカーが重要な役割を果たす。

最後に，流動化を経て新たに創出された知識資産を各国の拠点においてオペレーション・レベルで活用，収益化する段階が事業化である。この段階において求められるのが新たな知識資産を現場のオペレーションに落とし込む変換ケ

イパビリティ，そのオペレーションを安定的に遂行し，新たに創出された知識資産を収益化する活用ケイパビリティである。

以上のメタナショナル経営の事例として，ドーズらはノキアを挙げている。ノキアは 2013 年に携帯電話事業をマイクロソフト社に売却したが，ドーズらが執筆した著書が公刊された当時は世界的に良好なパフォーマンスを発揮していた。ノキアは本社のあるフィンランドを中心に主に北欧市場を中心に事業展開を行っていたが，1990 年代以降携帯電話事業などを軸に世界的に展開し始めた。ドーズらによれば，本国に十分な技術の集積や市場規模がない「誤った場所に生まれた企業（born in the wrong place）」であるにも関わらずノキアが急速に世界有数の企業への発展した理由としては，世界規模で新たな技術や市場の動向を把握し，社内に新たな知識を取り込み，それを活用する体制が整っていた点が挙げられるという。より具体的に，ノキアは英国の研究所で携帯研究開発活動を行い，米国で最先端の技術やマーケティング手法，日本で小型化技術などを学習した。このように世界各国で知識を収集するとともに，それらを共有，結合するネットワークを構築し，自社の活動に役立てていたのである。

第4節　グローバル戦略に関する研究のいくつかの課題と今後の展望

本章では，多国籍企業の経営戦略に焦点を当ててきた。本書で紹介されている他の経営戦略に関するアプローチは暗黙裡に単一の国や地域で事業を展開していることが想定されている。しかし，セミグローバリゼーションの状況を所与とすると，多国籍企業の戦略的意思決定を理解するためには，国家間の差異や異質性を考慮に入れることができる分析枠組みが必要となる。本章では，海外市場進出に関する戦略的意思決定，多国籍企業の戦略や組織デザインという，多国籍企業の経営戦略に関する基本的な問題について，OLI パラダイムや I-R フレームワークという国際経営の研究領域における代表的な理論的枠組みを学習した。

最後に，これらの理論的枠組みに関する今日の研究の動向を紹介したい。ま

ず，1990年代以降，設立後まもなく海外市場に積極的に進出する「早期国際化企業」（e.g., Oviatt and McDougall 1994）が国際経営の研究領域で注目されるようになった。OLIパラダイムは企業の国際化の動機を本国において蓄積された所有の優位性の活用に求めている。それゆえ，所有の優位性を前提としない設立後間もない企業がなぜ，またいかにして海外市場に進出するのかをOLIパラダイムは十分に説明することができないのである（Mathews and Zander 2007）。近年，こうした早期国際化現象を理論的に説明することを試みる国際企業家論の研究が台頭しつつある（Meinela et al. 2014）。国際企業家論においては，国家間の異質性や多様性をリスクというよりも事業機会の源泉であると捉え，地理的に分散した資源と市場を組み合わせることによって生じる事業機会の発見と活用を企業の海外市場進出の動機であるとみなしている（Di Gregorio et al. 2008）。国際企業家論は未だ発展途上の研究領域であるが，本国の優位性の活用ではなく世界規模で事業機会を追求するという発想はメタナショナル経営と類似しているといえるだろう。また，メタナショナル経営についての研究もさらなる精緻化が求められている（浅川 2006）。メタナショナル経営において，世界規模での知識の探索が推奨されているが，いかなる国や地域で，いかなる範囲内で探索を行うべきか，知識の性質（形式知か暗黙知か），知識の複雑性，知識の伝達手段のメタナショナル経営に及ぼす影響，世界規模で分散している知識を吸い上げる吸収能力の構築と活用のプロセスの解明が今後の研究課題として位置付けられている。

さらに進んだ学習のために

Ghemawat, P. (2007), *Redefining Global Strategy: Crossing Borders in a World Where Differences Still Matter*, Harvard Business Press.（『コークの味は国ごとに違うべきか』望月衛訳，文藝春秋，2009年。）
　…本章で論じたセミグローバリゼーションの状況において，国家間の差異を把握するためのCAGE（cultural, administrative, geographic, economic）フレームワーク，それに対するAAA戦略（adaptation, aggregation, arbitrage）が紹介されている。タイトルが原題と大きく異なるが，翻訳も出版されている。

浅川和宏（2003），『グローバル経営入門』日本経済新聞社。
　…国際経営論の諸理論が網羅的に概説されている。タイトルに入門とあるが，基礎的な内容のみならず先端的な内容にまで言及されている。

磯辺剛彦・牧野成史・クリスティーヌ・チャン（2010），『国境と企業——制度とグローバル戦略の実証分析』東洋経済新報社。

…国際経営論のトップジャーナルに掲載された，著者たちの実証研究の成果を日本語で紹介されている。

第IV部
戦略行動

第10章
戦略的提携

　近年，企業間の**戦略的提携**は競争戦略や成長戦略を遂行する上で欠かせないものとして位置付けられている（Kale and Singh 2009）。実際，多くの場面で企業間の戦略的提携を観察することができる。戦略的提携はバリューチェーンにおける川上ないし川下の工程を担う企業と行われる場合もあれば，競合企業を含む同業種の企業と水平的な関係において行われることもある。また，その形態も業務提携から資本投資を伴う提携に至るまで多種多様である。このように多くの企業が戦略的提携を活用している理由のひとつが，外部企業が保有する資源やケイパビリティへのアクセスである（Rothaermel and Boeker 2008）。確かに，協働を通じて自社の経営資源だけではなく提携先の企業の経営資源も活用することができれば，競争上有利になるかもしれない。ところが，戦略的提携の多くは期待した結果が得られていないというのが実情である（Dyer, Kale and Singh 2001）。

　したがって，本章では，企業は戦略的提携による協働を通じていかにして競争優位を構築し，持続させることができるのかという点に焦点を当てる。第4章や第5章では競争戦略に関する代表的なポジショニング論や資源ベース論が紹介されたが，これらはあくまでも単一の企業が単独で持続的な競争優位を獲得し，持続させることが想定されている。つまり，ポジショニング論においては，自社にとって有利なポジショニングを確立することで，資源ベース論においては稀少で模倣困難な資源やケイパビリティを保有することを通じて企業は競争優位を持続させることができると論じられている。ところが，それらのアプローチにおいて企業がもつ他企業との企業間関係，ないし企業間ネットワークの役割は十分に考慮されているとは言い難い。今日，企業間の提携がますま

す戦略的重要性を増しているが，主流の競争戦略論においては企業間の協働を通じて企業がいかにして競争優位を確立し，持続させることができるのかという点はこれまで体系的に検討されてこなかったのである。

こうした背景を踏まえて，本章では米国ブリガムヤング大学のジェフ・ダイアー（Jeff Dyer）が提示したリレーショナル・ビュー（relational view）（Dyer 1996a；1996b；1997；Dyer and Singh 1998）を取り上げたい。このアプローチは，日本の自動車メーカーとサプライヤーの間の系列取引が高いパフォーマンスを発揮していることに着目し，企業が協働を通じていかに利潤（**関係的レント**）を創出し，それを持続させることができるかを解明しようと試みているからである。本章は以下のように構成される。まず，戦略的提携を3つのタイプに類型化する。次いで，提携関係にある企業が協働を通じて関係的レントを創出するための決定要因とその諸要因が関係的レントをももたらすサブプロセスを説明する。その後，関係的レントを持続させる諸要因を列挙する。最後に，リレーショナル・ビューと主流の競争戦略論と比較したうえで，リレーショナル・ビューの研究課題に言及する。

第 1 節 | 戦略的提携の類型

まずは，戦略的提携の定義と分類から着手したい。戦略的提携とは2社もしくはそれ以上の独立した企業が製品・サービスの開発，製造，販売などに関して共同で事業を行うことである。戦略的提携は一般的に以下の3つのタイプに大別することができる。

① 業務提携（non-equity alliances）
② 資本提携（equity alliances）
③ ジョイント・ベンチャー（joint ventures）

まず業務提携において，企業は共同で事業を行うものの，株式の持ち合い等の資本投資を伴わない。この種の提携においてはさまざまな公式的な契約が交わされることが一般的である。代表的な契約としては，ライセンス契約を挙

げることができる。これは特許などの知的財産権の所有者が第三者に特許，商標，ブランド使用，技術やノウハウなどの使用を許諾し，ライセンシー（ライセンスの使用者）から使用料をその対価として受け取るという契約である。

一方で，資本提携においては，業務提携に資本投資を伴う。互いにパートナー企業の株式を持ち合う，あるいは一方の企業のみが他方の企業の株式を取得する（資本参加）など所有権を一部保有することを通じて業務提携よりも強固な協力関係を築くことができる。ただし，資本投資の金額は買収までには至らない低い出資比率のものがこの資本提携に該当する。

3つめのジョイント・ベンチャーとは共同事業を行う複数の企業が出資しあうことで，新たに法的に独立した企業を設立することである。その企業の事業を通じて得られた収益はパートナー企業間で共有されることになる。戦略的提携は以上の3つのタイプに分類することができる。

第2節 | 戦略的提携と関係的レントの創出メカニズム

1．関係的レントとは

それでは，戦略的提携による協働を通じて企業はいかにして競争優位を持続することができるのだろうか。以降ではリレーショナル・ビューを吟味することを通じて外部企業との協働を通じた競争優位の創出のメカニズムについて議論を進めたい。

ダイアーとシン（1998）は，協働を通じて企業が獲得する利潤を関係的レントと呼び，既存の競争戦略論において単一企業が独力で獲得する利潤（レント）と区別する。関係的レントとは「ある交換関係において共同で生み出される超過的な利潤であり，企業が単体では創出できず，特定の提携パートナーの特異的な貢献によってのみ創出される利潤」（p. 662）を指す。この関係的レントは完全競争市場における同質財の取引からは発生しない。なぜなら，他の競合企業も同様の取引条件で取引を行うことができるからである。ところが，現実の世界で交換されている財やサービスは必ずしも同質であるとは限らない。実際には標準的な製品やサービス以外にもサプライヤーによって顧客ごとにカスタマイズされた製品やサービスが供給されている。彼らは，こうした特

定の取引関係の価値を高める「関係特殊的投資」に着目し，提携関係が特殊的なものになれば関係的レントが発生しうると論じる。

ダイアーらは関係的レントの発生を想定していない主流派の競争戦略論における企業間関係に関する諸前提を緩めることから着手している。ポジショニング論や資源ベース論などの既存の競争戦略論において想定されていた企業間関係は以下の4つの特徴をもつものであるという。

① 関係特殊的投資を伴わない
② 最低限の情報交換（価格が主に買手と売手に情報を伝達する装置として機能する）
③ 各企業が独立しており，それぞれが企業内部に技術的，機能的システムを保有
④ 取引費用が低位で，ガバナンス・メカニズムへの投資が少なくて済む

一方で，上記の4つの特徴と対照的な以下のような取引関係においては関係的レントが生じる可能性がある。換言すると，企業が戦略的提携を通じて関係的レントを獲得することができるかどうかは下記の4つの要因に規定されることになる。

① 関係特殊的投資を伴う企業間関係
② 共同学習をもたらす相当量の情報交換
③ 独自の製品，サービス，技術を可能にする，企業間補完的で稀少な資源やケイパビリティの結合
④ 効果的なガバナンス・メカニズムによる競合の企業群よりも低位な取引費用の実現

これらの4つの要因はそれぞれ2つのサブプロセスを通じて関係的レントの創出を促進するという（図表10-1）。以下では各要因がいかに関係的レントの創出に繋がるかについて詳細に検討することにする。

図表 10-1　関係的レントの決定要因とそのサブプロセス

関係的レントの決定要因	関係的レント創出を促進するサブプロセス
1．関係特殊的資産	1a．セーフガードの永続性 1b．企業間取引の取引量
2．知識共有のルーティン	2a．パートナー企業に特化した吸収能力 2b．透明性を高めただ乗りを抑制するインセンティブ
3．補完的な資源とケイパビリティ	3a．潜在的な補完性を特定し，評価する能力 3b．戦略的資源の補完性から便益を獲得する組織的な補完性の役割
4．効果的なガバナンス	4a．自己拘束的なガバナンス・メカニズムを活用する能力 4b．公式的，非公式的な自己拘束的ガバナンス・メカニズムを使い分ける能力

出所：ダイアーとシン（1998），p.663 を基に著者作成。

2．関係特殊的資産

　資源ベース論の基本的な主張は，他の競合企業が保有しない稀少で模倣困難な経営資源は企業に持続的な競争優位をもたらすというものである。そのような企業固有の経営資源は，要素市場において容易にアクセスできるものではなく，企業の内部において特定の取引関係においてのみ高い価値をもつ**関係特殊的資産**への投資を通じて形成されるものである。リレーショナル・ビューは，特定の企業内部ではなく提携する企業間において関係特殊的な資産が形成されることで関係的レントが発生すると論じている。

　ダイアーらはウィリアムソン（Williamson 1985）に依拠しながら，資産の関係特殊性の程度を示す資産特殊性について，立地の特殊性，物理的資産特殊性，人的資産特殊性の3つのタイプに分類している。立地の特殊性とは，移動できない連続した生産工程が近接して隣接して立地している状態を指す。立地特殊的な資産への投資は特定の相手との取引における在庫費用や輸送費，諸活動の調整費用を大きく減らすことが期待できる（Dyer 1996a）。その反面，一度生産工程を隣接させてしまうと，他の取引相手との取引が在庫，輸送などの

面で非効率になるかもしれない。その次に,物理的資産特殊性は特定の取引関係のための資本投資の程度を意味する。特定の取引関係においてのみ有用な生産設備などに投資することを通じて,製品の差別化や製品品質の向上が可能になる。一方で,取引関係が解消されると,この資本投資は埋没してしまう(サンクコスト)。3点目の人的資産特殊性は長年の協働を通じて特定の取引関係においてのみ有用なノウハウのことである。例えば,あるサプライヤーの従業員は,特定の買い手と長年にわたって取引を継続することで,その買手企業の調達に関するシステムや手続き,主要な交渉相手について学習するだろう。協働を通じてお互いに情報や言語,ノウハウを共有しあうことができれば,より効率的かつ効果的にコミュニケーションをとることが可能になり,ひいては製品の品質向上や開発された製品の市場へ投入する速度を高めることが期待できる。アサヌマ(Asanuma 1989)は日本の自動車メーカーとサプライヤーの企業間関係を分析し,企業間の関係特殊的な人的なスキルが競争優位の源泉であると論じている。提携する企業間において以上のような関係特殊的投資を大きく引き出すことで関係的レント獲得の可能性がみえてくるのである。

　しかしながら,提携する企業間における関係特殊的投資が関係的レントをもたらすとして,容易に関係特殊的投資を引き出せるというわけではない。なぜなら,関係特殊的投資はホールドアップ問題を引き起こす危険を孕んでいるからである。関係特殊的投資を通じて特定の取引から生じる経済価値を高めると,他の相手と取引した場合の取引価値に差(準レント)が生じる。各企業は準レントを占有するために,関係特殊的投資は取引関係が解消されると埋没してしまうことを見越して相手に不利な取引条件を課すなどの機会主義的行動に出るかもしれない。こうした機会主義的行動が事前に予期できれば,企業は関係特殊的な投資を行うことをためらうだろう。したがって,ホールドアップ問題を回避するためには関係特殊的投資に対する何らかのセーフガードが必要になる(Klein, Crawford and Alchian 1978;Williamson 1985)。

　ダイアーとシン(1998)はセーフガードのひとつである法的契約,とりわけその期間に着目する。関係特殊的投資の固定費的な性質を鑑みると,長期的な取引関係が維持されれば関係特殊的投資の投資額を超過するリターンが得られることが期待できる。そのような長期的なリターンが見込める場合には,短期

的に準レントを占有するような機会主義的行動を抑制することができるだろう。それゆえ，ダイアーとシン（1998）は機会主義的行動を抑制するための法的契約の内容よりもその期間に着目し，その期間が長期的であればあるほど，提携する企業間の関係特殊的な投資を増やし，関係的レントの獲得が可能になると主張している。

次に，提携する企業間における取引量と取引される製品やサービスの範囲も関係特殊的な投資に影響を及ぼすという。取引量や取引対象の製品やサービスの種類が少なければ，関係特殊的な投資に見合ったリターンが期待できず，より汎用的な資産を用いた生産を望むだろう。一方で，提携する企業間における取引量と取引される製品やサービスの種類が多い場合には，関係特殊的な投資を引き出し，そこから関係的レントが生じると期待することができる。

3．知識共有ルーティン

協働において他の企業と知識やアイディアの共有や移転を図る組織間学習の重要性については多くの先行研究で論じられてきた。例えば，フォン・ヒッペル（Von Hippel 1988）は多くのイノベーションは顧客やサプライヤーから示唆やアイディアを得たことがきっかけとなって生じていることを観察した。それゆえ，彼は企業が顧客やサプライヤーとの間で知識やアイディアを共有するためのルーティンを構築することができればイノベーションが促進されると論じている。ダイアーとシン（1998）は**知識共有ルーティン**を「特化した知識の移転，再結合ないし創出をもたらす企業間の相互作用の規則的なパターン」（p. 665）と定義している。その上で彼らは，提携する企業間の知識共有ルーティンによる関係的レントの創出メカニズムを考察している。具体的に，ダイアーとシン（1998）は吸収能力と知識共有のインセンティブという2つの要因が関係的レントの創出に関連するという。

まず，吸収能力とは企業外部から知識を獲得する能力であり，それは「新たな企業外部の情報の価値を認知し，それを理解したうえで，商業化する企業の能力」（Cohen and Levinthal 1990, p. 128）と定義される。吸収能力に優れた企業は外部から積極的に知識を獲得することができ，高いパフォーマンスを発揮することができると考えられている。しかし，吸収能力を巡る諸研究が議論

の対象としているのは提携関係に限定されるものではない。そこでダイアーとシン（1998）は関係的レントと関連する，特定の提携関係においてパートナー企業から知識を吸収するパートナー特殊的な吸収能力に焦点を当てる。パートナー特殊的な吸収能力は，提携企業間でより多くの知識のベースを共有するほど，交流の頻度やお互いについて学ぶ機会を増やすほどに高まると主張する。

次に，提携する企業間において知識を共有しようとする際には，フリーライディング（ただ乗り）の問題が生じることが懸念される。すなわち，提携するパートナーからは積極的に知識を共有するように要求し，他方で自身はパートナーに対して知識や情報を出し惜しみするというものである。したがって，提携する企業間で効果的に知識を共有するためには，パートナー企業への積極的な知識共有を促進するインセンティブを確保することが不可欠となる。知識共有を促進するインセンティブは，金銭に代表される公式的なインセンティブと提携する企業間において共有される規範のような非公式的なインセンティブに大別することができる。

まず，知識共有を促進する公式的なインセンティブとして，パートナー企業に対する資本投資（資本提携）が挙げられる。パートナー企業の株式を所有する場合，パートナー企業に知識や情報，アイディアを積極的に移転し，それによって当該企業のパフォーマンスが向上すれば配当や株価の上昇を通じて便益を獲得することができる。

次に，非公式的なインセンティブの例として，企業間の知識移転を巡る規範や実践を挙げることができる（Dyer 1997）。ダイアー（1997）はトヨタとGMの比較分析を通じて，トヨタとサプライヤーの間で，ないしサプライヤー同士で共有されている知識移転を巡る規範や実践がトヨタの競争優位に繋がっていると主張する。GMとそのサプライヤーは特許を取得することなどを通じて，それぞれの中核的な技術を，外部の企業から模倣されないように保護する傾向にあるという。確かに，資源ベース論の視点に立てば，自社の優れた経営資源の模倣困難性を高めることで競争優位性が持続するかもしれない。ところが，協働を通じた競争優位の構築という点では，相互に中核な技術を保護ないし秘匿しあうことで，GMとそのサプライヤーの間の知識共有は積極的に行われず，関係的レントが生じなかったという。他方で，トヨタは自らがサプライ

ヤーに対して，オペレーション・マネジメントに関する専門的な知識や最新の製品技術をもったエンジニアを派遣する等の取り組みを通じて，自身の知識を積極的にサプライヤーに共有している。このようにトヨタ自身が積極的に知識の共有に取り組むことによって，トヨタとサプライヤーの間，あるいはサプライヤー同士で知識を共有しあう規範が形成されているという。こうしたことによって，トヨタとそのサプライヤー群の間で効果的な知識共有ルーティンが構築され，ひいては関係的レントの創出が実現しているというのがダイアーらの見解である。

4．補完的な資源とケイパビリティ

　提携する企業間において，関係特殊的な投資を通じた新たな経営資源の構築以外に，それぞれの企業がもつ既存の経営資源やケイパビリティの新奇的な結合によっても関係的レントが生じる可能性がある。それは，提携する企業間における経営資源やケイパビリティが補完的な関係にあり，シナジー効果をもたらす場合である。ここでいう**補完的な資源**とは，「提携企業が単独で創出できるレントの総和以上のレントをもたらす提携企業間特有の資源」(p. 666) を指す。

　提携企業が補完的な資源を活用することを通じて，関係的レントを獲得するためには，関連する経営資源が要素市場において容易に調達できるものでなく，また関連する資源が企業間で分割することができないという条件を満たす必要がある。なぜなら，要素市場において関連する資源にアクセスできるならば関係的レントは一過性のものになり，関連する資源が企業間で分割できるならば提携関係を持続させる必要がないからである。つまり，提携企業が相互に特有の経営資源を出し合い，それらを結合させることを通じて生じた補完的な経営資源が，価値があり，稀少で，競合企業ないし企業群によつ模倣が困難な場合に提携企業は関係的レントを持続的に獲得することができると考えることができる。

　ただし全ての提携関係において，関係的レントをもたらす補完的な経営資源の組み合わせを見出すことができるわけではない。提携する企業間において，資源やケイパビリティの潜在的な組み合わせは無数に存在し，その中でいかな

る組み合わせが補完性をもつものであるかどうかを事前に把握することは困難である。つまり，企業は現実的な問題として，いかにして補完的な経営資源の組み合わせを発見するかという課題に直面することになる。

　こうした資源の補完的な組み合わせを発見することができるかどうかは，過去の提携の経験，企業内部における探索と評価に関するケイパビリティ，潜在的なパートナー企業に関する情報収集について有利なソーシャルネットワークのポジションを確立するケイパビリティに規定されるという。まず，企業間の提携の期間が長ければ長いほど，企業は相互に保有する資源やケイパビリティについてより詳細かつ正確に把握することが可能になる。また，米国のヒューレットパッカード社やマイクロソフト社などが戦略的提携に関する部門を設立したように，潜在的なパートナー企業の探索と既存のパートナー企業との協働の監視と調整に関するケイパビリティへ投資することで，資源の補完的な組み合わせが発見できるようになるかもしれない。最後に，ソーシャルネットワークに関する諸研究が示すように，構造的空隙などのソーシャルネットワーク上の有利なポジションに位置するアクターはより多くの有益な情報をタイムリーにアクセスすることができる（e.g., Burt 1992）。こうした研究成果は戦略的提携の文脈にも応用されており，潜在的なパートナー企業に関する情報収集について有利なソーシャルネットワークのポジションにある企業ほど，形成する戦略的提携の数が多いという（Mitchell and Singh 1996）。

　提携企業間の資源の補完的な組み合わせを発見できたとして，次に問題になるのが組織的補完性である。つまり，実際に資源の補完的な組み合わせから利益を生み出し，それを共有するためには，提携企業間で諸活動を調整する意思決定プロセスや組織文化の面での適合性が不可欠となる。

5．効果的なガバナンス

　関係的レント創出に関する最後の決定要因は**効果的なガバナンス**である。取引費用経済学は取引の特性に応じて適切な契約，階層組織等のガバナンス構造を割当てることを通じて取引費用を節約することができると論じてきた（Williamson 1985）。その観点に立てば，提携企業間の取引において効果的なガバナンス構造を確保し，取引費用が節約されれば関係的レントの創出や増大

に繋がると考えることができる。

　上記においては戦略的提携の期間や取引量，取引される製品やサービスの範囲を増大させることを通じてホールドアップ問題の抑制について言及してきた。そこではあくまでも法的契約を通じたガバナンス構造を前提としている。しかし，提携企業間において用いられるガバナンス構造は裁判所等の第三者による執行に基づく法的契約に限定されるわけではない。第三者が介在しない，公式的，非公式的な自己拘束的なメカニズムも利用することもできる。公式的な自己拘束的メカニズムの例としては，パートナー企業への資本投資等の「人質」を挙げることができる。ある企業がパートナー企業に資本投資をしたうえで相手企業に不利な契約条件を課すなどの機会主義的行動をとり，相手企業の業績が悪化すれば，自らの持ち株の価値も減少することになる。非公式的な自己拘束的なメカニズムには善意の信頼，埋め込み，評判がある。企業はこのように提携企業間において多種多様なガバナンス構造を用いることができるため，それらを巧みに使い分けることができる企業はより多くの関係的レントを獲得することができる。

　とりわけ，第三者が介在する法的契約よりも自己拘束的なメカニズムを活用することができる企業ほど取引費用を節約し，関係的レントを獲得できる可能性が高まるという。まず，自己拘束的なメカニズムを利用できる場合，セルフガバナンスが生じるために契約の締結とその履行に関する監視，再契約にかかる取引費用を節約することができる。また，環境の変化に適応するために契約書に事前に起こりうるコンティンジェンシーを網羅することは多大な時間と労力を伴うことが懸念されるが，自己拘束的なメカニズムにおいては網羅的な契約書は不要になるため，環境変化への適応コストも低減することができる。加えて，自己拘束的なメカニズムを頼ることができる場合には，提携企業間で機会主義的行動を警戒することなく，契約に明記することが困難な関係特殊的投資や暗黙的な知識の移転を促進することができる。つまり，自己拘束的なメカニズムは法的契約と比較して取引費用の節約と価値創出の点においてより優れているといえる。それゆえ，自己拘束的なメカニズムを巧みに活用することができる企業ほど関係的レントを獲得する可能性が高まるのである。

　加えて，自己拘束的なメカニズムの中でも人質などの公式的なメカニズムよ

り信頼や評判等の非公式的なメカニズムの方が，より関係的レントをもたらす可能性が高い。なぜなら，非公式的なメカニズムは公式的なメカニズムに対して限界費用と模倣困難性の点で優れているからである。まず，人質などの公式的なメカニズムを利用する際には，取引相手から機会主義的行動を選択しないと信用させるだけの資本投資等（クレジブル・コミットメント）が取引相手毎に必要になる。他方で，企業の「機会主義的行動を選択しない」という評判が企業間で共有されると，将来の他の企業との取引においても追加費用なしで用いることができる。また，人質などの公式的なメカニズムはいかなる企業も容易に採用することができるが，評判や善意に基づく信頼は長期間の複雑な社会的な相互作用を通じてのみ形成される。それゆえ，非公式的なメカニズムはより模倣困難なガバナンス構造であるといえる。かくして，提携企業間において巧みにガバナンス構造を活用できる企業ほど，とりわけ非公式的な自己拘束的なメカニズムを活用できる企業ほどより多くの関係的レントを獲得することができる可能性がある。

第3節｜戦略的提携と関係的レントの持続メカニズム

　これまでは提携企業間においていかにして関係的レントを創出するかという点に焦点を当ててきた。次に，その関係的レントをいかに持続させることができるかという点に議論を移したい。ダイアーとシン（1998）は競合他社による模倣を防ぎ，関係的レントを持続させるためのメカニズムとして4点を挙げている。以下ではそれぞれについて敷衍する。

① 組織間の資産の相互関連性
② パートナー企業の稀少性
③ 資源の不可分性
④ 制度的環境

　まず，上述の通り，関係特殊的投資は関係的レントの創出に繋がるが，それと同時に提携企業間の資産における相互関連性を高めることを通じて，将来の

追加的な関係特殊的投資も促進する。なぜなら，ある企業がパートナー企業に対して機会主義的行動をとり，提携関係が解消されれば過去の関係特殊的投資が埋没してしまうからである。そのような好循環によって関係特殊的資産が蓄積されていけば，提携企業間の資産の相互関連性が高まる。その場合，競合他社は累積的な関係特殊的投資によって形成された相互関連的な資産の「束」を直ちに模倣することは困難になるだろう。

次に，関係的レントを創出するためには，補完的な資源を保有し，企業間の協働の調整に必要なケイパビリティを保有するパートナー企業と提携関係を築き上げる必要がある。ところが，企業が保有する経営資源の異質性を前提とすると，こうした条件を満たす潜在的なパートナー企業が多数存在するわけではないということになる。それゆえ，後発企業が自社にとって望ましいパートナー企業を見つけることができても，既に他の企業と排他的な提携関係を構築しているという可能性がある。つまり，関係的レントの創出を実現させることができる潜在的なパートナー企業が稀少である場合，そのようなパートナー企業との提携関係を構築することができれば先行者優位が大きく働くだろう。

3つめに，関係的レントを持続させる資源は特異的であるとともに提携企業間において不可分であるという特徴をもつ。企業間において資源が不可分であれば，各企業が独力で同様のパフォーマンスを発揮できず提携関係を持続させることが必要になるからである。他方で，提携企業間における資源の不可分性を強めてしまうと特定の提携企業間で生じる関係的レントの持続には資するかもしれないが，提携ネットワーク外の企業との取引は困難になるかもしれない。

最後に，国ごとの制度的環境の差異（North 1990）も，関係的レントの持続に影響すると考えられる。例えば，日本の制度的環境は米国のそれと比較すると，日本の方が法的契約よりも自己拘束的なメカニズムを活用しやすいという点で有利であるという。関係的レントの実現が，特定の国や地域の制度的環境に根差している場合，他の国や地域に所在する競合企業は模倣が困難になる。

これまでの議論を要約すると，以下の理由から競合企業による模倣が困難になる場合には，関係的レントが持続されることになる（Dyer and Singh 1998, pp. 673-674）。

① 因果関係の曖昧さゆえに，いかなる経営資源が関係的レントの創出に繋がるのかを特定することができない。
② 時間圧縮の不経済のために，関係的レントの源泉を把握することができてもすぐに資源の模倣ができない。
③ 資産ストックの相互関連性や先行投資のコストによって，行動や投資を模倣できない。
④ 補完的な戦略的資源や利益を生み出す能力のある提携相手を見つけられない。
⑤ 不可分で共進化した資源であるために，アクセスが出来ない。
⑥ 機会主義をコントロールし企業の協調的行動を促す公式なルール（法的コントロール）や非公式なルール（社会的コントロール）が必要な，特殊で社会的に複雑な制度的環境を複製することができない。

第4節 | リレーショナル・ビューの要約

　本章では戦略的提携を巡る諸研究の中でも，ダイアーらが提示したリレーショナル・ビューを中心に，提携関係にある企業間が協働を通じていかにして関係的レントを創出し，それを持続させることができるかについて論じてきた。リレーショナル・ビューの特徴は以下に要約することができる（図表10-2）。

　特に，リレーショナル・ビューは資源ベース論を援用しつつも，その分析対象やそこから得られる戦略的インプリケーションにおいて違いが見られる点は強調に値する。資源ベース論はいかに単一の企業が独力で競争優位を持続させることができるのかに関心を寄せるが，リレーショナル・ビューは提携関係にある複数の企業の競争優位の構築と維持に焦点を当てる。それゆえ，資源ベース論は企業特殊的な経営資源を外部企業から秘匿することで競合企業による模倣を抑制することができると考えるが，リレーショナル・ビューでは提携企業間の知識の共有が重視される。加えて，企業間での関係特殊的投資に着目するために，資源ベース論ではあまり重要視されていない，ガバナンスのメカニズムにも関心を寄せている。

図表 10-2　リレーショナル・ビューと主流の競争戦略論の比較

	ポジショニング論	資源ベース論	リレーショナル・ビュー
分析単位	産業	企業	企業のペア／ネットワーク
競争優位の源泉	・相対的な交渉力 ・談合	・稀少な物理的資源 ・人的資源・ノウハウ ・技術的資源 ・金銭的資源 ・無形資源	・関係特殊的投資 ・企業間の知識共有ルーティン ・資源の補完性 ・効果的なガバナンス
競争優位を維持するメカニズム	・産業の参入障壁 　―政府の規制 　―生産の諸経済性／サンクコスト	・企業レベルの模倣障壁 　―資源の稀少性／知的財産権 　―因果関係の曖昧さ 　―時間圧縮の不経済 　―資産ストックの相互関連性	・提携企業ネットワークレベルの模倣障壁 　―因果関係の曖昧さ 　―時間圧縮の不経済 　―企業間の資産ストックの相互関連性 　―パートナーの稀少性 　―資源の不可分性 　―制度的環境
レントの源泉の所有者	集合的 (競合他社と)	個々の企業	集合的 (パートナー企業と)

出所：ダイアーとシン (1998), p. 674 を基に著者作成。

　最後に，リレーショナル・ビューの研究課題を示すことで本章を終えたい。リレーショナル・ビューは日本の自動車産業における系列取引，とりわけトヨタとそのサプライヤーの関係に関する事例分析から理論的枠組みの構築が図られている。それゆえ，リレーショナル・ビューがいかなる制度的な環境，産業，企業において適用できる理論的枠組みであるかどうかという点についてより精緻な経験的検証が必要であろう。

さらに進んだ学習のために……………………………………………………………

Williamson, O. E. (1996), *The Mechanisms of Governance*, Oxford University Press.（石田光男・山田健介訳『ガバナンスの機構：経済組織の学際的研究』ミネルヴァ書房，2017年。）
　　…リレーショナル・ビューの知的基盤のひとつは取引費用経済学である。本書は，関係特殊的投資に伴うホールドアップ問題，長期的な取引関係や人質を通じた取引費用の節約について議論されている（翻訳が最近出版されたため，日本語で読むことができる）。なお，リレーショナル・ビューはポジショニング論や資源ベース論にも依拠している。詳細は本書の第4章と第5章を参照されたい。

# 第 11 章
戦略転換と組織変革

第 1 節 | 戦略転換モデル

　近年, CASE (コネクテッド, 自動運転, シェアリング, 電動化) と呼ばれる技術トレンドが顕著となり, 自動車業界はグローバルな観点から戦略転換が求められている。いわゆる, 自動車の生産 (A 戦略) から自動車によるサービス (B 戦略) への戦略転換である。

図表 11-1　戦略転換

A 戦略　→ 戦略転換 →　B 戦略
〈パターン〉　〈プロセス〉　〈パターン〉

出所：著者作成。

　企業は, 存続するために, あるいは競争優位を確保するために, 環境変化に応じた戦略転換 (戦略の変化) を常に求められる。新しい戦略を策定しそれに移行する戦略転換は, 既存事業変えるだけでなく, 組織変革につながる事態でもある。そして, ひとたび戦略転換が始まると, 企業は部分的ないし全体的に変化を余儀なくされる。つまり, 企業にとって, 戦略転換は旧来とは異なる新たな慣性力を生み出す動因ともなるのである。しかし, 戦略転換が必ずしも良い成果をもたらすとは限らない。例えば, シャープ(株)が実行した家電から液晶パネル事業を軸とする事業に戦略転換したことが結果的に会社の存亡に至る事態を招いたのである。

こうした，戦略転換に関する発想は，チャイルド（Child 1972）による**戦略的選択**と似ていて，経営主体の意思決定に関わるものである。すなわち，企業経営者は環境変化に適応することが必要であるが，場合によっては，ドメインの変更を通じて環境を変えることもできる。これは発想の立場としていえば，環境決定論でなく決定主体論である。決定論と主体論との関係は，いろいろと議論のあるところだが，戦略的選択の議論においてある程度解明が試みられている。チャイルド（1997）にいわせれば，戦略的選択論は決定論の機能主義的組織論と主体論の解釈的組織論の統合を志向するものである。

戦略転換の事例として，インテルは1980年代半ばにCEOのグローブ（Andrew Grove）主導で，半導体メーカーからCPUメーカーに事業の大転換を図った。また，PC技術が発展するなかで，大型コンピュータを主導してきたIBMが1990年代後半に戦略転換を行った。しかもそれは，CEOのガースナー（Louis Gerstner）が1993年から2002年までの約10年間にわたって実現したものである。ガースナーによる戦略転換は，コンピュータの製造業からソリューション事業への転換，そして「eビジネス」に転換するという企業全体の変革を行う試みであった。

わが国でも，パナソニック（旧名松下電器）は，アナログ時代に分析型の戦略パターン（ビジネスモデルともいえる）で成果を上げていた。だが，技術のデジタル化進展に適応するため企業変革を余儀なくされ，戦略パターンも探索型に変った。富士フィルムは，デジタルカメラが普及してフィルム市場の急減に直面する以前から，デジタル化時代における企業のあり方を模索していた。そのことが功を奏して，21世紀に入りライバル企業のコダックが低迷・会社更生を余儀なくされるなかで，デジタル技術主導の会社へと戦略転換を実現し，デジタル技術を活かした企業への変革を果たしている。このように，戦略転換の事例は事欠かない。

戦略転換は，既存の市場や技術をベースとした戦略から，全く新しい技術や市場を志向した戦略に変えることまで範囲が広い。そのため，戦略転換についての研究は，いろいろな角度からなされて多様であるが，それらを比較すると次のような共通した特徴を見いだすことができる。すなわち，組織と環境の適合パターンを環境変化（時間の経過）に応じて新たなものにしていくことであ

る。しかも，戦略を新たなものに変えていく現象だと見なすと，戦略の転換プロセスは合理性アプローチ，学習アプローチ，認知アプローチによるモデルに大別できる（Rajagoplan and Spreitzer 1996）。

1．合理性アプローチによる合理モデル

合理性アプローチは，戦略転換の現象を理解するために，戦略の変化が環境変化に即して合理的に行われると想定するものである。すなわち，新規の戦略作りのプロセスは，経営主体がSWOT分析などを通じて，合理的に進められるのである。この捉え方は，戦略の構成要素に着目するという点から機能主義的性格をもつものであり，経営主体の認知と行為スタイルがモデルに組み込まれず，戦略転換の要因の把握が十分とはいえない。

実際は，環境が絶えず変化するなかで，大半の企業が生き残りのため合理的な戦略転換を模索していることが推測される。規制緩和の進展により競争が激化すれば，寡占状況と同じやり方が通用しない。例えば，航空業界における規制緩和の流れによって，LLCという格安航空会社の新規参入による競争激化とともに，既存の大手航空会社は戦略転換を余儀なくされた。規制緩和が進展することによって，防衛的で，効率性重視の戦略行動をとっていた企業も，先取り的で，革新的な戦略行動をとらざるを得ない。

しかし，長期的に見ると，逆説的だが規制緩和は戦略転換の可能性をなくす傾向にある（Kelly and Amburgey 1991）。なぜなら，規制緩和が進展すればするほど，次々と戦略転換が行われ，もはやこれ以上不可能といった戦略の見直しまですることになり，むしろ規制緩和に応じた戦略転換を制約するようになるからである。

このように，戦略転換を機能的合理性の追求という観点で捉える合理モデルは，現実の戦略現象を見るのに理に適った見方といえる。だが，戦略転換と成果との関係については必ずしもプラスになるとは限らない。マイナスになる場合もある。こうした相違が起こるのは，合理モデル自体の欠陥ではなく，戦略転換の中身が，特定の経営資源の充実から方向性の転換など，一貫性のない捉え方や操作化がされているからである。また，環境ないし組織を捉える変数と戦略変化と相互作用が十分把握し切れていないからである（Rajagoplan and

Spreitzer 1996)。要するに，戦略転換の合理モデルでは，転換の失敗がなぜ起こるのかを説明できないのである。

2. 学習アプローチによる学習モデル

 戦略転換の学習アプローチは，経営主体が環境の動きと組織の対応を逐次精査・学習していくプロセスに焦点おき，その反復性を反映したモデルが構築される。このモデルは基本的に，合理モデルで欠けていた経営主体の学習行為を重視し，戦略転換の現象を学習プロセスの観点から解明することを意図したものである。

 学習モデルの特徴は，戦略転換が，①経営主体による環境や組織条件の変更ばかりでなく，戦略内容の変更も含んだものとして全体的に捉えられる，②環境や組織のコンテクストが，合理モデルのように機能的に決定されるのでなく，不透明で固定しないものとみなされる，そして，③経営主体が経験から学習することを重視し，反復的なプロセスと捉えられる。

 しかも，学習モデルの利点は，第1に，経営主体の観点から，戦略転換についてプロセス的な説明を十分可能にしている点，第2に，戦略転換を全体論的な観点から捉えることによって，環境，組織，戦略の相互関係を明らかにしている点，そして第3に，経営主体が戦略転換の進行中にいかにして学習するかを明らかにする点である（Rajagoplan and Spreitzer 1996）。

 しかしこのモデルにも限界がある。それは，経営主体の行為と戦略転換の関係を概念枠組みとして識別していないところである。また方法論の観点からいっても，一般化が容易でないこと，定性的分析が困難であること，非経済的成果の扱いが定式化できないことなど，欠点がいくつかある。

3. 認知アプローチによる認知モデル

 これは，戦略転換のプロセスを経営主体の認知ベースに読み解こうとするモデルで，経営主体の行為に影響する認知メカニズムを強調したものである。経営主体の認知プロセスは，蓄積された知識，コアな信念，因果マップ，といったように認知枠組みを構成する要素から捉えられるが，とりわけ，**環境のイナクトメント**（創造）を通じた解釈プロセスが強調される。すなわち，経営主体

の経験や価値観を反映する認知枠組みによるドメイン設定のように，環境は主観的に設定・解釈されたものとして扱われる。

しかし，経営主体の認知と行為を基軸とする認知モデルでは，彼らの認知プロセスが所与の組織と環境のコンテクストに対して客観的に妥当かどうかについてはほとんど注意が払われない。認知モデルで問われるべきは，戦略転換を説明する説明変数と目的変数をどのように捉えるかである。例えば，説明変数としてマーケットシェア低下や技術革新，目的変数として探索型や分析型の戦略パターンを想定することである。

合理モデルをはじめ，これら3つの戦略転換モデルを相対的に評価すれば，合理モデルや学習モデルの欠点を踏まえて登場した認知モデルがより説明力が高いといえる。それは，経営主体の認知メカニズムに着目し，プロセスとしての学習モデルの利点を踏襲しており，戦略転換の定性的分析の困難さといった欠点を克服しようとしたモデルだからである。

しかしながら，認知モデルにおいても，方法論的な欠陥がないとはいえない。それはまず，認知と行為を戦略内容の変更と連動したものとして区分できていない点である。また，経営者の内省的意味づけや，主観的側面に頼りすぎることから，経営主体の認知バイアス，記憶違いといった内省的データが含まれてしまう点である。経済的成果をあげた場合の戦略転換プロセスの解明を行なおうとする際に，経営主体間で異なった認知プロセスと行為があるために，経営主体の役割行使が正当化されないのである（Rajagoplan and Spreitzer 1996）。

経営主体の役割行使の正当性は，近年流行のコーポレート・ガバナンスが有効に機能すれば高まるはずだし，株主を含むステークホルダーからの支持が得られる場合は万全であろう。

4．戦略転換の統合モデル

戦略転換の現象は，以上のように多面的に説明することができる。しかし，各説明モデルに不十分な点があり，戦略転換モデルとしては帯に短し，襷に長しである。そこで提案されるのが，これら3つのモデルをベースとした統合モデルである。

図表 11-2 戦略転換の統合モデル

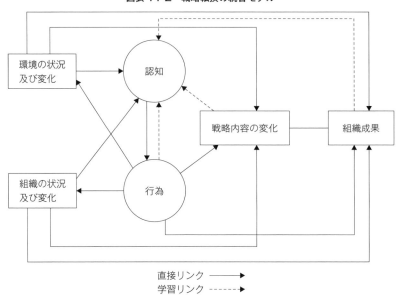

出所：ラジャゴプランとスプライザー（1996），p. 70，一部省略。

　戦略転換の統合モデルの特徴は，組織内外の変化とともに，戦略の変化とその成果の関係をロジカルにより現実的に説明しているところにある。

　合理モデルでは，業績不振の理由や業績向上するための方策が説明できない。また学習モデルや認知モデルでは，経営主体の認知と行為による戦略の変化との関係が理論的に整理されていない。このため，学習モデルと認知モデルの記述的妥当性と規範的有用性が疑わしい。そこで求められるのは，認知・行為と戦略転換の関係を理論的に明らかにするモデルである。両者の関係を説明できるモデルならば，使える実践的な統合モデルといえるのである。

　さらに，学習モデルと認知モデルでは，組織や環境のコンテクストが実際には戦略転換に直接作用しているという点がほとんど考慮されていない。この点を克服できるよう，学習／認知モデルを組み込めるかどうかが統合モデルのポイントとみなされる。

　以上のような特徴をもつ統合モデルだが，戦略転換の進み具合と成果の連動については，環境や組織とどのような関わりがあるか不明確である。統合モ

デルといえど，戦略転換の問題がすべて解明できるわけではない。だが，ますます多様化・複雑化している戦略転換という現象について説明するための第一歩のモデルとしては有用である。

第2節 | 戦略転換がもたらす組織変革

　戦略転換の問題は，戦略内容の変化を中心に語られてきたといえるが，そこには暗黙にチャンドラー（1962）による「組織は戦略に従う」という命題が前提とされている。そのため，戦略転換によってもたらされる組織の変革が問題となる。だが従来，組織変革は決定論の視点で組織の環境適応論や組織デザイン論として扱われており，戦略転換との関わりはほとんど議論の俎上に上ってこなかった。

　戦略転換と組織変革との関係は，どのように捉えたらいいのだろうか。ある状態から他の状態への変化という点では，両者とも同じだと考えられる。そのため，まずは概念的に両者が異なっているか，部分的に一致しているか，という観点から検討する必要があろう。もし両者が完全に分離しているならば，それぞれ独自のロジックで動くものとして捉えることが可能である。しかし，「売り上げ志向から利益志向」へという戦略転換による営業部の再編や，「技術志向からマーケット志向」への戦略転換による人員の再配置という例から想定できるように，戦略転換の実現は組織がそれに対応できるかどうかに依存している。それゆえ，組織が戦略転換の実現に応じられない場合，組織の変革が先に必要となり，戦略転換と組織変革は変革内容の一部を重複することになる。戦略転換が影響するのは組織のどの部分か，影響しないのはどこかなど，組織活動としてみれば両者は一部重複しているところがあるといえるのである。

　とはいえ，組織の有する既存の枠組みを変えるような大幅な戦略転換となると，両者の関係は別次元のものと考えることが必要である。なぜなら，既存の組織システムを変えない戦略転換と組織システムの変革では次元が異なるからである。その場合また，戦略転換と組織変革を同時にできないからである。

　戦略転換は必ずしも大きな組織変革を伴うわけではない。ドメインを深掘りする戦略への転換は，既存の組織システムみの強化を伴うとはいえ，組織再編

には至らないのである。戦略転換に影響される組織変革の部分をここでは**戦略的組織変革**と名づけることにする。それは，この部分が戦略転換のうちでも組織変革を伴うものであり，単なる戦略の転換だけで終わるものと異なるからである。したがって戦略的組織変革は，「**環境変化に対応して組織が競争優位性を確保するために必要な戦略と組織の変革を同時に行うもの**」といえよう。

こうした戦略的組織変革を含む組織変革については，戦略転換と同じくいろいろな角度から分析がなされている。それらを整理する仕方は，分析レベルの違いや，方法論の違いなどによっていろいろと可能であるが，基本的には戦略転換の場合と同じように内容論とプロセス論に大別できる。内容論としては，変革の対象，規模，形態，類型などについて議論が可能である。またプロセス論としては，学習，継続性，パラドックスなどに関連させた議論がされる。

特に戦略的組織変革を特徴付ける内容として取り上げられるのは，組織の将来のあるべき姿を戦略的に模索（戦略構想）する進化的変革，環境変化の影響を受けて事後的に適応する適応的変革や反応的変革がある（Nadler and Tushman 1995）。また，戦略的組織変革のプロセス論としては，組織学習論と関連させた議論（Lant and Mezias 1992）や，認知不協和論と組織ポリティクス論と関連させた議論（Bacharach, Bamberger and Sonnenstuhl 1997），変革のパラドックスに着目した議論（大月 2005）など数多くなされている。

戦略的組織変革の実践例としてみると，ソニーによるカンパニー制の導入から再編に至る一連の行動が好例である。カンパニー制は，ソニーがエレクトロニクス事業の枠組みを変えることを目指して，1994年4月に導入した新しい組織形態であった。それは，従来の肥大化した事業本部制組織（19事業本部と8営業本部）を8つのカンパニーに再編し，経営陣のなかから任命された8名のプレジデントに各カンパニーの事業を全面的に任せるものであった。そしてこの制度は，各カンパニーに事業成果を競い合わせてソニー全体の業績を向上させるために，次のような改革を伴うものであった（寺本 1997, 192-193頁）。

・「開発・製造・販売」一体の市場対応型組織への移行
・独立採算制の徹底とプレジデントの事業責任明確化及び権限の大幅委譲

・R&D 体制の再編・強化
・約 580 あった「部」以上の職階組織を 450 に圧縮・削減

　しかしながら，こうしたソニーによる独自のカンパニー制も，次第に，変革に伴う組織の問題点が明らかになり，導入後わずか 2 年で修正されることになった。その問題点とは，①定型業務で忙しいカンパニーに中長期の戦略策定まで求めることに無理があった点，②各カンパニーの独自の戦略を全社的な観点から調整できず，投資等で無駄な重複が見られることになった点，そして③カンパニー間の規模の差が大きすぎて，カンパニー間での競争という社内活性化にはいたらなかった点である。
　そこでソニーは，全社的な IT (Information Technology) の活用という観点から，96 年 4 月に「新しいカンパニー制」を導入した。その内容は，従来の最大規模を誇った「コンスーマ AV・カンパニー」を新設の 3 カンパニーに分けるとともに，類似業務を行うカンパニーの統合，さらに IT 事業の柱となる「IT カンパニー」の創出など，既存の 8 カンパニーを 10 カンパニーに再編したものだった。しかも，新たに「エグゼクティブボード」を設置し，本社機能の強化も図られた。
　既にソニーには，最高意思決定機関として，CEO を含む副社長以下 7 人の取締役で構成される「経営会議」があったが，さらにエグゼクティブボードというトップマネジメント会議体を設置したのは，全社的視点からガバナンス機能を強化して，カンパニー間にまたがる経営課題に迅速に対応するためであった。
　ソニーの「新しいカンパニー制」ではさらに，マーケティング機能を強化するために，9 カンパニーの内部組織であった販売部門を分離して全社的に組織統合し，本社部門として一元管理することにした。したがって，「新しいカンパニー制」の基本的性格は，カンパニーの規模を小さくし，戦略の策定を担当する本社と事業責任を負うカンパニーの役割を明確に分けて戦略の策定と実行を実質的に区分けしたことである。
　戦略の策定と実施を区分すべきかどうかは，論者によって意見が異なるところであり，ソニーによるカンパニー制の導入・再編は，戦略の策定・実施を分

離すべきか一元化すべきかの試行錯誤の表れであった。当初は，各カンパニーに戦略の策定・実施を任せていたが，新しいカンパニー制では戦略の策定は本社で，実行はカンパニーでというように分離させた形態に戻っている。

　理論的にいえば，戦略の策定・実施の分離は分析的戦略論の主張するところであり，創発性を発揮することを期待しない。創発戦略を活かすには，組織として戦略の策定・実施を分離せずに，意図した戦略と創発戦略が同時的（ないし通時的）に実現できるようなコントロール・メカニズムが必要である。

　この点で，当時のソニーによる新しいカンパニー制は，効率性重視の伝統的な組織形態に後戻りしてしまった観が強かった。そのため，ソニーの戦略的組織変革はこれで留まることなく，1999年4月には，ソニーグループ全体の再編に至っている。それは，**持ち株会社**形態による新組織構造の模索であり，上場企業を完全子会社化するなど，カンパニー制の枠組みをはるかに超えたものになった。ソニーにとって，革新的な発想が戦略に生かされ，それが実現されるメカニズム構築が最大の関心事であり，環境が変化するという前提の下では，その戦略的組織変革を続けることは企業文化になっているのである。

　ソニーの事例で明らかなように，戦略転換に伴う組織変革は，組織の全体像をどうするかがポイントになる。その際に有用な発想がアーキタイプ論（Greenwood and Hinings 1993）やコンフィギュレーション論（Miller 1996；Dyck 1997）である。アーキタイプとコンフィギュレーションは，その名称が異なるとはいえ，全体論的発想をベースとしている点，そして組織の価値観や信念等をも含んだ概念として組織の類型論[1]（typologies）を志向している点で共通している。これらの概念を用いると，時間軸を取り込んだ変革のパターンが，例えば，コンフィギュレーションAからBへの転換として把握できるのである。

---

1) 類型論（typology）は，概念的に演繹されたものであり，その一例としてマイルズとスノー（1978）による戦略行動パターン（防衛型，分析型，探索型，反応型）が挙げられる。また類型論に類似したコンセプトとして，経験的に帰納された区分論（taxonomy）があるが，例えば，戦略形成パターンの区分などその一例である。

第3節 | 定期性とイベント基盤による戦略転換

　ブラウンとアイゼンハート（Brown and Eisenhardt 1997 ; 1998）は，変革を連続的に行うという観点から，変革が困難とされる状況を分析している。そして，困難な状況の対処法として，競争の激しい分野に着目し，そこで有効な戦略の策定と実施がなされるモデルを提示している。それは，ライバルが多く環境も急変する状況に対して，競争優位性を絶えず創出していく戦略変換である。環境変化に対して優れた業績を持続的に生み出す原動力となるのは変化に対応する変革能力であり，それを発揮できるための戦略転換が必要なのである。

　ブラウンとアイゼンハート（1998）が競争の激しいコンピュータ業界の分析から抽出した環境適応に成功する要素は，即興性（improvisation），共適応（coadaptation），再生（regeneration），実験（experimentation），定期性（time pacing）である。そしてこのなかでも時間調整が他の要素の核として重要であることが指摘されている。

　主体論的立場からでてくる時間区分というコンセプトは，戦略転換モデルの構築に新たな視点を与えてくれる。しかもそれは，環境が激変する状況に対応する連続的な戦略転換を行う手段として有効なのである。なぜなら，それによって不規則な環境変化の中において，設定された時期を目標に，連続的（漸進的）な戦略変換を実現するのに役立つからである

　戦略転換は，外部環境の変化に対応するためのものだけでなく，競争劣位になればそれを回復するためにも必要である。しかし時宜にかなった戦略転換を実現・成功させるのは容易でない。ガーシック（Gersick 1994）は，戦略転換を成功させた事例分析を通して，成功に共通する特徴として，定期性（temporary pacing/time pacing）とイベント基盤の区分け（event-based pacing）を指摘している。

1．定期性による戦略転換

　定期性による戦略転換は，定期的に新しい製品やサービスを創出すること

や，新規市場に参入することを意味する。したがってそれは，規則的で，リズミカルで，しかも先見的に行う戦略といえる。例えば，3M が毎年，収入の 30％を新製品から挙げることを至上命令として実行している点，英国航空が5年ごとにサービスの等級を改めている点である。またスターバック・コーヒーは，90 年代に，毎年 300 店舗を開設して 2000 年までに 2000 カ所の拠点を作ることを目標に，世界最大のコーヒー・チェーンとして成長を果たした。ニトリも同様に，かなり大胆に 2022 年に 1000 店舗，2032 年に 2000 店舗，2032 年に 3000 店舗といった将来ビジョンを設定し，国内最大のファニシング企業に成長を果たしている。

とはいえ，いかなる組織においても定期的に戦略転換を実現できるとは限らない。定期的に戦略転換が可能となるのは，組織メンバーが定期性を重要だと感じている場合，組織メンバーが自己の行為をコントロールできる場合，目標へ到達するプロセスが部分的に不確定な場合である (Gersick 1994)。したがって，定期性による戦略転換は組織に絶えず緊張感をもたらすことになるが，それは，ある戦略パターンから別の戦略パターンへの移行プロセスを順調に進めるため，戦略変換プロセスのマネジメントを必要とするものでもある。もっとも，条件が整って時間区分調整が行われる組織では，定期的に戦略転換が起こり，戦略的転換の実現も時間区分に則るようになる。

戦略転換の定期性というコンセプトは，実践的な意義をもつとともに，組織が危機回避という重大な転換点において，創発的な変革を連続的に行えることを示唆している点で優れたものである。しかし，その最大の欠点は，実質的に重要な目標の達成が定期性による時間の制約によって戦略転換が実現されない可能性である。

2．イベント基盤の調整による戦略転換

イベント基盤による戦略転換（何かに反応してから行う）は，特定のできごとに反応して戦略を見直す行動といえる。具体的にいえば，競合他社の動向，技術の変化，財務業績の変動，顧客の新規需要，規制緩和などに応じて戦略の見なし実現を行うことである。例えば，映像技術の革新から新製品を創り出すこと，また競合他社の海外市場進出に応じて新規市場に進出することも該当す

る。したがって，安定した市場環境のもとでは，イベント基盤の戦略転換は便宜的かつ変化への有効な対処法といえるが，何かに反応してから行動するという点で不安定な戦略ともいえる（Eisenhardt and Brown 1998）。

イベント基盤の戦略転換を実現するには，①戦略の成功要因を確保できること，②特定のイベントの起因をコントロールできないこと，が前提となる（Gersick 1994）。これは，組織のメンバーが設定された時間の厳守より成果を生み出すことに重きを置くことを意味している。組織の発展に影響を与えるようなイベントの出現を予測することは難しいため，できるだけそれを予測できるようにすることが必要である。そして，戦略転換を考える場合，定期性よりむしろ継続的なモニタリングやフィードバックが必要である。

実際，行動のタイミング（何をいつすべきか）は専門家の専決事項であるため，イベント基盤の発想は従来から組織の環境適応行動の類型に該当するともいえる。しかし，イベント基盤の発想がラディカルな戦略転換を実現できる組織能力にどのような影響を及ぼすかは不明である。この点を明らかにすることが，イベント基盤による戦略転換の有効性を明らかにするための課題である。

イベント基盤という発想の持つ利点は，戦略転換における環境適応の可能性が大きいことにある。そして，期待イベントに対応する戦略転換の場合，それが成功するまで選択した戦略が変更なく推し進められるため，組織に安定性が確保される点である。これは仕事の安定性を意味し，組織メンバーの定着率に影響を及ぼすといえる。しかしこの場合の欠点は，意思決定者が計画通りということに囚われすぎて，漸進的な戦略転換しかできなくなることである。しかも，リスクを長期間コストのかかる非生産的なものとして抱えてしまうことも欠点である。

ガーシック（1994）は，組織内において，時間厳守が優先されるならば定期性が採用され，成果が優先されるならばイベント基盤の戦略転換が採用される，という仮説的見解を提示している。しかし，時間の制約と成果の両方がともに組織にとって重要と見なされる場合に起こる両者の緊張関係は問題となる。この場合，定期性とイベント基盤の両者を合体させようとする意識，知識，技術の共有がなければ，緊張関係の解決はうまくいかないはずである。この点に関連してヴァン・デヴァンとプール（Van de Ven and Poole 1995）

は，現実的な製品開発の時間割と予想収益の確保において，マネジャーと投資家の間にかなりのコンフリクトが生ずることを明らかにしている。マネジャーにとって製品開発をスムーズに行うことは，利益確保のためにも優先される事項であるが，投資家にとっては利益のみが関心事なのである。

　戦略転換に伴う新しい戦略の実現をどのように果たすかについて，以上のいずれの考え方も，継続的に組織変革がなされる体制の必要性を示唆している。一定の組織体制が持続すればするほど，慣性力が増し，それだけ組織の抜本的な変革は難しくなる。それゆえ，それを回避するためにも，常に戦略転換が可能な体制が求められるのである。したがって，環境変化が急激なものであろうと漸進的なものであろうと，それに対して対処できる戦略転換とはどのようなものであろうか，そして，それを実現する組織はどのようなもので，どのように実現すべきなのか，これらの点が今日の多くの組織にとって，戦略転換の課題なのである。

第4節 ｜ 競争優位性を確保する戦略転換と組織変革

　急激に変化するグローバル・マーケットにおいて，競争上優位に立とうとする企業組織は，明らかに矛盾する特質を同時に展開しなければならない。すなわち，組織は，一方で競争上の脅威に素早く対応するために柔軟的でなければならないが，他方，組織の利点をベースに成長・発展するために効率性の観点から安定的でなければならない。マグレイス（McGrath 2013）が指摘するように，企業組織は，環境適応に求められる素早さがもたらす**俊敏性のパラドックス**（agility paradox）に直面せざるを得ないのである。

　従来，多くの組織は俊敏性のパラドックスを階層的なシステムの構築によって回避できるとみなしてきた。つまり，製造や販売といった機能に特化した情報の垂直的な流れを安定的に確保し，変化のスピードに対して機能的対応が素早くできるようにしてきたのである。しかし階層的なシステムでは，同業他社との差異はほとんどないため，競争優位性を確保することが不十分である。そこで水平的な情報の流れの観点から，機能横断的な構造によって柔軟性を確保するとともに，経営上の知識を組織内に広く浸透させるシステムによって安定

性を確保しようとする新しい組織形態が模索され始めた。

　そうした流れのなかで90年代に入り，環境の変化率が高まるにつれ，階層性を特徴とする伝統的な組織形態に代わる革新的な組織形態が多くの産業で提案された。そして，革新的な組織形態がいろいろ提示されてきたが，それらの間で共通して指摘されるのは，構造よりプロセス志向で組織化されたものである。これは，機能主義的組織論に対する解釈主義的組織論の登場と軌を一にする動きであり，組織プロセスが競争上のパフォーマンスを持続的に確保する重要な役割を果たしていることが想定される。

　例えばオスボーン（Osborn 1998）は，組織が環境適応するプロセスに着目して，**競争的適応**（competitive adaptation）というコンセプトを提起し，環境変化にダイナミックに適応する戦略転換に伴う組織変革のパターンを描いている。そして競争的適応は，多様な組織形態，すなわち，M&A，戦略的提携，カンパニー制，分社化などに内在する敏性のパラドックスを解消する手段と見なされる（図表11-3）。

　競争的適応のプロセスは，事業変化のダイナミックスを監視し，競争上の脅威に対応する新しい戦略策定を識別し，そうした戦略を効果的に実行する組織システムのあり方を明らかにしている。それゆえ，競争的適応の図式は，戦略創出，マネジメント・コントロール・システム開発を構成要素として，戦略，構造，組織パフォーマンスを結びつけるプロセスを明示している。

　競争的適応というコンセプトは，マーケット志向が強く求められる競争変化とエンジニアリング志向を重視することになる技術変化の相互作用を含んでいる。そのため，このコンセプトは，これまでに十分に解明されなかった組織における複雑性問題の所在について示唆に富んでいる。例えば，競争優位性を確保するために新構造を採用する組織は，想定外の経済的変化と技術変化に直面した場合，複雑な行動をとらざるを得なくなる。また，マーケットの発展と技術の発展が予想を越えたものになる場合，組織の問題は更に複雑化する。組織は複雑になると，コントロール可能なものと可能でないものの区別が曖昧になるため，対処すべき問題自体が捉えにくくなる。

　競争的適応の分析枠組みは，戦略の焦点とコントロールの焦点の相互関係から提示される。戦略の焦点は，競争上の問題か技術的問題かで異なり，また，

コントロールの焦点は内部か外部かで異なる。それゆえ，戦略次元とコントロール次元の組み合わせで，競争的適応の方策が識別されるのである。マーケットの変化は，企業組織にとって競争上の問題に対応する外部適応策であり，組織変革は，企業の競争に対する内部対応策である。そして，情報システムの変革は，組織内の新しいシステム構築を意味し，技術変化は組織外部でおこる技術発展に対応する方策である。

図表 11-3　競争的適応

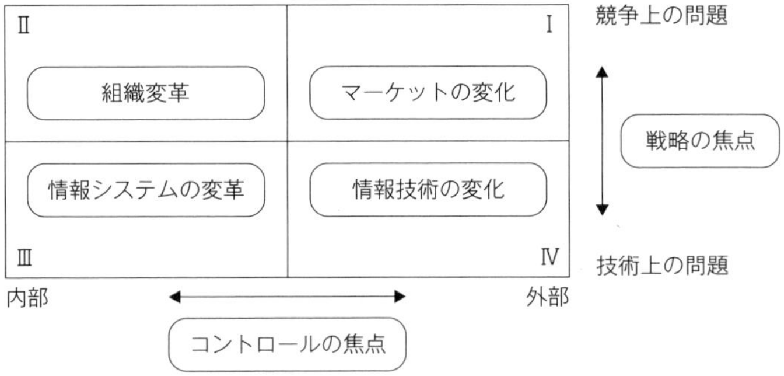

	II	I	
	組織変革	マーケットの変化	競争上の問題
	情報システムの変革	情報技術の変化	戦略の焦点
	III	IV	技術上の問題
	内部 ←→ 外部		

コントロールの焦点

出所：オスボーン（1998），p. 485。

　このような競争的適応モデルは，環境変化に対する組織の対応策，すなわち戦略的選択策がいくつかあることをロジカルに明らかにしている。また，別の観点からいえば，市場競争の変化，戦略的対応，それを支える情報システム，そしてそのデザインに用いられる情報技術等の相互関係が明示されるものである。したがってこの枠組みは，競争優位を確保するための戦略転換とそれを実現する組織コントロールのあり方，及びその相互関係を明らかにしている点に特色があるといえよう。

　戦略転換は，新しい戦略策定とその実施を意味するものであり，実施段階で組織のあり方との関係が問われる。そこで，もし組織が新しい戦略の実現にそぐわないものだとすると，戦略は絵に描いた餅に過ぎなくなってしまう。それを回避するために，戦略転換による組織の変革が戦略的変革として求められるのである。

さらに進んだ学習のために

沼上幹 (2016),『ゼロからの経営戦略』ミネルヴァ書房。
　…経営資源の見直しといった戦略転換の主要なテーマに合致する事例を通して,戦略に関する概念とフレームワークが使えることを実感させてくれる。
沼上幹他 (2018),『一橋 MBA ケースブック：戦略転換編』東洋経済新報社。
　…成功した戦略転換の現象を対象に,経営資源分析や業界構造分析といった分析フレームワークを実際に使ってみて,それが実践的に有効であることを例証している。
W・チャン・キム,R・モボルニュ／入山章栄監訳 (2015),『新版　ブルー・オーシャン戦略』ダイヤモンド社。
　…競争の激しいレッドオーシャンでの既存の戦略を見直す際に,競争の激しくないブルー・オーシャンを目指す戦略を立てることが可能であることを明らかにした世界的なベストセラー本。事例が豊富で納得感がある。

第12章
戦略の策定と形成

　本章では，経営戦略の策定と形成について検討を行う。この章における基本的な問いは「企業において経営戦略はどのように作られ実行されるのか？」ということになるだろう。本章ではこの問いに関連して経営戦略論で議論されてきた内容を，議論の前提と合わせて検討していく。ここまでの章では，企業を取り巻く経営環境や企業の経営資源・組織能力の分析，ならびに全社的な企業の意思決定に関する考え方などについて検討を行ってきた。そこでは，企業全体や各事業部門が戦略的な行動をとるための指針について考えてきたといえる。これに対して，本章や次章では企業で経営戦略が作られる場面やそれを実行に移す場面に視点を移し，経営戦略を作り実行する場面で考慮される点について検討を行っていく。まず本章では，経営戦略の策定に関する議論の特徴，前提，ならびに課題を検討したのち，経営戦略の形成に関する議論の検討を行う。

　ところで，既に経営戦略論の書籍を手に取ったことがある方であれば，「経営戦略の策定」と「経営戦略の形成」というどちらの言葉も目にしたことがあるかもしれない。経営戦略の策定と形成というこの2つの言葉はどちらも経営戦略を作り上げることに関連する言葉であり一見すると意味も似ているように思われるかもしれないが，この2つには意味の違いがある。以下では，経営戦略の「策定」と「形成」にはどのような違いが含意されているかについても触れながら検討を行っていく。

第1節 | 経営戦略の策定

　経営戦略をいかに作るのかについては，1960年代に経営戦略論が確立されてきた当時から議論されてきたテーマでもあった。経営戦略論の創始者のひとりでもあるアンゾフに従えば，そもそも経営戦略論は，彼が「部分的無知」と呼んだような企業を取り巻く経営環境の変化に対して，企業が対処するための考え方を提供するべく確立されたものであった（占部・中橋 1968）。経営戦略論は，それまでの安定的な環境を前提としたものではなく，環境の見通しにくさを前提として，ともすると経営者の経験と勘に頼って行ってしまいそうな戦略的意思決定を支援することがひとつの目的とされた。アンゾフは，経営戦略を「部分的無知の状況における意思決定ルール」として定義し，この意思決定ルールを開発することが経営戦略論の主要なミッションと考えたが，彼以降は経営戦略を精緻に策定することに力が注がれていった。以下では，代表的な経営戦略の策定プロセスについて紹介し，この考え方の前提や課題・限界について検討を行っていく。

1．経営戦略策定プロセス

　経営戦略の策定については主に戦略プランニング（strategic planning）に関する研究の中で行われてきた。経営戦略策定プロセスは以下の7つのステップが含まれている（Hofer and Schendel 1978）。

① 現在の戦略の識別：その組織の現在の戦略と戦略構成要素の評価
② 環境分析：その組織の直面する主な機会と脅威を発見するための特定の競争環境とより一般的な環境の評価
③ 資源分析：次のステップで示された戦略ギャップを縮小するのに利用することのできる主要スキルと資源の評価
④ ギャップ分析：どの程度現在の戦略に変更が必要なのかを決めるため，環境における機械と脅威に照らしてその組織の目標，戦略，資源を比較すること

⑤ 戦略代替案の案出：新戦略が盛り込まれている戦略オプションの案出
⑥ 戦略オプションの評価：株主，経営者層，その他の利害関係者の価値と目標，利用可能な資源やこれらを最善に満たすような代替案を識別するため，現在の環境の機会と脅威という観点から戦略オプションを評価すること
⑦ 戦略選択：戦略の実施の立場から行う，ひとつまたはそれ以上の戦略オプションの選択

このうち，④のギャップ分析については明示的なステップとして識別されていることはあまりないが，代表的な経営戦略策定プロセスも上記の7つのステップが含まれているといえる。このような経営戦略策定の源流のひとつが，経営戦略論のパイオニアのひとりであるK.アンドリュースが示した経営戦略策定プロセスである。下記の図表12-1は1971年に出版した書籍の中で示された経営戦略策定のプロセスモデルを図示したものである。

図表12-1 アンドリュースによる経営戦略策定プロセス

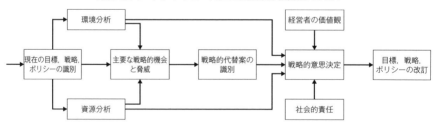

出所：ホッファーとシェンデル（1978），翻訳書，55頁を加筆修正。

上の図表からも分かるように，アンドリュースは現在の戦略の評価を行ったうえで，環境分析，資源分析に基づいて戦略オプションを立案し，そこから戦略を選択するという経営戦略策定プロセスのプロトタイプというべきモデルを示した。

またアンドリュースは，上記の経営戦略策定プロセスを示すだけではなく，環境の機会と脅威の分析，ならびに経営資源の強みと弱みの分析を踏まえて，これらの適合関係から戦略オプションを案出するというSWOT分析の方法を

提示している（詳細は第2章を参照）。アンドリュースは個々の環境分析や資源の分析についてそれ以上詳細には検討を行わなかったが，これ以降の経営戦略策定プロセスは，このアンドリュースが示したプロセスを下敷きにしつつこのプロセスをより精緻化するという方向で検討が進んでいく。

その代表的枠組みが PPM や GE が開発した戦略的事業計画グリッドをはじめとするポートフォリオマネジメントである。この枠組みは多角化が進み，複数の事業領域に進出している企業の資源配分を主要な課題としているが，この課題を検討するために自社の各事業領域（SBU）が活動している環境の分析を徹底的に行ったうえで，自社の資源配分のパターンとして企業全体，ならびに各事業領域での戦略オプションを示すものである。

また，環境の分析では，自社の競争環境を分析するためにポーターが提示した業界構造分析（five forces model）や，より一般的な環境分析として，政治的状況，経済的状況，社会的状況，技術的状況，さらには自然環境の状況や法律的状況を分析する PEST（EL）分析，また経営資源の分析ではバーニー（J. B. Barney）が提示した VRIO 分析といった考え方を経営戦略策定のための分析ツールとして利用することで，環境の脅威と機会，自社の強みや弱みをより詳細に分析することが可能となるだろう。このように，経営戦略の策定に関する議論は，それまでトップマネジメントの経験と勘に頼ってきた経営戦略の策定を具体的な手続きとして公式化しようとした。これにより，企業で行われてきた戦略的意思決定を議論の対象とすることが可能となり，環境と自社の資源のより正確な分析を通じて，論理的に正しい経営戦略の策定が目指されるようになった。しかし，1980年代以降この経営戦略の策定の議論はさまざまな方面から限界が指摘されることになる。

以下では，個々の分析ツールではなく，1960年代から展開されてきた経営戦略策定プロセスが持っていた前提と課題について検討を進めていく。

2．経営戦略策定の前提

戦略プランニングに関する研究で行われてきた経営戦略の策定に関する議論には以下の3つの前提が置かれていたといえる。また，経営戦略の策定が持つ課題はこの前提に基づいてもいる。以下ではそれぞれの前提を検討したうえ

で，経営戦略の策定が持つ課題について議論していこう。

前提①：経営戦略の策定と実行の分離
　戦略プランニング研究で行われてきた経営戦略の策定の議論では，経営戦略の策定と経営戦略の実行が分けて議論されている。また，この前提はこれと密接に関連する経営戦略の策定者と実行者の分離という前提も含意する。この経営戦略の策定と実行，経営戦略の策定者と実行者を分けて考えるという前提で議論が行われてきた背景には，トップマネジメントが行う役割とそれ以外の組織メンバーの役割とを分けるという目的があった。ではなぜトップマネジメントとそれ以外のメンバーの役割を分ける必要があったのだろうか。この点について以下ではアンゾフが行っている議論に基づいて検討を進めていこう。
　アンゾフはトップマネジメントが日常的に行っている意思決定を，「業務的意思決定」「管理的意思決定」「戦略的意思決定」の3タイプに分類している（詳しくは図表12-2 を参照）。業務的意思決定は，「現行の業務の収益性を最大にすること」（Ansoff 1965，翻訳書，6頁）を目的とする意思決定である。次に，管理的意思決定は「最大の業績能力を生み出すように企業の資源を組織化する」（Ansoff 1965，翻訳書，8頁）という問題に関する意思決定である。これに対し，戦略的意思決定は，「主として企業の内部問題よりもむしろ外部問題に関係のあるもの」（Ansoff 1965，翻訳書，6頁）であり，具体的には，企業が現在どんな業種であり，将来どのような業種に進出すべきかに関する問題を決める意思決定である。この戦略的意思決定は部分的無知の下で行われる意思決定である。
　ここで重要なのは，図表12-2 にあるように，「戦略的意思決定」が自然発生的な性質のものではなく，自動的にトップマネジメントの関心に上がってくるものではないということである。企業のトップマネジメントのもとへは，他の部門では処理することのできない例外事項が数多く寄せられる。そのため彼らは日常的にはこまごまとした業務的意思決定や管理的意思決定を行うことに忙殺されており，戦略的意思決定については，それを積極的に追求するのでないかぎり自動的に排除されてしまう。このように，日常的な意思決定が優先され，重要な戦略的意思決定ができなくなってしまうことを，金本位制時代に，

図表12-2 トップマネジメントの意思決定のタイプ

	戦略的意思決定	管理的意思決定	業務的意思決定
問題	企業の資本収益力を最適度に発揮できるような製品－市場ミックスを選択すること	最適度の業績をあげるために企業の資源を組織化すること	資本収益力を最適度に発揮すること
問題の性格	総資源を製品－市場の諸機会に割り当てること	資源の組織化，調達，発達	主要な機能分野に資源を予算の形で割り当てること 資源の利用と転化を日程的に計画すること 監督しコントロールすること
主要な決定事項	諸目標および最終目標 多角化戦略 拡大化戦略 管理面での戦略 財務戦略 成長方式 成長のタイミング	組織機構－情報，権限，および職責の組織化 資源転化の組織化－仕事の流れ，流通システム，諸施設の立地 資源の調達と開発－資金調達，資源および設備，人材，原材料	業務上の諸木曜と最終目標 販売価格とアウトプットの量的水準（生産高） 諸業務の諸水準－生産の日程計画，在庫量，格納 マーケティングの方針と戦略 研究開発の方針と戦略 コントロール
主たる特性	集権的に行われるもの 部分的無知の状態 非反復的 非自然再生的	戦略と業務の間の葛藤 個人目標と組織目標との葛藤 経済的変数と社会的変数の強い結びつき 戦略的問題や業務的問題に端を発していること	分権的に行われるもの リスクと不確実性を伴うこと 反復的 多量的 複雑さのために最適化が二義的にならざるを得ないこと 自然再生的

出所：アンゾフ（1965），翻訳書，12頁を加筆修正。

品位の悪い1円金貨が品位の良い1円金貨を駆逐していった貨幣論における「グレシャムの法則（＝悪貨が良貨を駆逐する）」になぞらえて，計画の「グレシャムの法則」と呼ぶ（占部1968）。

この，トップマネジメントが陥りがちになる計画の「グレシャムの法則」を回避するために考えられたことが，トップマネジメントだけが行うことのできる「戦略的意思決定」と，「業務的意思決定」や「管理的意思決定」とを分離し，トップマネジメントは経営戦略の策定に集中することであった。そのた

め，戦略プランニング研究で行われる経営戦略の策定に関する議論では，経営戦略の策定と実行が分離されており，トップマネジメントは経営戦略を策定し組織がその実行を行うように分離されている。

前提②：組織は戦略に従う

　経営戦略の策定に関する議論が持つ2つ目の前提は経営戦略と組織の関係として，「組織は戦略に従う」という前提を持っていることである。第7章で確認したように，この命題はチャンドラー（1962）が提示したものである。改めて確認すれば，チャンドラーが経営史的研究に基づいて明らかにしたことは，環境の変化に対応して，企業が企業戦略として多角化戦略を採用すると，多角化した事業を管理するために企業は事業部別の組織構造へと移行するということであった。戦略プランニング研究における組織と戦略の関係はチャンドラーの成果を用いてこの命題に基づいた前提が置かれている。つまり，経営戦略の策定に関する議論では，経営戦略が策定されると，策定された戦略を最も効果的に遂行しうるような組織構造がデザインされると考えられているといえる。前提①と②を踏まえれば，経営戦略はトップマネジメントが策定し，組織が実行することになるが，実行する組織は策定された経営戦略を効果的に実行するようにデザインされる。従って，企業にとって重要な問いは経営戦略をいかに策定するかとなる。そのため，戦略プランニング研究では，経営戦略の実行について具体的に議論されることは少なく，経営戦略を緻密に策定することがもっぱら目指されることとなった（奥山 1987）。

前提③：経営戦略策定者の合理性

　経営戦略の策定に関する議論が持つ3つ目の前提は，経営戦略策定者の合理性である。経営戦略の策定に関する議論では，経営戦略の策定を精緻化が進められたが，これは経営戦略の策定を精緻化することにより，経営環境の変化が完全に捉えられることが含意されている。ここで前提とされていることは経営戦略の策定者の合理性である。戦略プランニング研究において経営戦略の策定者は問題を的確にとらえ，その戦略を実施した結果を見通すことができることが想定されている。

戦略プランニング研究で進められた経営戦略の策定に関する議論では，上記のような前提のもと研究がすすめられた。そのため，戦略プランニング研究の議論では，経営戦略の実施よりも策定が主な論点となり，より正しい経営戦略を策定するために，環境や資源をより正しくとらえるための分析ツールの開発がすすめられていった。しかし，この議論は大きな課題を指摘されることになる。

3. 戦略プランニング研究の課題

戦略プランニング研究における経営戦略の策定に関する議論が持つ課題は大きく分けて以下の2点であり，これらの課題はいずれも戦略プランニング研究が想定する前提に関わるものである。

1点目の課題は，経営戦略策定者の合理性の問題である。戦略プランニング研究では，正しい経営戦略の策定を目指すべく精緻化が行われてきたが，そもそも精緻化を行ったところでより正しい経営戦略を策定することができるのだろうか。戦略策定者の合理性を仮定するのであればそれは可能かもしれないが，問題を正しく認識し，策定した経営戦略を実行した結果を知覚することは戦略策定者にできることではない。そのため，経営戦略策定者の合理性を前提とすることは現実的ではなく，そこで策定された経営戦略もそもそも正しいものではないといえる。

2点目の課題は，策定された経営戦略を実行することができないという課題である。これまでの議論では，組織は策定された経営戦略を効果的に実行するためにデザインされることが前提とされ，また，経営戦略を策定するのはトップマネジメントでありそれを実行するのはその他の組織メンバーだと想定されてきたが，組織には組織慣性があるため，戦略に合わせて組織構造を変更し，戦略をそのまま実施することは極めて難しい。また，仮に策定された経営戦略をそのまま実行することが組織として可能であったとしても，経営戦略の策定段階と実施の段階にはタイムラグがある。そのため，策定された経営戦略をそのまま実施することが有効なのは，策定から実施の間に，経営戦略を再策定する必要がない程度に，過去の知識によって環境が予測可能な場合に限られるのである。

経営戦略の策定を重視し，策定される経営戦略の精緻化をめざした戦略計画論の議論は上記のような課題を抱えていた。しかし，上記の前提や課題の検討を十分に行うことなく議論が進められ，企業でも経営戦略の精緻化がすすめられた結果，1970年代後半になると，企業の戦略策定担当の本社スタッフへの集権化，戦略実行のための組織の複雑化や官僚化を生むこととなり，組織のメンバーは細分化され煩雑になった手続きにひたすら追われ，現場の環境適応能力の低下を招くと指摘されることになった。当時の企業が陥ったこのような傾向は「分析マヒ症候群（paralysis by analysis syndrome）」（Peters and Waterman 1982）として揶揄された。

第2節 | 経営戦略の策定から形成へ

前節では，戦略プランニング研究において主に議論されてきた経営戦略策定のプロセスとその前提ならびに課題について検討を行ってきた。戦略プランニング研究では，経営戦略の策定の側面に特化して議論が進められてきたといえる。その前提としてはチャンドラー（1962）の「組織は戦略に従う」という命題があった。しかし，経営戦略と組織の関係はこのような一方的なものではないことがその後の研究で明らかにされてきた。策定された経営戦略を実行すべく組織はデザインされるが，その経営戦略は組織を前提として策定されもする。このように，経営戦略と組織は相互依存的な関係を取り結んでいるといえる。このような経営戦略と組織を相互依存関係として捉えるのが経営戦略の形成プロセスについて検討を行う議論である。また，経営戦略形成プロセスの研究では，経営戦略と組織の関係性が見直されると同時に，経営戦略の新たな側面も見出されるようになってきた。

以下では，経営戦略形成プロセスにおける代表的な研究として，ミンツバーグ（H. Mintzberg）とバーゲルマンの研究を取り上げる。そこで明らかになることは，戦略プランニング研究とは異なる経営戦略の捉え方ならびに経営戦略の形成プロセスのあり方である。

1．ミンツバーグによる経営戦略の捉え方

　カナダの経営学者であるミンツバーグは，戦略プランニング研究による経営戦略の捉え方ならびに経営戦略策定プロセスを批判し，新たな経営戦略の捉え方を提示した。戦略プランニング研究と比較した際のミンツバーグの経営戦略の捉え方の特徴としては以下の2点を挙げることができる。

　1点目は，経営戦略の作り手についてである。すでに述べたように，戦略プランニング研究ではトップマネジメントが経営戦略の主要な作り手であり，その他の組織メンバーはトップマネジメントによって策定された経営戦略の実行を担うことが想定されていた。これに対してミンツバーグは，経営戦略の主な作り手はトップマネジメントではなく，より下層のマネジャーや組織メンバーであると主張する。

　2点目は，経営戦略が作られるプロセスについてである。ミンツバーグは，経営戦略は，トップマネジメントによって事前に策定されるというよりも，経験からの組織的な学習に基づいて形成されると主張している。経営戦略の作り手がミドル以下のマネジャーを含む組織メンバーであることを踏まえれば，ミンツバーグにとって，経営戦略は組織メンバーの経験に基づく組織的な学習プロセスとして捉えられるだろう。またここで，トップマネジメントは，組織メンバーによってもたらされた情報の意味付けを行う役割，もしくは環境の変化に伴って，現場で作り上げられた戦略のひとつを全社の戦略としてオーソライズするという役割を担うことになる。

　このように，ミンツバーグは，経営戦略はトップマネジメントによって策定され，それを組織メンバーが実行するというものではなく，経営戦略はその作成と実行が同時に生じており，またミドルマネジャー以下の組織メンバーも経営戦略の作成の主な担い手となり得ることを示した。この経営戦略に対する捉え方は，経営戦略の形成について議論を行う研究者に共通のものであると言える。

　上記の議論を踏まえて，ミンツバーグは，経営戦略を「行動の流れの中の一つのパターン」（Mintzberg and Waters 1985, p. 257）と定義し，経営戦略形成プロセスの検討を行い，新たな経営戦略のタイプを提示した。それが「創発戦略（emergent strategy）」と呼ばれるものである。以下では，彼が示した経

営戦略のタイプについて検討を行っていこう。

2. 経営戦略の創発

　ミンツバーグは事前の計画ではなく，実際に行われる行動に基づいて経営戦略のタイプを検討してきた。彼は，事前に計画される戦略と事後的に実現される戦略との差異を検討することで「行動の流れの中の一つのパターン」としての経営戦略のタイプを明らかにしている。

　具体的に見ていこう。ミンツバーグの提示する事前に計画される戦略とは，目的を持って意識的につくられた「意図した戦略」と呼ばれる。ここでの「意図した戦略」は「計画（plan）」としての側面を持つ戦略である（Mintzberg 1978）。次に，事後的に実現される戦略は，組織がすでにその実行を完了させた「実現された戦略」と呼ばれる（Mintzberg 1978）。ミンツバーグはこの2つの戦略のギャップを検討し，これらを結び付けるために，「熟慮された戦略（deliberated strategy）」「実現されなかった戦略（non-realized strategy）」「創発戦略（emergent strategy）」という3つの経営戦略のタイプを提示した。ひとつめの「熟慮された戦略」は，意図した戦略がそのまま実現された戦略となる道筋である。次に「実現されなかった戦略」は，意図した戦略ではあるものの，非現実的な予測や戦略実行中の変化により，実現されることのなかった戦略を意味する。最後に「創発戦略」は，意図されたわけではないが，意図した戦略の実行過程において生じ，実現された戦略を指す。

　ミンツバーグが示した経営戦略のタイプの関係下図表12-3のように示され

図表12-3　経営戦略のタイプ

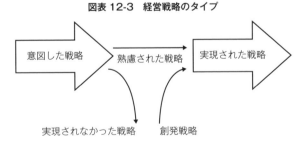

出所：ミンツバーグとウォーターズ（1985），p. 258 より作成。

るが，ここで創発戦略は前項で検討したようにミドルマネジャー以下の組織メンバーによって生み出されるものである。彼によれば，この創発戦略は組織を取り巻く環境の変化の激しい現代にとても重要なものとなる。彼は，経営戦略の大きな変化は短い間の飛躍（quantum leap）として生じるが，そこで採用される新たな戦略はトップマネジメントによって計画されたものではなく，それまでに創発された行動パターンとしての戦略のひとつであるとされている（Mintzberg 1978）。この意味で創発戦略は彼の議論の中でとても重要な位置づけにある。では，このような戦略の創発がいかにして生じるのか，以下ではミンツバーグの示した企業の事例に基づいて具体的に見ていこう。

3．戦略創発の事例：本田技研工業における二輪車のアメリカ進出

　ミンツバーグ（Mintzberg 1989）やミンツバーグ他（Mintzberg et al. 1998）では，パスカル（Pascale 1984）における本田技研工業（以下，ホンダ）の二輪車のアメリカ市場への進出に関する分析の事例を用いて，創発戦略について議論している。パスカル（1984）では，ホンダのアメリカ二輪車市場進出の成功について，BCGによって行われた分析と，当時アメリカ・ホンダの支配人であり，ホンダのアメリカ進出の先頭に立った川島喜八郎へのインタビューを中心とした公刊資料に基づいた分析という2つの観点から議論している。

　以下のBCGによる分析では，ホンダは，日本の二輪車市場における支配的地位をベースに，アメリカにおいて低価格戦略を実行し，低下価格戦略により得た優位性を足がかりとして，富裕層へ対象を拡大し，それにより価格と広告費用の面で競争優位を実現した，とまとめている（Pascale 1984）。これに対して，川島のインタビューを中心とした説明では，BCGの分析とは大きく異なったホンダの行動が描かれる。

　1947年に創業したホンダは，1950年代後半より海外への進出を模索し始める。当時のホンダはドリーム号（250cc，350cc）やベンリィ号（125cc）といった中型から大型のオートバイを主力商品としており，海外進出についても，これらの商品を中心とした海外輸出を目指していた。しかし，これらの商品をどの地域に輸出すべきかについてはまだ決まっていなかった。

そこで，1956年暮れから57年初めにかけて，ホンダの幹部は本田宗一郎と藤沢武郎はヨーロッパへ，川島喜八郎ら他の経営幹部は東南アジアへ市場調査を行った。東南アジアへ調査に赴いた一行が目にしたものは，東南アジア市場は人々の交通手段が自転車からオートバイへの移行期にあり，町にはヨーロッパから輸入されたオートバイやモペットが走り始めているということであった。

　東南アジアから帰国した川島はこういった東南アジア市場の状況を確認し，これからの経済成長とともにさらに市場が拡大するとみて，東南アジア市場が有望な市場であることを藤沢に報告する。しかし，藤沢は「今度は，アメリカを見てきてくれ」と川島にアメリカでの市場調査を命じた。アメリカに赴いた川島にとって，アメリカは自動車の国として映った。一方でオートバイは，日本で使用されているような人々にとっての移動手段や，作業のために用いられる車両というのではなく，レースやレジャーなど人々の遊び道具としての位置づけでしかないように思われた。

　アメリカでの市場調査から帰国した川島は，藤沢に海外輸出の手始めとしては，欧州の主要メーカーとも地理的に競争することができ，市場の成長も見込むことができる東南アジアの方が，アメリカよりも行いやすいのではないかと再度提案した。

　しかし，藤沢武夫は二輪車の海外進出の在り方について構想をもっていた。それは，「アメリカに需要を起こすことができれば，その商品には将来性がある。アメリカでだめな商品は，国際商品にはなり得ない」（藤沢 1998，176頁）という信念である。従って藤沢は「アメリカこそ年来のホンダの夢を実現できる主戦場だというのが，私のかねてからの考え」（藤沢 1998，175頁）だからアメリカに進出すべきだと主張した。

　川島は1958年11月から1カ月間かけてアメリカで市場調査を行った。調査の結果，ロサンゼルスをアメリカン・ホンダ・モーター設立の有力な候補地として選定した。1959年6月，アメリカ・ホンダ・モーターはロサンゼルスに設立され，9月に営業活動をスタートした。設立当初の従業員は8人であり，支配人である川島喜八郎と部下の小林隆幸以外は現地で採用した従業員であった。

アメリカ進出当初の主力商品はドリーム（250cc，350cc），ベンリィ（125cc）で，スーパーカブ（その後アメリカ名である「ホンダ50」と改称）もラインナップに加えられた。アメリカ市場に投入したラインナップについて，本田宗一郎は，アメリカ市場の規模は約6万台だが，その大部分は大型車である，従って，250cc，305ccの大型車を中心にアメリカ市場に投入すべきであり，逆に，それ以下のクラスはあまり売れないだろうと考えて，大型車を中心とした製品ラインナップでアメリカ進出を行った。

　しかし，大型のバイクの販売はあまり芳しいものではなく，1959年末までの総販売台数は約170台で，当初の販売目標台数にも遠く及ばなかった。一方で，アメリカ・ホンダの従業員がスーパーカブでディーラー周りをしているのがディーラーの目に留まり始めた。アメリカ・ホンダの従業員が目にしたのはアメリカ人ディーラーたちがスーパーカブを囲んで話している光景であった。また，大手デパート「シアーズ」のバイヤーから，スーパーカブについての問い合わせが入るなど，スーパーカブは少しづつ注目を集め始めていた。

　1960年に入ると，売り上げも上昇し月産数百台まで伸びた。しかし，ここで，アメリカ・ホンダの主力商品にトラブルが発生した。それはドリーム号・ベンリィ号に搭載されているエンジンが過熱で焼きつくという現象であり，150台余りの商品に同じ現象が見られた。この事態に際し，アメリカ・ホンダは急遽日本からメカニックを呼び，対応をおこなった。川島らは，この問題に対して日本から部品を取り寄せて修理して売るべきかとも考えたが，最終的にはトラブルを起こしたものと同型の製品はすべて日本に送り返すこととした。

　主力商品を失ったアメリカ・ホンダは，残された商品であるスーパーカブを前面に出した営業活動を行わねばならなくなった。スーパーカブはもともとアメリカにおけるホンダ社員の移動用として持ち込まれたものであり，商品として販売することは想定されていなかった。しかし，スーパーカブを販売してみたところ，これまでオートバイの主な利用者ではなかった女性や若者たちに移動手段として利用されることとなり，当時のホンダのヒット商品となった。これをうけて，アメリカン・ホンダはスーパーカブを主力商品とする新たな販売網の構築，ならびにオートバイを大衆商品としてアピールするために他社が行ってこなかった大々的な広告展開を行った。アメリカン・ホンダが，スー

パーカブをつうじて手軽な乗り物としてのオートバイの価値を全米にアピールしたことで，それまで北米社会に根付いていたオートバイに対するよくないイメージを払拭することとなり，スーパーカブも全米規模の爆発的なヒット商品に成長していった（本田技研工業 1999）。

このように，元々大型車を中心としたラインナップでアメリカ市場に進出したホンダにおいては，50ccのスーパーカブを売るという戦略は，トップである本田宗一郎主導ではなく，現場から生じた創発戦略であり，それがホンダという組織全体の戦略へと変わっていったものであると言えるだろう。

創発戦略は，組織における成員の活動ひとつひとつが「戦略」として集積したものであり，最初から意図されていたものではない。しかし，組織的に行われた適応的な学習のプロセスを通じて，個々の行動は戦略としての一貫性やパターンを形成していくことになる（Mintzberg 1978；Mintzberg et al. 1998）。このようなプロセスで形成された創発戦略が一度実現された戦略となると，次からは，意図した戦略となり，組織における戦略形成プロセスに生かされることになる。ここでなされるのは，環境に対して行われる一連の適応行動において学習が働き，そこでなされた環境に適応的な行動に対して，トップマネジメントによって回顧的に意味づけがなされる。この一連のプロセスを経て経営戦略がいわば事後的に形成されるということになる。このように，ミンツバーグは，従来の戦略の合理性に重点をおいた戦略プランニング研究に見られていたように，戦略を，経営者を含む一部のトップマネジメントの占有物として考えるのではなく，組織が環境に適応的な行動をとっていく中で，戦略に携わる組織メンバーすべての意思や行動が「戦略」として集積される可能性を検討したといえる。

4．戦略形成のプロセスモデル

バーゲルマン（Burgelman 1983）では，アメリカハイテク産業の大企業における新規事業開発を通じた非関連型多角化に関する詳細な事例分析によって，戦略形成プロセスモデルを提示した。バーゲルマン（1983）において，新たな事業機会を見出し，それに戦略的な意味づけを与え必要な資源が配分されることによって，全社戦略が変化していく一連のプロセスを「戦略形成プロセ

ス」と呼ぶ。彼が示した戦略形成プロセスモデルで特徴的なのは，戦略形成プロセスを，トップマネジメントが中心となって行う行動（誘導的戦略行動）をつうじて実現されるプロセスと，ミドルマネジメントが中心となって行う行動（自律的戦略行動）をつうじて実現されるプロセスとの2つに分けたうえで，そのプロセスの関連性をモデルに組み込んでいる点である。

　このプロセスモデルのうち，新たな戦略が生み出されていくきっかけとなるのが「自律的戦略行動（autonomous strategy behavior）」である。その具体的なプロセスとして，新規事業プロジェクトを意味づける「定義（definition）」の段階，そのプロジェクトを組織としてサポートする「推進（impetus）」の段階が挙げられる。またこのプロセスに影響を与えるものとして，「構造的コンテクスト」「戦略的コンテクスト」という概念が準備されている。「構造的コンテクスト」とは，組織構造や，資源配分のルール，評価と報酬のシステムといった，既存の全社戦略を実行するために，トップマネジメントによって構築された組織や管理システムである。また，「戦略的コンテクスト」は，「自律的戦略行動」によって生じた新たな戦略行動と，全社戦略をどのように結びつけるかに関する状況設定である。通常は，トップマネジメントと自律的戦略の推進者とのやり取りの中で，評価・選択の基準が設定されていくことを指す。「戦略的コンテクスト」が設定されることで，既存の全社戦略の範囲外の戦略的行動に戦略的な意味づけが与えられ，それが全社戦略を変化させる。しかし，この「戦略的コンテクスト」も「構造的コンテクスト」からの影響を受けている。そして，バーゲルマンが提示したこれら一連のプロセスにおいて重要な役割を果たしているのが，ミドルマネジメントである。

　では，戦略形成プロセスはどのように進んでいくことになるのか。バーゲルマン（2002）における，インテルのDRAM事業撤退の事例の中でこの点を見ていくことにする。

　インテルは1970年代にはDRAM市場において80％〜90％のシェアを獲得していた。しかし，その後日本の半導体企業の躍進で1980年代半ばには2〜3％のシェアへと激減した。インテルはこの状況に際して，EPROMやMPUといった先端技術へ注力していった。このことで，インテルはDRAMの主要顧客を他社に奪われることになり，最終的に1985年完全撤退した。

図表 12-4 戦略形成のプロセスモデル

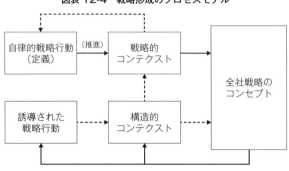

出所：バーゲルマン (1983), p. 65 より作成。

　このインテルによるDRAM事業からの撤退は、初めからトップや事業部のレベルで進められたものではなかった。トップマネジメントはDRAM事業が苦境に陥っている状況下においても、依然としてDRAMを技術ドライバーとして見なし、DRAMの研究開発に対して他の先端技術と同様の投資を行うなど、手厚いサポートを行っていた。販売部門からはDRAM事業が不採算事業であることが問題視されており、取締役会でDRAMの不採算が問題として提起されたが、トップマネジメントは事業を継続した。このようなDRAMを中心とした戦略的コンテクストを変更するには、数年を要することになった。戦略的コンテクストの変更は、事業部レベルでの製造資源の配分を、徐々にDRAMから減らしていくことによって行われた。

　では、どのようにして事業部レベルでの製造資源の配分の現象が可能となったのか、バーゲルマンによれば、これには構造的コンテクストが関わっている。彼は、DRAM事業からの撤退を支えた構造的コンテクストとして、資源配分ルールとオープンディベートを奨励する社風の2点がトップマネジメントによって作られていたことを挙げている。まず、前者については、当時インテルには、「生産開始時のウェハあたりのマージンを最大化する」とする資源配分ルールがトップマネジメントによって作られていた。DRAMに比べて、EPROMやMPUのマージンは明らかに高かったため、ミドルマネジメントはDRAMへの生産能力配分を削減する決定を下し、それに対してトップマネジメントが覆すことはなかったとする。次に、後者については、この社風により

ミドルマネジメントがDRAMからMPU事業へと移行すべきという考えを持ち続け，それを実行に移すことが可能となったとするのである。以上の事例を通じて，バーゲルマンはインテルがDRAM事業からの撤退を成功裏に進めることができたのは，図にあるような戦略形成プロセスがうまく働いた結果だと結論づけている（Burgelman 2002）。

以上のように，バーゲルマンは，アメリカハイテク産業における大企業の分析をつうじて戦略形成プロセスモデルを構築し，さらにそのモデルに基づいて企業の経時的な分析を行ってきたが，彼の議論によって示されているのは，①ミンツバーグと同様に，戦略は必ずしもトップマネジメントに先導される形で形成されるものではないということ②新たな事業機会をうまく捉えて事業として成功するための戦略を構築するには，現場レベルでの自律的な戦略行動に意味を与えて，トップマネジメントを説得して，事業運営のための資源を獲得するという一連の活動を行うことができるミドルマネジメントが極めて重要であるということであるといえる。

第3節 経営戦略形成研究の意義

ここまで見てきたように，経営戦略の形成プロセスを検討する研究では，戦略形成における組織的・人間的な側面に焦点を当てたといえる。戦略計画論で展開された経営戦略の策定の議論のように，合理的に形成されるものではなく，またトップダウンで実行に移されるものでもない。経営戦略は組織内のさまざまな管理システムや個々人の利害，経営環境に影響を受けて形成され，その形成の起点となるのは必ずしもトップではなくミドルやロワーといったより現場に近い層から形成されることもある。そういった，多様な要素との関わりで戦略が形成・実行されていくプロセスを，戦略形成プロセスに関する研究はトップマネジメントやミドルマネジメントを中心として描いたものである。戦略形成プロセスに関する研究は「企業が経営活動を行うなかで，経営戦略はいかにして形成されるか」の解明を目的としたものであるといえる。このアプローチは，それまで合理的に形成されるものとして理解されてきた経営戦略を「人間化（humanized）」（Pettigrew et al. 2002）し，経営幹部を中心とした

個々人からなる社会的現象として理解することを目指したのである。

しかし，1990年代後半以降，これら戦略形成のプロセス研究を批判的に継承し自らのアプローチを形成して来た研究群が「実践としての戦略（Strategy as Practice：SAP）」と呼ばれる研究群であった。次章では，戦略のプロセス研究に対して，SAPはどういった点で課題を見出し，それをどのように克服しようとしたのかについて検討していくことにする。

さらに進んだ学習のために……………………………………………………………

Hofer, C. W. and Schendel, D. (1978), *Strategy Formulation: Analytical Concepts*, West publishing company.（奥村昭博・榊原清則・野中郁次郎訳『戦略策定』千倉書房，1981年。）
　…本書は，戦略策定に関する古典とも言える文献である。この当時の研究者が戦略をどのように策定しようとしてきたのかについて，その具体的な方法を含めて述べられている。

経営史学会監修／庭本佳和編著（2013），『アンゾフ』（経営学史叢書Ⅸ）文眞堂。
　…本書は，経営戦略論の祖のひとりでもあるアンゾフが行ってきた研究について詳細な検討をおこなった文献である。本書ではアンゾフのみを扱っているわけではなく，関連のある人物や研究も取り上げられている。本章との関連でいえば，ミンツバーグによるアンゾフやアンドリュースに対する批判についても検討が行われている。

Burgelman, R. A. (2002), *Strategy in Destiny: How Strategy-making Shapes a Company's Future*, Free Press.（石橋善一郎・宇田理監訳『インテルの戦略：企業変貌を実現した戦略形成プロセス』ダイヤモンド社，2006年。）
　…本書は，バーゲルマンによるインテルを題材とした一連の研究の集大成である。戦略形成のプロセスモデルをはじめとして，戦略形成研究におけるひとつの代表的な研究成果といえる。大部だが読み物としても面白い。

第13章
実践としての戦略[1]

　本章では,「実践としての戦略 (Strategy as Practice：SAP)」の名のもとに蓄積されている諸研究を検討することをつうじて, 21世紀に入って本格的に展開されてきた経営学における「実践論的転回 (practice turn)」が経営戦略論に対して持ちうる意義を検討していくことにする。しかし,「実践としての戦略」や「実践論的転回」という言葉になじみがない方も多くおられると思う。SAPに関する説明は次節以降で行っていくが, ここではまずSAPを含む「実践」をキーワードとした研究が経営学の中で多く行われている状況について触れておきたい。

　2000年以降,「実践 (practice)」をキーワードとした研究が, 組織学習研究, 企業倫理研究, テクノロジー・マネジメント, マーケティング, 企業家研究, 会計研究など, 経営学の多くの領域において展開されている。具体的な研究としては, 組織学習研究ではアミンとロバート編 (Amin and Robert eds. 2008), ジェラルディ (Gherardi 2009), 企業倫理研究ではクレッグ他 (Clegg et al. 2007), テクノロジー・マネジメントではオリコウスキ (Orlikowski 2007), マーケティングではシェルベリとヘルゲソン (Kjellberg and Helgesson 2006), コークマン他 (Korkman et al. 2010), 企業家研究ではステイエルト (Steyeart 2007；2011), 会計研究ではアーレンスとチャップマン (Ahrens and Chapman 2006), コーンバーガーとカーター (Kornberger and Carter 2010), などが挙げられる。

　これらの研究では,「実践理論 (practice theory)」と呼ばれる研究 (e.g.,

---

1) 本章の内容は今井 (2013) に加筆したものである。

Rouse 2007；Schatzki et al. 2001) を援用しながら，例えば，知識や規範，顧客のニーズ，市場，技術特性，企業家，会計など，各領域の中心となる概念について，その理論前提の問い直しが行われている。さらに，これらの研究の中には，問い直した新しい理論前提のもとで各学問分野を再理論化していく試みや，研究者の提示する概念や研究成果がもたらす意味を問い直す方法論に関する考察も現在進められている (Splitter and Seidl 2011)。このように，経営学の各領域において同時進行している研究動向を総称して経営学における「実践論的転回」と呼ばれている。「実践論的転回」は，欧州を中心として始まり現在では，*Academy of management* でも議論が行われるようになり，米国の経営戦略論の中心的な雑誌である *Strategic Management Journal* では2018年3月に特集号が組まれた。日本では，組織論に関して2009年に組織科学で特集が組まれている (e.g., 桑田 2009)。

　こういった状況の中，経営戦略論での「実践論的転回」はSAPを中心として展開されてきたと言える。SAPは，それまで蓄積されてきた経営戦略論を内容研究とプロセス研究に大別し，これらの既存研究では，戦略が「組織の所有物 (organizations have)」や「組織の属性 (property)」として実体化されてきたため，戦略の形成や実行，変化などが十分に理解されてこなかったことを批判する。その上でSAPは，戦略のプロセス研究として彼らが識別する諸研究の問題点を改善し，戦略を「人々が行うなにものか (something people do)」として捉え，ブラックボックスとなっていた戦略の営為 (strategy work) の詳細な理解を行うことで，経営戦略論の新たな潮流を形成しようとしている (Golsorkhi et al. 2010, p. 1)。そこで，以下ではSAPとはそもそもどのような研究領域なのかについて，その意義と課題を含めて検討を行っていくことにする。

　具体的な検討に入る前にSAPについて一点断っておきたい。そもそもSAPは，厳格な学派を形成してきたというよりも，さまざまなアプローチをとる研究者がSAPという旗印のもとに集まった，研究コミュニティとしての側面もある。従って，SAPといっても多種多様なアプローチを想定することができてしまう。本章ではそのなかでも2006年にSAPの統合的な枠組みを提示したウィッティントンをはじめ，ジャーザブコウスキー，ジョンソンなどSAPが

形成されてきた当初から中心的な役割を果たしてきた研究者たちが展開してきた議論を検討の対象とする。

第1節 │ SAPという研究プロジェクト

　本節では，SAPという一連の研究群について，2006年を境として2つの時期に分けて整理する。後に詳しく述べるが，2006年にウィッティントン（R. Whittington）によって提出された枠組みは，その後のSAPの諸研究において戦略の営為を捉えるための代表的な枠組みとなっていった。本節では，ウィッティントンが提示した枠組みについて，彼がその枠組みを必要とした背景と合わせて検討することで，この枠組みのSAPにおける意義，ならびにSAPという研究群が経営戦略論の先行研究に対してとっている独特のスタンスを明らかにする。

1．SAPの「見立て」とその新しさ

　SAPは1996年にウィッティントンが著した短い論文に始まり，2000年以降盛んに議論が行われてきた。2006年までにSAPの諸研究が蓄積されてきた経緯を簡単に振り返れば，1996年にウィッティントンにより人々の行いに注目し戦略の実践を捉えることの重要性が指摘された後，2003年に *Journal of Management Studies* 誌上にSAPの特集号が組まれた。その他の雑誌についても2000年以降欧州を中心とした組織論・戦略論に関する学術雑誌に数多くの論文が掲載された。

　2006年までに行われたSAPの研究を一括して捉えると，それらの研究には2つの特徴が見て取れる。まず，多くの研究が，組織内の個々の成員によって行われる戦略の形成を議論していることである。例えば，2003年に組まれた先述の特集号の巻頭論文では，SAPの目的について，「詳細なプロセスや，組織における生活の日常的活動を構成し戦略の成果と関わる実践を強調すること。従って，われわれは，伝統的な戦略論の多くでは見えないにもかかわらず，組織やそこで働いている個人にとって重要な結果をもたらすミクロな活動（micro-activities）に焦点を当てる」（Johnson et al. 2003, p. 3）と述べ，戦略

形成に関する組織内の分析へ焦点を絞ることを強調している。

　このSAPの特徴には，戦略のプロセス研究と呼ばれている研究群（e.g., Burgelman 1983；Chakravarthy and Doz 1992；Pettigrew 1992）に対して彼らがとっている独特のスタンスが反映されている。SAPは内容研究とプロセス研究とに大別した経営戦略論の先行研究のうち，現在の経営戦略論においてメインストリームを形成している内容研究に対しては，先述のように戦略が「組織の所有物」として実体化されている点で批判する。一方，SAPは戦略のプロセス研究に対しては，SAPというアプローチを形成するに当たり，直接的な影響を受けた研究群であると位置づけ，組織成員の行為から戦略形成や戦略転換プロセスの検討を試みている点について一定の評価を与えている（Johnson et al. 2003）。しかし，結局SAPは戦略のプロセス研究が依然として戦略の実体化を回避できていないと批判した。

　ここで，SAPがプロセス研究に対し，戦略が「組織の所有物」として捉えられていると指摘することは2つの意味を持っている。ひとつは「パターンとしての戦略」という戦略のプロセス研究における戦略の捉え方に対する批判である。プロセス研究の中には，一連の「人々の行い」をパターン化し，そのパターンとしての戦略と組織のパフォーマンスとの関連を検討する研究がある。こういった研究に対して，SAPは，「人々の行い」をパターン化しそれを組織の所有物として捉えてしまっては，結局内容研究と同じように戦略に関わる人々の行いを軽視することとなると指摘する（Johnson et al. 2007, p. 114）。

　もうひとつは，組織の戦略が組織を代表するトップマネジメントの持ち物とされていることに対する批判である。戦略のプロセス研究では，組織の主役となる人物が取り上げられ，その人物がいかにして戦略を構想し，その戦略が組織の戦略として，どのように実現されていくのかが分析される。こういったプロセス研究では，人々の行いから成る戦略をパターン化し，組織の所有物とみなしてはいない。ただし，そこにはさらに2つの問題がある。まず，組織の主役として取り上げられた人物（その多くはトップマネジメント）が構想した戦略とは，そもそも組織の戦略とは限らないということである。しかし，これまで行われてきた戦略のプロセス研究では，組織の主役として分析的に位置づけられた戦略家による戦略が，組織の戦略とみなされてきた。その上で組織の所

有物とみなされた戦略がいかに実現され，または失敗してゆくのかが検討されたのである。もうひとつは，そのような戦略の捉え方を仮に認めたとしても，組織の主役はトップマネジメントに限らないことである。組織をトップマネジメントのみに代表させることができる理論的根拠は必ずしも無い。確かに，経営戦略論はトップマネジメントの戦略的意思決定を支援するための学問として成立したが，本書のこれまでの説明からも分かるとおり，組織のミドル，ローワーもまた，それぞれ状況に応じて組織を代表しているといえる（Mintzberg 1994；Regnér 2003；Whittington 2004）。

このようにして，戦略のプロセス研究が陥った戦略の実体視に対してSAPが行ったのは，この問題の源泉をプロセス研究がこれまで設定してきた分析レベルに求めるという見立てであった。SAPは戦略のプロセス研究が企業行動の実態に十分に接近せずに，組織全体を分析単位としたため，そのプロセスの内側の実践が無視されてきたと指摘する（Brown and Duguid 2000）。SAPは，プロセス研究が行った説明は，企業行動の実態に十分接近しえていないため生じるものだと主張したのである（Jarzabkowski and Spee 2009）。この主張に従えば，分析レベルをより下げることでこの問題を解決する可能性が生まれる。そのため，SAPでは戦略を「人々の行う何ものか（something people do）」として捉えるとともに，「戦略化（stratigizing）」という概念を提示し，人々の行動によって戦略が作られる側面に焦点を当てた。戦略が作られる中での人々の行いをつぶさに追うことで，戦略を単にトップマネジメントの能力に帰着させるような説明を行うのではなく，他のさまざまな要素との関わりの中から戦略の形成をより詳細に論じることを目指したのである。

実際の経験的研究でもこの強調点を反映した分析が行われる。例えばサムラ・フレデリクス（Samra-Fredericks 2003）では，製造業企業におけるIT投資という戦略的意思決定プロセスについて，中心となる6名の戦略家が会議で行った会話の詳細な分析が行われた。そこでは，組織において，ITの能力と，戦略的な考え方（strategic thinking）の不足という2つの弱点があると捉えたひとりの戦略家が抱いた構想が組織の戦略として形成されていくプロセスが，彼の多様なレトリックを用いた説得プロセスとして描かれた。このように，初期のSAPにおいては戦略形成について個々の組織成員の活動や相互行

為に注目した分析が行われた。しかし，これらの諸研究では，組織内の諸活動と同様に踏まえられるべき他社との競争関係や社会的状況といった組織外の状況の戦略への関わりについては十分に議論されてはいなかった。

　また，第2の特徴として，SAPの初期の研究では，組織成員の活動を中心とした戦略の形成を分析する際に，研究者独自の枠組みが用いられていたことが挙げられる。初期のSAPでは既に述べたように戦略のプロセス研究の伝統を受け継いだが，さらに詳細な分析を試みることで，戦略のプロセス研究の課題を克服しSAPとしての独自性を示そうとした。しかし，戦略のプロセス研究においても多様な研究が存在し，戦略形成や戦略変化のプロセスを捉えるための統一的な枠組みが提示されているわけではなかった。そのため，戦略のプロセス研究のさらなる発展を目指すSAPにおいても，「戦略を人々の行いとして捉え，戦略に関わる組織成員の個々の行いを詳細に描く」という素朴なスローガン以外に，SAPに共通する特徴を見出すことは難しかったのである。こういった，特徴と問題点を踏まえ，SAPと呼ばれる研究群に見られた当時の課題を解決し，戦略の実践をよりよく把握する統合的な枠組みを提示することを「戦略論における実践的転回の完了」と位置付けたのがウィッティントン（Whittington 2006）であった。

2．ウィッティントンによる「実践論的転回を完了する」試み

　SAPの提唱者ともいえるウィッティントン自身が2006年に戦略の営為を捉えるための枠組みを示したことは，SAPのひとつの進展だと言える。以下で詳述するが，彼はそれまで人々の行いとして戦略を捉えるというスローガンのもとさまざまに行われてきたSAPの諸研究に対し，経営戦略論における「実践的転回を完了する（completing the practice turn）」べく，戦略の実践を捉えるための統合的な枠組みを提示した。

　ウィッティントン（2006）では，社会科学における実践理論を援用し，「戦略のプラクシス（strategy praxis）」「戦略の諸実践（strategy practices）」「戦略の実践家（strategy practitioners）」という3つの概念が提示された。同論文では，実践論的転回の完了を目指し，この3つの概念の結合として戦略の実践を把握することが目指された。

第13章 実践としての戦略　219

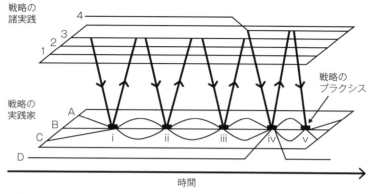

図表13-1　「戦略の営為」を捉えるための枠組み

出所：ウィッティントン（2006），p. 621を加筆修正。

　まず，「戦略のプラクシス」とは「実践家が実際に行うこと」（Whittington 2006, p. 619）を意味する。「戦略のプラクシス」と呼ばれるものは，取締役会や，コンサルタントの介入から，打ち合わせや簡単な会話に至るまで多岐にわたるが，経営戦略の形成やその遂行の際に，主に組織内で行われる具体的活動を指す。

　次に「戦略の諸実践」とは「実践家が，通常彼らのプラクシスにおいて利用する」（Whittington 2006, p. 619）ものである。「戦略の諸実践」とは，「振る舞いの共有されたルーティン，伝統や規範，考える，行為する，および『モノ（things）』を使うための手順」（Whittington 2006, p. 619）から成り立っている。また，この「戦略の諸実践」は組織内のものだけに限られない。ウィッティントン（2006）では，「戦略の諸実践」として組織内のルーティンや規範だけではなく，産業や国家レベルの規範や言説，SWOT分析や産業構造分析のような戦略分析のためのツールやテクニックも含んでいる。

　最後に，戦略を形成し実行する「戦略の実践家」である。ウィッティントンにおいて「戦略の実践家」は戦略の原動力（prime movers）として位置付けられ，また「実践家は，組織内のプラクシスと，そのプラクシスにおいて利用する組織内外の諸実践との間の決定的な結合」（Whittington 2006, p. 620）と位置付けられる。

　これら3つの鍵概念の結合として戦略の営為が把捉されるため，ウィッティ

ントン（2006）で提示された枠組みにおいて，戦略の営為とは「戦略の実践家」による規範やルーティン，テクニックといった組織内外の「諸実践」の利用をつうじた「戦略のプラクシス」の形成として理解できる。

　ここまで整理してきたウィッティントン（2006）の枠組みと，前項で検討した初期の SAP の問題点とを見くらべてみると，ウィッティントンが示した枠組みの利点を確認できるだろう。初期の SAP に求められていたのは，①「人々の行い」として戦略を捉えるという SAP のスローガンのもとで実際の分析を行うための枠組み，②組織内だけに限らない，より広い文脈も考慮した戦略の分析であったといえる。こういった初期の SAP が抱えていた課題に対し，ウィッティントン（2006）では，戦略の営為を鍵となる3つの概念の結合として理解ことであった。そこで理解される戦略の営為は，「戦略の実践家」による規範やルーティン，テクニックといった組織内外の「戦略の諸実践」の利用をつうじた「戦略のプラクシス」の形成であった。このような枠組みを提示することで，彼は① SAP の初期の研究のように実践家が実際に行った活動を単に描くだけではなく，彼らの行為に関わる規範やルーティンと共に行為者の行為を描く枠組みを提示したこと，および②そこで，実践家の行為と関わる「戦略の諸実践」は組織内だけではなく，より広い社会的状況における規範やルーティンも含んでいるため，組織内外のさまざまな状況に影響を受けつつ戦略の営為を行う実践家の行為を捉えることを可能にしたといえる。

　ウィッティントン（2006）によって提示された戦略の営為を捉えるための枠組みは，その後多くの研究に影響を与えた。例えば，2007 年に *Human Relations* において組まれた SAP の特集号では，巻頭論文にて示された特集号を貫く枠組みとしてウィッティントンの3つの鍵概念が用いられた上で，「戦略のプラクシス」概念については多様なレベルの分析に向けて拡張が図られている（Jarzabkowski et al. 2007）。また，同年に SAP の主要な研究者によって編まれた書籍では，これまでの SAP 研究に対する反省として，戦略に関わる組織内の人々の行いだけではなく，それを取り巻くコンテクストにも注意を払うべきだとし，「戦略に関して人々が行うこと，およびこのことが組織的・制度的コンテクストからどのように影響を受け，またそれらに影響を与えるのかということに関心を持つもの」（Johnson et al. 2007, p. 7）として SAP のア

プローチを捉え直す。その上で，今後の SAP の研究を展開する際の基盤としてウィッティントン（2006）の枠組みを位置付ける（Johnson et al. 2007）。さらに，2010 年に編まれた Handbook の冒頭部分でも，この枠組みが SAP の代表的な枠組みとして紹介されている（Golsorkhi et al. 2010）。

3．SAP の展開と検討課題

　こういった統合的な枠組みの提示も手伝って，現在 SAP では経営戦略の形成に関わるさまざまなテーマに関して盛んに議論が行われている。そのひとつが，従来の経営戦略論が扱ってきたさまざまなトピックの再検討である。以下では，SAP で特別な関心が払われ，しばしば検討対象として取り上げる戦略プランニング（strategic planning）を具体例として検討していくことにする。

　前章でも述べたが，戦略プランニングは，経営戦略論において最も古く，かつ中心的なトピックのひとつとして長らく研究が蓄積されてきた。また，多くの企業において現在でも戦略プランニングは実施されており，実務的な重要性は依然として変わってはいない。

　一方で，戦略プランニングに関する学術的な関心は，必ずしも維持されているとは言えない。アンゾフ（Ansoff 1965）を嚆矢として始まったと言える戦略プランニング研究は，1980 年代に入るとプランニングから，策定されたプランをいかに実行（implementation）するのかという側面に関心が移っていった。さらに，自らの著作やアンゾフとの論争の中で戦略プランニングの有効性を批判したミンツバーグをはじめ，戦略プランニングの有効性やその意義，ひいては戦略プランニングを研究することの意義に対する疑問が提示されるようになった（Mintzberg 1990；1994；Ansoff 1991）。実際，戦略プランニングに関する論文は，経営戦略論の領域における代表的な雑誌である *Strategic Management Journal* 誌では 1980 年代以降から，また *Long Range Planning* 誌では 1990 年代後半以降目に見えて減少しており，アカデミックな関心が薄れつつあるトピックであるともいえる（Whittington and Cailluet 2008, pp. 242-243）。

　このように，実務的には依然として重要視されていながら，アカデミックな議論が減少しているという戦略プランニングを取り巻く状況に対し，SAP

自らのアプローチをつうじて議論の再活性化を図ろうとした（Johnson et al. 2007；Whittington and Cailluet 2008）。SAP による戦略プランニングへの関心は，ジョンソン他（2007）で典型的な戦略化のトピックとして選ばれているほか，2008 年に *Rong Lange Planning* 誌上で行われた特集号，ならびに Spee とジャーザブコウスキー（Spee and Jarzabkowski 2011）などに現れている。

　SAP は戦略プランニング研究に対する関心が薄れてきている原因として，戦略プランニングに対する時代遅れの線型的な捉え方を指摘する。これに対して SAP は，まず戦略プランニングという営為そのものに十分注意を払い，そこでの人々の行いに接近することが，新世代の戦略プランニング研究においては重要だと主張した（Whittington and Cailluet 2008, p. 244）。

　SAP における戦略プランニング研究では，ウィッティントン（2006）やジャーザブコウスキー（Jarzabkowski 2007）が提示した前出の枠組みに基づいた問いが導かれる（Whittington and Cailluet 2008, p. 244）。ひとつ目は，実践家が実際に行うことを指す「戦略のプラクシス」を検討するため，「戦略プランニングの実践がどのように遂行されるか」が問われる。2 つ目は，実践家がプラクシスにおいて利用するさまざまなツールである「戦略の諸実践」を検討するため，「どのような種類のツールを実際にどのように利用するのか」が問われる。3 つ目は，戦略の実践を遂行する「戦略の実践家」について検討するために，「誰が，戦略プランニングを遂行するのか」が問われることになる。以上の問いを通じて，SAP における戦略プランニングの営為は，「戦略の実践家」による規範やルーティン，テクニックといった「戦略の諸実践」の利用をつうじて遂行される。

　以上のように，SAP は戦略プランニングを「戦略のプラクシス」として捉え，この現象そのものにより接近し，企業内外のさまざまな人々やツールが関わりながら戦略プランニングが行われていく場面を詳細に描くことで，従来の戦略プランニング研究の課題の克服を目論んだのである。

　また，従来のトピックの再検討に加えて，SAP 独自の検討課題も提示されている。ゴルソーキ他（Golsorkhi et al. 2010）によれば，今後の検討が目指されるテーマは，①多角化企業から病院や大学などさまざまな状況における戦略化（strategizing）の方法，②委員会やワークショップなどの公式的な戦略

の諸実践（formal strategic practices）の果たす役割，③戦略化における（社会的な）意味形成（sensemaking in strategizing）のあり方，④戦略化における言語のはたらき，⑤戦略に携わる人々の役割やアイデンティティと戦略化の関わり，⑥戦略化におけるツールやテクニックの使われ方，⑦戦略が開く権力関係の問題，といった7つに区分される。

このように，SAPでは戦略の形成に関わる多様な側面からの研究が行われることで，従来の戦略のプロセス研究が取りこぼしてきた経営戦略の形成に関わるさまざまな発見事実を提示してきた。では，SAPが示した分析枠組みや明らかにしてきた発見事実は，SAPが目指すように経営戦略論の新たな研究領域としての意義を持ちうるだろうか。

第2節 | 経営戦略論における SAP の意義

ここまで見てきたように，SAPはその研究プロジェクトが形成されて以来，経営戦略の形成を巡り多様な側面から相当数の研究が蓄積されてきた。しかし，SAPの諸研究が経営戦略論において持つ意義について検討すれば，ゴルソーキ他（2010）が目指したような経営戦略論の新たなアプローチとみなすに足る意義を持つとは言い難いと考えられる。以下では，本稿が上記のようにSAPを評価する根拠について，まず戦略のプロセス研究とのかかわりから，続いて，より広い経営戦略論の諸研究との関わりから明らかにしていく。

1．戦略のプロセス研究と SAP

SAPが抱える課題としてまず指摘できるのは，経営戦略論においてSAPの直接的な批判対象とされている戦略のプロセス研究に対し，SAPが理論的貢献を行えていないという点である。この点については，既にSAPのコミュニティ内（e.g., Chia and MacKay 2007）や，組織論や組織学習論など実践論的転回について議論を進めている経営学の周辺領域からの指摘（e.g., Geiger 2009）も行われてきた。具体的には，SAPの説明の仕方は，戦略を形成する多様なレベルの各要素との相互関係を捉えようとするものの，結局その中の特定の要素を起点として戦略の営為が捉えられる。そこで戦略の実践の起点とな

る要素そのものは問われることがないため，SAPが戦略のプロセス研究に対して指摘した還元主義的説明の問題は依然として残されるのである。

　この点に関してウィッティントン（2006）について検討して行こう。予め述べると，ウィッティントンの枠組みにおける問題点は「戦略の実践家」が特権的に扱われ，特権化された「戦略の実践家」を起点として戦略の形成が捉えられるところにある。

　ウィッティントン（2006）は，戦略の営為を「戦略の実践家」による「戦略の諸実践」の利用をつうじた「戦略のプラクシス」の形成として理解する。彼の枠組みにおいて，「戦略のプラクシス」でどういった「戦略の諸実践」を用いるのかは，これらの要素のコネクタである「戦略の実践家」にかかっている。ここで問題なのは，戦略の原動力である「戦略の実践家」のあり方を，彼の枠組みの中で問えないことである。特権化された「戦略の実践家」を起点として戦略の形成を捉えれば，SAPが戦略のプロセス研究の問題点として指摘した，ヒロイックな戦略家による戦略の形成という説明を回避する理論的根拠を失うことになる。

　戦略のプロセス研究以来，ウィッティントン（2006）での「戦略の実践家」のように，何らかの説明されない要素を起点として戦略の形成が論じられてきた。このような還元主義的説明の回避はSAPでも試みられてきた（Wilson and Jarzabkowski 2004）にも関わらず，なぜこのような説明が依然として行われるのか。その原因は，彼の枠組みが，「戦略の諸実践」「戦略の実践家」「戦略のプラクシス」という，戦略の営為を捉える3つの鍵となる要素がまず別々に存在し，その結合として戦略の営為の形成を捉えているところにある。しかし，別個の要素の結合させるためには，それぞれの要素の存在だけではなく，各要素が結合する仕組みを枠組みに組み込む必要がある。ここでウィッティントンは，単なる要素ではなく各々の要素を結合させる特別な役割を「戦略の実践家」に与えた。この，「戦略の実践家」による各要素の結合というメカニズムを枠組みに組み込むことで，彼の枠組みは戦略の営為を捉えるものとして成り立つことになる。しかし，そこでの描かれる戦略の営為は，SAPの批判対象であるはずの戦略のプロセス研究と同じ様式となってしまうのである。

以上の問題点はSAPの成立当初から見られた問題点であった。SAPの諸研究では，第1に組織を構成する人々に対して，分析以前に戦略家としての主体性が与えられ，第2にその戦略家が，戦略を「構想」として保持しているとされてきた。この2点を前提として戦略を議論する限り，いくら詳細に組織におけるミクロの現象が分析されたとしても，また，たとえどんなに組織における人々の語りに寄り添ったとしても，結果として戦略が組織および個人の「所有物」として捉えられているという意味において，SAPは戦略のプロセス研究と大きく変わらない。たとえジョンソン他（Johnson et al. 2003）が指摘するように，プロセスをいくら丁寧に捉えたとしても，彼らの試みる，「所有物」としての戦略の理解は解消されないのである。以上が，SAPが戦略のプロセス研究との関わりにおいて持つ問題点である。

2．経営戦略論の問題領域とSAPの射程

　次に指摘するのは，経営戦略論のより広い文脈での他の諸研究との関わりでSAPの意義を検討したときに見出される課題である。SAPの諸研究のもうひとつの課題，それは，経営戦略の概念化が不十分にしか行われていないというものである。

　SAPでは戦略を「組織の所有物」としてではなく，「人々の行うなにものか」として捉える。また，ウィッティントン（2006）では，人々の行いをより精緻化した枠組みが提示された。しかし，この戦略の捉え方では，戦略と戦略ではないものとの区分が明確ではなく，戦略の十分な概念化とは言えない。

　実際に，ジャーザブコウスキー他（Jarzabkowski et al. 2007）では，戦略とは状況的・社会的に達成される活動であると述べる一方で，分析対象となるのは，企業の競争優位や生存，戦略の成果や方向性を結果として導く範囲で戦略的とみなされる活動とも述べられる。また，SAPによる戦略プランニング研究においても，戦略プランニングが分析対象として予め設定された上で，マネジャーやコンサルタントがさまざまなツールを用いながら戦略プランニングの実践を人々の活動から説明していく場面が描かれる。

　以上からわかることは，SAPの諸研究では，戦略の概念化を行う代わりに，戦略の存在を所与としたうえで，個々の研究に独自の戦略の定義を持ち込み，

戦略に関わる場面とされる対象を「人々の行うなにものか」という観点から説明しているということである。SAPは戦略の営為を捉えることを目指すが，自らの理論枠組みで戦略の営為とそれ以外を区別することができなければ，SAPの研究で検討されているのはなぜ戦略の営為であると言えるのかという疑問に答えられなくなるという問題を抱えることになる。

　では，なぜSAPの諸研究では戦略の概念化に関する検討が十分に行われなかったのか。これは，SAPの既存研究の捉え方に関わる。すなわち，SAPは自らのアプローチが考察の対象とすべき経営戦略論の問題領域を狭く捉えてしまったために，戦略の概念化についての考察をSAPの問題関心から排除してしまったといえる。

　既述のように，SAPの研究の多くは経営戦略論の諸研究を内容研究とプロセス研究に区分し，これら既存研究に対するオルタナティブとしてSAPを位置づける。ここでSAPが内容研究やプロセス研究として把握しているのは，戦略がどのように企業の業績に影響を与えるのかを分析する研究や（内容研究），企業レベルにおいて戦略がいかに形成されるかを問う研究（プロセス研究）である（Johnson et al. 2007；Golsorkhi et al. 2010）。SAPが行ったこのような先行研究の区分は，言い換えれば，戦略の存在を所与とした上で，その内実を探る研究である。このような研究区分を行えば，所与としている戦略を問い直しえない。そのため，戦略を所与とする問題領域の研究では，既存の戦略概念を利用しながら戦略の分析が行われることになる（e.g., Rumelt 1974；Pettigrew 1973）。

　しかし，例えばアンゾフはそれまで意思決定理論では対処しきれない部分的無知の状況下において，企業目標を補完する意思決定ルールとして戦略の概念を提示し（Ansoff 1965），ポーターは自社が置かれている市場メカニズムを逆手に取る行為に戦略性を見出した（Porter 1980）。このようにSAPが批判対象とするメインストリームの研究では，戦略の概念化に関する検討が行われてきた。これに対してSAPは従来の経営戦略論にある戦略の概念化に関する検討を排除した。その上で，戦略を所与とする問題領域にある研究が持つこういった特徴を引き継ぎつつ，それらの研究が戦略の形成や転換を十分に理解できないという点にのみ注目した。その結果，SAPは一方で既存研究の戦略の

捉え方を批判しているにもかかわらず、他方でSAPが批判対象として位置付けた諸研究と同様に戦略を捉えるという事態が生じることになるのである。

第3節 | 「実践としての戦略」の展望

これまで検討してきたように、SAPが経営戦略論における新しい研究領域としての意義を持つには、克服すべき課題が残されていると言える。しかし、逆にSAPをつうじて経営戦略論における実践論的転回の意義を考えれば、いくつかの示唆を得ることができる。ここまでの検討をふまえれば、まず、戦略のプロセス研究に対して理論的意義を持つためには、「戦略の実践家」のような特権的人物を起点として戦略を捉えることを回避する必要があるだろう。

さらに、広く経営戦略論の新たな領域として意義を持ちうるためには、戦略を所与とした問題領域だけではなく、そもそも戦略をいかに概念化するかという、戦略を所与としない問題領域にも射程を広げて検討を加える必要がある。経営戦略論における実践論的転回はSAPが中心となって進められてきたが、SAPでは十分に検討の対象となってこなかった戦略の概念化という問題領域へ射程を広げ、戦略の概念化に関する領域から経営戦略論の再理論化へ向けた検討を行うことで、経営戦略論の実践論的転回が経営戦略論全体においてより意義のあるものになると考えられる。

さらに進んだ学習のために

Johnson, G., Langley, A., Melin, L. and Whittington, R. (2007), *Strategy as Practice: Research Directions and Resources*, Cambridge University Press.（高橋正泰・宇田川元一・高井俊次・間嶋崇・歌代豊訳『実践としての戦略：新たなパースペクティブの展開』文眞堂、2010年。）
　…日本語で読むことのできる「実践としての戦略」の数少ない概説書である。本書では、「実践としての戦略」を提示した研究者自身によって、この新たなパースペクティブの特徴やその意義と課題、ならびにこれを理解するために重要な文献の解説が行われている。

Grant, D., Hardy, C., Oswick, C. and Putnam, L. eds. (2004), *The Sage Handbook of Organizational Discourse*, Sage.（高橋正泰・清宮徹監訳／組織ディスコース翻訳プロジェクトチーム訳『ハンドブック組織ディスコース研究』同文舘出版、2012年。）
　…「実践としての戦略」では、組織内で行われている経営戦略形成の実践についてさまざまなアプローチから検討が行われているが、ディスコースに注目した研究はその主要なもののひとつである。本書は組織ディスコース研究に関する代表的なハンドブックの邦訳であり、このテキストでは十分に扱うことはできなかった、ディスコース・アプローチに基づく「実践としての戦略」の研究成果を理解するための一助となるだろう。

第14章
戦略マネジメント

　企業行動において戦略現象は多様に見られる。マーケティング戦略，多角化戦略，提携戦略，M&A戦略など，数を上げたら切りがない。しかも，戦略はその策定（形成）と実施がないと結果に現れないため，戦略現象として捉えることができるのは，事後的である。しかし，「我が社の戦略は△□○」というように，まだ実態のない構想段階のものでも戦略という用語が使われることが多い。そのため，戦略についてのエピソードの数が多いにもかかわらず，実際の戦略現象を対象とした分析は難しい。

　戦略を策定し実施しても，なかなか想定通りに行かない。これは，良かろうと思って策定した戦略でも，事後的にしかそれが良いか悪いかが判明されないからである。このため，ルメルト（2011）は，「良い戦略」と「悪い戦略」を識別できるようにそれぞれの特徴を明らかにした上で，良い戦略となる方策を明示した。ところが，彼の言う良い戦略を策定したとしても，それを実現するまでのプロセスにおいて，想定通りことを運ぶことができなければ，結果的に失敗する可能性がある。そこで求められるべきなのは，策定した良い戦略を意図通りに実現するための戦略マネジメントである。

　実際のところ，こうした戦略マネジメントに焦点を当てた研究は少ない。戦略に関連したマネジメントとして，マネジメント機能の一部に焦点を当てた戦略のコントロール研究が目につくのみである。

　本章では，良い戦略とは何かを明らかにした上で，それを実現するための戦略マネジメントについて，そのコンセプトの捉え方を明らかにした上で，その発展経緯と現状，今後の課題を整理したい。

第1節 ｜ 良い戦略のマネジメント

　戦略という用語が広く使われるようになったが，その実態は，目標と取り違えたり，戦略の本質とかけ離れたものが用いられることから，戦略として機能しない悪い戦略となっていることが多い。

　戦略は元来，目標達成の手段であり，目標に到達するまでの道筋を示すものである。それゆえ，企業にとって道筋が示されない戦略は意味がなく，使えない。目標は将来の到達点であり，それを戦略として称しても，道筋が示されなければ目標まで到達できないのである。こうした戦略の使い方は，意味のない悪い戦略の一例といえる。

　ルメルト（2011）によれば，悪い戦略の特徴は，①内容が空疎，②問題を回避，③目標と混同，④間違った戦略目標の提示，などである。例えば，「我が社の成長戦略として，M&Aを促進する」といった場合，成長戦略という言葉を使っているが，将来像が見えないため，空疎であり，問題を特定できない，また手段であるべきM&Aが戦略目標と化してしまうため，実際には目標達成できない。これを戦略として通用させようとしても，意図した結果を出せないので，悪い戦略といえるのである。

　良い戦略は，上述の悪い戦略の特徴を含まない。そこでルメルトは，良い戦略であるには，3つの段階を経ることが必要であると述べている。すなわち，①診断，②基本方針の設定，③行動の明示，である。

　良い戦略作りの第1段階である「診断」は，戦略策定をする際に，経営主体がSWOT分析等を用いて，ビジネスを取り巻く環境を精査することである。これは，戦略を語る場合の基本中の基本であり，これを欠いては良い戦略の可能性を摘むことになる。第2段階は，診断で明らかになった課題について，どのように取り組むべきか，その方向性と指針を示すことである。それができれば，目標達成へのムダな行動が避けられるのである。具体的にいえば，綿密な診断によって，自社の能力で可能な選択肢が絞られ，ムダな行動が避けられるのである。第3段階は，基本方針の下で，行動を明示してその一貫性を確保することである。戦略を実現するには行動を伴うことが必要であるため，目標達

成のために効率的な一貫性のある行動は必須である。戦略が単なる設計図だけで終わることなく、具体化されるには、設計から実行に至るトータルなマネジメントが必要となる。戦略マネジメントとは、まさにこうした戦略活動の一貫性を確保するための作業といえよう。

第2節 | 分析的アプローチによる戦略マネジメント

　戦略マネジメントという用語がはじめて登場したのは、アンゾフ（1976）による論文「From Strategic Planning to Strategic Management」においてである。アンゾフは、環境が変化する中で目標を達成するには、戦略計画を立てるだけでは不十分であり、計画を実施に移した上で、実施途中に計画からの逸脱がないか絶えずチェックし、もし逸脱があればそれに対してコントロール機能を発揮することが必要であることを明示した。そして、戦略計画を実現するための一連の活動を戦略マネジメントと称して、その必要性と実践が必須であることとを明らかにしたのである。すなわち、戦略マネジメントという発想には、戦略の計画面、実行面、コントロール面のすべてにおいて、分析可能であることが伴っている。

　そしてアンゾフは『戦略マネジメント』（1979；2007）において、規範論的な『企業戦略論』（1965）をベースに、限定された合理性を前提とするマネジャー行動と戦略と組織が相互に適応するモデルを展開している。すなわち、組織が乱気流の環境に適応するには、規範的な戦略計画では通用しないため、環境適応を記述論として展開することが必要であり、戦略マネジメントは戦略策定から実施まで、すなわち戦略計画の作成とそれを実現するためのマネジメント・プロセスを視野におかざるを得ない。そして、環境が激変（乱気流）するなかで、組織は環境の要求にどのように対処すべきなのか、といった処方箋を抽出するために、現実の戦略現象をロジカルに説明できる戦略マネジメントのモデルが探求されている。

　戦略マネジメントを機能的に捉えようとすれば、その構成要素に着目するのは当然である。一般的にマネジメントは、ファヨールの主張以来、計画、組織、調整、コントロールといったマネジメント要素から成り立ち、マネジメン

図表 14-1　アンゾフの戦略マネジメント

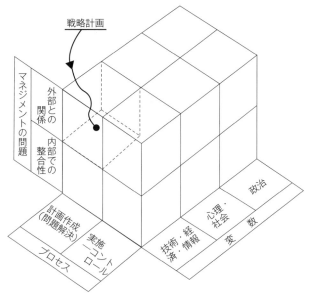

出所：アンゾフとヘイズ（1976）をもとに著者作成。

トの効果を高めるにはそれらを回し続けることだと考えられてきた。こうしたマネジメント的な思考を踏まえれば，戦略マジメントの構成要素は，戦略計画を実現するための一連のマネジメント・プロセスから成り立っていると捉えられる。

　これに対して，ミンツバーグ（1989）は，マネジメントは科学・アート・技能の集合体であるとして，従来の科学志向のマネジメント論に対して一石を投じる立場から，戦略マネジメントについては，戦略の計画面，実行面，コントロール面のすべてにおいて，実際は分析不可能であることを示唆している。戦略マネジメントの場合，技能的にあるいはアート的に解決できる可能性が示唆されるのである。確かに，実際の戦略現象についてロジカルに理解できないことが多い。これは，経営主体がアート感覚で問題を処理し，分析ができない暗黙知の集合体みたいな技能によって処理することがあるからといえる。

　アンゾフは，戦略は分析できるという立場から，戦略の構成要素を明らかにするとともに，その再構成による新戦略の構築とその実現方法について詳述し

ている。これに対してミンツバーグは，創発戦略現象の指摘をはじめとして，戦略現象は全てロジカルに生起しているわけでなく，人間の思いつき，直感などが戦略の構成要素になることを指摘したのである。そこで，90年代初期にアンゾフとミンツバーグの間で戦略をめぐる論争が始まり，両陣営に分かれて喧々諤々の論争がおこることになった。とりわけ議論のポイントは，戦略計画の有効性について機能的に分析可能かどうかであった。それゆえ，ミンツバーグに与する反機能主義的立場の論者からすれば，戦略計画を機能的に分析できるという主張は受け入れ難いものであった。また，アンゾフ派からすれば，直感などは科学的分析になじまないとして，到底受入れられない発想であった。とはいえ，学者同士の論争でよく見られるように，結果的には両者相容れず，論争課題の解決には至っていない。

第3節 | ステークホルダー・アプローチによる戦略マネジメント

　上記のような，戦略の分析可能性をめぐる議論が起こる以前から，戦略マネジメントに関して別のアイディアが生まれていた。それは，フリーマン（Freeman 1984）による，戦略マネジメントを広義に捉えるものである。フリーマンは，企業が環境変化に対応するために戦略マネジメントを実践することが有効であり，そのためにステークホルダー・アプローチが必要であることを明らかにしたのである。そして，戦略マネジメントをして策定された戦略を実現するプロセスと捉え，そのプロセスにおいて各ステークホルダーの要望に効果的に対応することが必要なことを主張した。つまり，各ステークホルダーと永続的な関係性を築くことが，戦略を実現するのに必要であり，それをマネジメントすることが戦略マネジメントの核心と捉えたのである。それゆえ，企業は，経済的成果を高めるだけでなく，倫理的な行動をとって社会的に正当だと評価されるような戦略マネジメントが求められる。フリーマンは，戦略マネジメントについて，分析的なアプローチをとるアンゾフ流とは異なるアプローチをとったが，それは当時の経営戦略論の発展状況から当然といえる。

　1980年代は，周知のように，マイケル・ポーター（1980；1984）によって競争優位戦略の枠組みが理論的に提示され，経営戦略論が一躍，理論的かつ実

践的な分野として広く認識されるようになった時代である。ポーターの競争優位戦略は，絞り込んだ競争要因の分析を通じて，市場におけるポジショニング（コスト・リーダーシップ，差別化）に依存することを明らかにしたものである。しかし，ポーターの分析枠組みで排除された要因が実践面で不要というわけでなく，とりわけ企業行動の社会性に関わる戦略現象を考える上で，欠くことのできないものがあると想定されるのである。こうした観点から，生まれたのが戦略マネジメントのステークホルダー・アプローチである。

戦略論の歴史的発展を振り返ると，60年代はじめにチャンドラー（1962）によって戦略という概念がビジネスの世界に持ち込まれて以来，アンゾフ（1965），アンドリュース（1971），ホッファーとシェンデル（1978）などによる機能的分析が進められる一方，ボストン・コンサルティング・グループ（BCG）によるPPMという戦略分析ツールの開発など，70年代までに経営戦略に関する理論的・実践的基礎が確立された。この時代の経営戦略論は，主に企業の将来のあるべき姿（目的）に対する経営資源の合理的な配分決定であり，規範的観点から論じられたものであった。

フリーマンは，こうした時代背景を踏まえ，戦略マネジメントについて，ステークホルダーをベースとした規範的アプローチを主張したわけである。つまり，フリーマンのステークホルダー・アプローチは，従来の経営資源の有効活用や競争優位確保の枠組みとしての経営戦略論に対して，戦略を実現するための戦略マネジメントの考え方に独自の視点を加えてスタートしたといえる。しかも，戦略マネジメント研究におけるステークホルダー・アプローチは，資源配分や競争優位のアプローチではなく，ステークホルダーに対する企業の倫理的行動側面に着目した「企業と社会（business and society）」論の色彩が強いものであった。そのアプローチは後に，『企業戦略と倫理の探究』（Freeman and Gilbert 1988）として結実し，企業倫理こそ経営戦略論の核心であると主張するに至ったのである。

グッドパスター（Goodpaster 1997）によれば，「倫理的責任をとる経営とは，意思決定のプロセスにおいて，株主だけではなく，全てのステークホルダーに注意を払うものである」（p.76）。つまり，ステークホルダー・アプローチは，企業が倫理的責任をとるように，株主だけではなく，顧客や取引先など

企業に対して影響を与えるステークホルダーの存在に注目するものといえる。

フリーマンを嚆矢とする「企業と社会」論につながる戦略マネジメントは，企業環境を市場環境に限定した伝統的な経営戦略論とは異なるコンテクストを前提に，経営戦略論において「社会にかかわる戦略」を検討することの重要性を気づかせてくれる。ステークホルダー・アプローチを支持する金井（2006）は，図表14-2に示すように戦略的CSR（Corporate Social Responsibility）モデルを提示して，戦略マネジメントの社会面を強調した。

図表 14-2　戦略的 CSR の要素

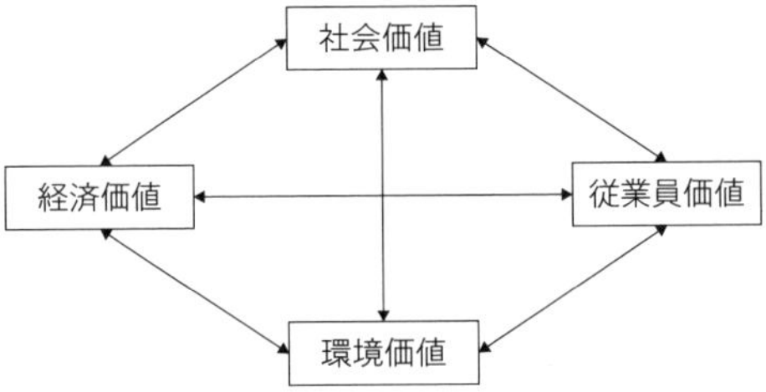

```
           社会価値
          ／  ｜  ＼
         ／   ｜   ＼
     経済価値 ←→ 従業員価値
         ＼   ｜   ／
          ＼  ｜  ／
           環境価値
```

出所：金井（2006），303頁。

企業は社会全体のなかで経済的機能を果たすだけではなく，社会的・政治的・文化的機能も果たし，多様な環境要因に影響を与える存在である。そのうえ，単に経済的価値のみではなく，企業を取り巻く多様な環境を認識し，さまざまなステークホルダーとの相互作用を踏まえた戦略の形成を議論することが必要である。金井（2006）は，企業が事業を通じて多様な社会的問題を解決し，新たな社会的価値の創造に貢献することを**戦略的社会性**と呼んでいる。つまり，経済的機能のみに焦点をあてている既存の経営戦略論を超えて，企業の社会的・政治的・文化的側面にも光を当て，多様なステークホルダーを認識した経営戦略の必要性である。

近年，海外でも経営戦略論におけるステークホルダーに関する議論が活発化している。その背景は，企業の経済的側面だけではなく，社会的・政治的・文化的側面を含めた包括的な議論の高まりがあるからである。その一例は，ポーターとクラマー（2011）による**共通価値創造**（Creatig Shared Value：CSV）の主張に見ることができる。彼らはCSVについて，「社会のニーズや問題に取

り組むことで社会的価値を創造し，同時に，経済的価値が創造されるというアプローチである」と定義している。そして，それは企業の社会的責任（CSR）でもなければ，フィランソロピー（社会貢献活動）でも持続可能性を求めるものでない，と述べている。

CSVは，企業が経済的成果を上げるための新しい手法であり，ポーターらによれば，それを実現するためには次のような3つの方法がある。すなわち，①製品と市場の関係を見直すこと，②バリューチェーンを再定義すること，③地域を支援する産業クラスターをつくること，である。

企業と社会論に対してと同じように，戦略マネジメントに対してもステークホルダー・アプローチの有効性は高いように思われる。しかし，一般的にステークホルダー・アプローチは，組織内外のステークホルダーを認識する必要性を指摘するに留まり，政治的，社会的コンテクストを考慮した行為者視点のアプローチではないという点を考えるとそうとは限らない。

ステークホルダーに関して，観察者の視座によって，同じ現象にもかかわらず異なった説明図式が生まれるのは当然である。例えば，株主について消費者として捉える場合と研究者として捉える場合では，異なって見える。このように，同じ状況でも説明の仕方が相反することは，「ステークホルダー・パラドックス（stakeholder paradox）」と呼ばれ，それを克服できないようでは企業に倫理的行動を求めることができない（Goodpaster 1997）。

企業が各ステークホルダーに対して戦略的に行動するためには，それぞれの異なる要求に対して一貫性のある対応が求められる。つまり，各ステークホルダーの自己利益や価値観が異なるという問題を調整できることが必要である。それができれば，倫理的な企業行動をとることができるのである。しかし，現実的には，自己利益や価値観が違うステークホルダー間の調整をつけるのは容易でない。

近年，第13章でみたように実践としての戦略の議論など，経営の実践に根ざした行為者に着目する経営戦略研究が注目されているが，各ステークホルダー間の自己利益や価値観の違いを調整するモデルを得るには至っていない。ただし，行為者によるミクロ的実践を通じて企業の環境と戦略と結びつける包括的な分析アプローチとして捉えるとステークホルダー・アプローチの可能性

が窺える。

　戦略研究ではないが，加藤・金井（2009）が注目するように，ステークホルダー・アプローチとしてフランスの社会学者ブリュデュー（2006）の議論をみると面白い。ブルデューが事例とした住宅取引は，購入者と住宅メーカー，国の住宅政策などあらゆるステークホルダー間で形成される「界（champ）」において展開される。「界」とは，ブリュデューの造語で，社会的空間みたいなもので，具体的には磁界のような諸力の場であり，そこでの行為者間の関係性を表している。

　「界」での行為者は，それぞれ独自の歴史観や価値観を有していることを前提として関係性を構築するため，住宅取引は「見えざる手」のもとで行なわれるのではなく，「界」における各行為者のもつ思惑や対立を反映したさまざまな実践として行われる，と想定される。このようなブリュデューによる例示分析から想定されるのは，自己利益や価値観をもつス各テークホルダー間の関係性である。したがってこの見方を踏まえれば，ステークホルダー・アプローチは，組織の構造的側面と構築的側面を編み合わせたものとして捉えることもできるようだ。

　そうすると，戦略マネジメントのステークホルダー・アプローチは，ステークホルダーの構造や優先順位の問題に囚われる必要がなく，「界」という場において戦略に関わるステークホルダー間の関係性が規定されるとともに構築されるものだといえるのである。重要な点は，戦略マネジメント現象におけるステークホルダーと経営主体による相互の実践である。

　伊丹（2005）は「場」の理論を援用した経営戦略の捉え方をするが，ブリュデューの「界」というアイディアと共通するところがある。いずれにおいても，推奨されるレベル横断的な考え方をするために，その接着剤として「界」や「場」が用いられるのでる。経営戦略の話は，木を見て森を見ず，あるいは森を見て木を見ず，のどちらでもダメで，森と木を交互に見ることができる枠組みが必要なのである。それにヒントを与えてくれるのがブリュデューの議論であり，その実践活用の可能性を示唆してくれるのが伊丹の議論である。

　戦略マネジメントの有効性をいち早く提唱したアンゾフ（1978）は，ステークホルダーという用語の代わりに「社会戦略」（societal strategy）という概念

を提示している。その内容は，まさにステークホルダー・アプローチと相通じるところがあり，企業はステークホルダーとの関係において「価値の増殖炉」（wealth breeder reactor）だと捉えている。アンゾフは，大企業になるほど社会戦略が必要であり，社会（ステークホルダー）との関係が大きく変化することを見抜いていたわけである。

第4節｜戦略マネジメント論の課題

1. 戦略マネジメントの範囲

　戦略に関する議論は，戦略現象を解明するために展開されてきたが，論者によってその対象とする範囲が異なっている。そのため，議論そのものばかりでなく，戦略についての議論がアカデミックの世界ばかりか実務家の世界でも混乱している。

　戦略マネジメントの場合，その対象が戦略の策定（形成）プロセスなのか，策定された戦略を実施するプロセスなのか，あるいは戦略の策定と実施のプロセス全てなのかによってその内容は異なるはずだ。戦略マネジメントは，既に述べたように，アンゾフによる合理的な見方と，フリーマンによる倫理的な見方が提示されたのをきっかけに発展してきたが，昨今は見方の違いが増幅され，混乱の様相をますます深めている。

　例えば，ミンツバーグ（2009）は，戦略サファリを主張する際に，各学派を戦略マネジメントの観点から識別したというが，戦略形成の部分のみに焦点，すなわち，戦略の形成だけが戦略マネジメントの対象であり，形成された戦略を実現するプロセスのマネジメントは対象外とされたのである。これは，ミンツバーグ（2009）が，戦略問題の核心は戦略形成であり，その実現はマネジャーの行動，すなわちマネジング（managing）にかかっているという立場だからである。研究者の焦点の違いが混乱の原因であることも事実である。ミンツバーグは戦略マネジメントという用語を使うが，それは戦略論の全体像を描くためであり，形成された戦略を実施することは別途の問題とされる。

　その他，戦略系コンサルティング会社も戦略マネジメンという用語を用いるが，彼らはクライアントが求めれば，それが戦略形成だろうと，所与の戦略を

実施するためだろうと，その捉え方は問題としない。

　いずれにせよ，戦略マネジメントは，経営戦略の課題を全て含んだ広義のものから，戦略形成に限定する狭義のものまで，広がりを持っている。そうした状況で，戦略マネジメントが扱われるが，本当にそんな捉え方で多様な戦略的課題を解決できるのだろうか。戦略が元来目標達成するための手段であり，効果的に目標達成するための発想・思考を背景にしたものであるとすると，戦略的課題の解消は，マネジメントだけに限る必要がないのかもしれない。

2．戦略のマネジメントからエンゲージメントへ

　戦略が目標達成の手段であるという捉え方は，それが戦略の本質を表していることから一般的なものである。しかし，共通価値創造や持続可能性（sustainability）といった用語が広く定着しつつある昨今の状況において，経営戦略に関する考え方は変貌せざるを得ない。戦略に関する考え方は，確かに時代の要請，ビジネス環境の変貌によって変容してきた。その典型は，環境状況によって，戦略をマネジメントするという戦略マネジメントの内容が異なる点に見られる。戦略マネジメント論は，大別すると，一方で経営資源の有効活用に焦点をおいたものであり，他方でステークホルダーとの相互作用が焦点をおくものであるが，いずれにせよ，意図的に操作可能であることを前提とした議論である。

　周知のように今日，戦略の社会性をはじめ，CSRやCSVなど社会との接点をどのように考えるかが，企業行動を理解する際の流行になっている。例えば，社会を構成するステークホルダーとしての株主を考えた場合，株主価値を高めることは株主の期待であり，企業に求められることである。また，顧客価値を高めることは，顧客の利便性アップや時間節約などを意味し，その内容は顧客によって多様である。差別化やコスト・リーダーシップも顧客にとって価値創造である。同じ価格でより便利，使いやすいのが差別化であり，価格が安くなれば顧客にお得感が生じる。

　価値創造の戦略を歴史的にみると，モノ不足の時代は作り手であるメーカーが価値を生み出す主体であったが，モノ余りの時代になると，利用者である顧客が価値を生み出すリーダーとなる。今日のように，より豊かになると，価値

創造の主体が企業や顧客だけとは限らない。企業の価値創造という観点から言えば，従業員にとっての価値創造は，働きやすい職場や将来性を感じる風土である。株主にとっては，株式時価総額のアップが該当する。また競合相手にとっても，マーケットの拡大ができれば，それは価値創造に当たる。

このように見れば，価値創造の戦略マネジメントは，ステークホルダー・アプローチが価値創造の主体との関係性を軸にするので有効なようだ。いずれにせよ，価値創造を目論んだ戦略マネジメントは，経営主体が取り組む課題であり，経営主体の認知の度合いによって異なるとみなされる。

こうした，多様な価値創造の側面があることを踏まえると，各ステークホルダー全てに対して価値創造することが企業に求められることになる。仮にそうだとすると，企業は全てのステークホルダーをマネジメントすることは可能なのだろうか。マネジメントが所与の目標を効率的に達成するための方策だと想定の上，多様な価値創造を前提とすれば，それぞれを明らかにした上で妥当な目標値を特定するのが困難なため，マネジメントを適切に行使することは不可能になろう。そのため，ステークホルダーとの関係を上手く持続するには，マネジメントに代わってエンゲージメント（engagement）がひとつの方策として考えられるのである。つまり，戦略マネジメントから戦略エンゲージメントへという発想の転換が問われるのである。

戦略エンゲージメントは，戦略の実現をマネジメントで行うのではなく，各ステークホルダーとの対話，約束等で相互に意向を確認し，協力し合う発想である。例えば，株主との関係で言えば，株主との対話を通じて企業と株主の意思疎通を図り，両者が結果的にウィン・ウィンの信頼関係を持てるような状況を築くことである。同じように顧客との関係でも，企業と相互に意思疎通を図り，結果的に相互に利する信頼関係を築くことである。企業が，戦略エンゲージメントによって，顧客，従業員，株主等のステークホルダーと信頼関係を築ければ築けるほど，企業は自らの目標達成を十分に果たすことができるのである。

企業による一方的な戦略マネジメントから，ステークホルダーとの相互作用を前提とする互恵的な戦略的エンゲージメントは，目標達成の手段である戦略の実現を可能とするひとつの見方といえよう。そして，それが有効かどうかの

判断軸は**信頼関係の構築**にあると思われる。

　戦略エンゲージメントを主張するのは容易だが，それを実施する難しさは半端でない。なぜなら，各ステークホルダーとの対話，約束等をするにはコスト（時間的，金銭的，労力的）が伴うからである。企業が競争優位をめぐって競争している今日，コストを踏まえない議論は不毛である。コスト的に見合う戦略エンゲージメントとはどのようなものであろうか。

　コストの議論で思い出されるのは，バーナード（1938）による有効性（effectiveness）と能率（efficiency）の関係性である。理想的には有効かつ能率的な組織が求められるが，現実は想定外のことがいろいろと起こるため，理想の組織実現は容易でない。では，理想が実現できなのなら，次善策として，有効性と能率のどちらを優先すべきなのだろうか。バーナードによれば，この場合，有効性が優先される。なぜなら，組織が存続しなければ，従業員そのものが存在しないからである。このアイディアを踏襲すると，コスト問題は，企業にとってどこまでエンゲージメントできるかのカギである。換言すれば，どこまで企業はコスト増に耐えられるかである。逆に考えれば，コスト削減ができればできるほどエンゲージメントも可能となる。したがって，戦略エンゲージメントの発想は，ミクロ基礎的な取引コスト・アプローチが援用できると想定される。

　取引コスト・アプローチからすると，コストに見合う範囲で，各ステークホルダーとエンゲージメントが展開されることになる。とはいえ，これだけでは，有効な戦略的エンゲージメントを判断できる信頼関係の構築については結びつきを説明できない。エンゲージメントによる信頼関係の構築とコストの関係性を明らかにすることが今後の課題であろう。

3．戦略マネジメントのダイナミックモデル

　戦略に関する大半の考え方は，分析レベルや領域を超えて，その内容や関係性を問う静態的なものだった。いわば，戦略現象のある時点に限定しての議論にすぎなかった。ところが実際は，自然環境が刻々と変化するように，戦略現象も常に変化している。したがって，そうした変化しつつある現象を対象に分析するには，動態的な視点から，すなわちスチル写真でなく動画を見るよ

うに，戦略を捉える必要がある。こうした発想は，既に組織論における組織化（organizing）（ワイク 1969；1979）や管理論における管理化（managing）（ミンツバーグ 2009）として議論されている。いずれも，それぞれの現象を動態的に捉えるために生み出されたコンセプトである。

戦略論においても，戦略化（strategizing）（Mathews 2006）という表現が使われることが多くなったが，これは戦略を決定する策定のプロセスを表すものである。戦略マネジメントの考え方からすれば，その一部を扱うにすぎない。戦略化を軸とした研究では，戦略が作られるプロセスを丹念に描写することが目的とされ，そこにはマネジメントの発想が組み込まれないのである。

戦略現象を素直に捉えるには動態的なアプローチが相応しいのは当然といえる。そして，分析によって明らかにしたいのは，実践適用できる何らかの関係性である。戦略マネジメントの現象は確かにある。それを狭義に捉えるか，広義に捉えるかは目の付け所の違いであり，どちらにせよ否定される筋合いではない。いずれの立場においても，実践できる理論的示唆が得られるなら問題はないはずである。

戦略マネジメントについて，その発想の源は静態的分析だったとはいえ，戦略論を発展させるのに貢献してきたことは間違いない。だが，今後は動態的な分析ができダイナミックモデルの構築が求められるのである。具体的にいえば，戦略マネジメントが一過性のものでなく，連続的な，しかも，意図した成果を出せるようなモデルであることが求められるのである。

そのためのヒントになるのは，時間軸の導入とコストの関連である。コストを掛ければ時間短縮が可能な一方，時間を使えば使うほどコストはアップするが，イノベーションを起こせればコストをダウンさせることもできる。このように，両者は状況によっては比例関係もみられるが，基本的にトレードオフの関係にある。この点から，戦略マネジメントのダイナミックモデル構築の可能性はあるものの，時間設定の基準が明確にできない限り，モデル化が難しいのである。

戦略マネジメントのダイナミックモデルは，組織の成長モデル（Greiner 1972）が示唆するように，レベルアップするにはこうした壁を次々に越えなければならないだろう。そして，そうした壁は，環境状況によって異なるはずだ

ということを認識できれば克服可能であり，そこからダイナミックな戦略マネジメントのモデルが展開されるであろう。

さらに進んだ学習のために・・

山倉健嗣（2007），『新しい戦略マネジメント』同文舘出版。
　…戦略の形成・実行のマネジメントについて，経営資源の配分だけでなく，組織間関係やパワーポリティクスの視点も重要であることを丁寧に説明している。

H・アンゾフ／中村元一監訳（2015），『アンゾフ戦略経営論（新装版）』中央経済社。
　…戦略マネジメント論の源流とされる古典。環境変化による戦略転換の必要性をロジカルに展開するとともに，戦略的な組織能力やリーダーシップについても触れている。

琴坂将広（2018），『戦略経営原論』東洋経済新報社。
　…経営戦略が発展してきたことを歴史的にたどりながら，環境分析にもとづく戦略策定・実施という戦略マネジメントの発想から，戦略論の内容を検討している。各所になるほどと頷ける著者のコメントがあり，読み応えがある。

重要語句説明

第1章

戦略的要因：目標達成するために決め手となり欠くことのできない要因。
創発戦略：行動中の気づきや直感によって生まれる戦略。
戦略意図：組織メンバーが一致して目標達成できるようにする戦略の方向性。
7-Sモデル：エクセレントカンパニーは，戦略（Strategy），システム（System），構造（Structure），人員（Staff），技能（Skill），スタイル（Style），共有した価値（Shared value）といったSで始まる7つの要素をバランス良く兼ね備えていることの表現。
戦略サファリ：戦略論が多様に展開されている状況を比喩的に表現したもの。
戦略的思考：目標達成するために効率的に考える方法。

第2章

SWOT分析：自社の強み（Strength）と弱み（Weakness），外部環境の機会（Opportunity）と脅威（Threat）を把握するためのもので，戦略策定を合理的に行うために必須な要件。
ドメイン：企業が恣意的に設定する事業範囲。
シナジー効果：1+1が2でなく3以上になる効果。
ホワイトスペース：企業にとって未体験の事業領域を表している。
支配連合体：組織内で主導権を握っている集団。

第3章

競争優位：同一市場において，2つ以上の企業が競合しているとき，ある企業が，継続的に高利潤率をあげている，またはあげる可能性を有していること。または，その企業の行動が業界や市場で経済価値を創出し，かつ同様の行動をとっている企業がほとんど存在しない場合に，その企業が置かれるポジションのこと。
競争均衡：その企業の行動が経済的価値を創出するものの，他の複数の企業も同様の行動を取っているときに生じる企業ポジションのこと。
競争劣位：その企業の行動が経済価値を生み出さない場合の競争ポジションのこと。
戦略的ポジショニング：ライバル企業とは違う活動を行うとか，同様の活動を違う方法で行うこと。
持続的競争優位：すべての現在ないしは潜在的競合企業によって同時には実行されない価値創造戦略を実行し，これらの競合企業がこの戦略によるベネフィットを複製することができないことにより生み出される競争優位のこと。
競争のダイナミクス：すべての企業が市場で繰り広げる競争によっておこる行動と反応の全体のこと。
一時的競争優位：短期型の競争優位のサイクル（開始，成長，持続，衰退，撤退）を同時並行的に複数管理することによって獲得される競争優位のこと。

第4章

SCPパラダイム：「市場構造が市場行動に影響を与え，市場成果を決定づける」という，一連の因果関係を示すハーバード学派の伝統的産業組織論の中心的パラダイムのこと。
スタック・イン・ザ・ミドル：3つの基本戦略のうち，どれもうまく実行できない企業や複数の戦略を同時追求しようとした結果，中途半端な状況に陥ること。

重要語句説明

5つの競争要因分析：SCPパラダイムをベースにした業界分析のひとつの枠組みであり，業界の構造的要因に注目するフレームワークのこと。

戦略グループ：業界内において，各戦略次元上で同じか，あるいは類似の戦略を取っている企業のグループのこと。

価値連鎖：価値のすべてをあらわすものであり，マージンと価値をつくる活動（5つの主活動と4つの支援活動）からなる。

コーペティション：現実の企業間競争では，競争の側面だけではなく，競争と協調の両側面があることを示した造語。

価値相関図：ゲームに参加するプレイヤー間の競争と協調の関係（コーペティション）を視覚的に理解できるように示したもの。

バリュー・イノベーション：コストを押し下げながら，買い手にとっての価値を高める状態のこと。

ブルー・オーシャン：バリュー・イノベーションを土台とし，ある特定の今はまだ生まれていない市場，未知の市場空間すべてを指す。これに対して，レッド・オーシャンとは，「今日の産業すべて，つまり，既知の市場空間」を指す。

第5章

資源ベース論：経営戦略論の領域における代表的アプローチのひとつである。企業を資源の束であると捉え，企業内部に独自の強みとしての資源を形成・強化することが競争優位の源泉となるという主張を行う。

VRIN：バーニーによって主張された企業の優位性に影響を与える資源の性質のこと。経済価値，稀少性，模倣困難性，代替不可能性を意味する。

コア・コンピタンス論：ハメルとプラハラッドによって示された。顧客に対して他社にはまねのできない自社ならではの価値を提供する企業の中核的なスキルや技術であるコア・コンピタンスが，企業の優位性に貢献することを主張する。

コア・ケイパビリティ：レオナルド・バートンによれば，固有の知識ゆえに競争者による模倣が困難であるという点で，他のケイパビリティとは区別される戦略的重要性が高いケイパビリティを意味する。

コア・リジディティ：レオナルド・バートンによって示された概念である。環境が変化したり，システムがルーティン・ワーク化したりすると，コア・ケイパビリティは硬直化する可能性がある。企業の独自の強みであった核心部分としてのコア・ケイパビリティがイノベーションを阻害してしまい，企業の優位性を喪失させる現象を意味する。

第6章

ダイナミック・ケイパビリティ論：環境変化に対応するための自己変革能力であるダイナミック・ケイパビリティの重要性を主張する一連の研究群を意味する。代表的論者としては，ティース，ヘルファット，そしてウィンターといった研究者が挙げられる。

オーディナリー・ケイパビリティ：「（決められたことを）正しく行う」ためのケイパビリティであり，ベスト・プラクティスとしてのルーティンを基礎とする。技能的適合力を高める。

技能的適合力：企業をいかに生存させるかとは関係なく，そのケイパビリティがいかにその機能を効果的にはたせるかを意味する。一時点における利潤最大化をもたらす。

ダイナミック・ケイパビリティ：「正しいことを行う」ためのケイパビリティである。具体的には，企業固有のプロセス，組織文化，ビジネス環境と技術的機会の先験的な評価に基づいて，国内外の企業環境に合わせた戦略的な新製品やビジネス・モデルへの投資などを，適切なタイミングで適切に行うためのケイパビリティを意味する。進化的適合力を高める。

進化的適合力：そのケイパビリティがいかに企業を生存させるかを意味する。一時点の利潤最大化ではなく長期的なゼロ利潤条件の回避による価値最大化をもたらす。

第7章

規模の経済：単一の製品を生産したり流通したりする単一の業務単位の規模を大きくすることによって，生産や流通の単位費用が引き下

重要語句説明　245

げられるときに生じる経済性。
範囲の経済：共通利用可能な未利用資源を有効活用することによって，複数の製品やサービスを複数の企業で取り扱うよりも，単一の企業でまとめて取り扱ったほうが費用を抑えられるという経済性。
シナジー：相乗効果ともいわれる。単一の経営資源を多重に利用できれば，その成果物の単位当たりのコストは削減できるという費用節約効果のこと。
水平統合：同一市場で類似商品やサービスを提供している複数の企業が統合し一体化すること。
水平分業：企業が製品の開発，製造などの各段階で外部に発注して製品化すること。
脱垂直化：製造企業はバリューチェーンにおける製造機能を切り離し，外部企業にアウトソーシングすることをいう。
選択と集中：経営資源の選択と集中のために事業部門や子会社を売却するケースをいう。

第8章

組織変革：環境変化が激化するなかで，組織が存続を図るために，構造やプロセスを変化させることを組織変革という。
組織の慣性力：組織を走っている乗り物にたとえて，組織の活動は過去から未来に向けて日々継続しているもので，その走る方向を急に変えようとしても，今までの勢いがついている以上，簡単には方向転換できないことをいう。
組織形態：組織の構造や行動パターン，その組織を特徴づける価値観などを意味する。
ペンローズ効果：経営者能力が拡張の誘因と成長率の限界の両方を引き起こしうること。

第9章

セミグローバリゼーション：今日の不完全で中途半端なグローバリゼーションの状態を指す。世界の市場や経済が統合された完全なグローバル化の状態に対して，不完全な統合と多様な次元での国家間の隔たりが残っているという特徴を持つ。
企業特殊的優位性：現地市場の競合企業に対して競争優位をもたらす経営資源や能力。企業が海外市場に進出，浸透するためには，国家間の隔たりや現地企業に対して法制度や文化，商慣習の面で情報劣位を補って余りある企業特殊的優位性が不可欠となる。この優位性は基本的には国内において時間をかけて蓄積される無形資産の形式をとる。
標準化：国家間の共通性を活用するために，製品やサービス，業務のプロセスを統一化することを指す。例えば，研究開発機能を本社に集約し，そこから生まれた技術や製品を世界中に展開することで規模の経済性を追求することができる。
現地適応：国家間の特殊性に着目し，各国市場ごとのニーズに合わせた製品やサービスを投入することを指す。各国ごとに消費者の嗜好や慣行が異なる場合には，このような現地適応の発想が必要になる。
メタナショナル経営：自国の優位性に立脚するという従来の多国籍企業の常識を超えて(meta)，世界中から知識を吸収し，競争優位を獲得するための戦略や組織のマネジメントを指す。

第10章

戦略的提携：2社もしくはそれ以上の独立した企業が製品・サービスの開発，製造，販売などに関して共同で事業を行うことを指す。
関係的レント：協働を通じて企業が獲得する利潤（レント）のことで，既存の競争戦略論において想定されている，単一企業が独力で獲得する利潤と区別される。
関係特殊的資産：特定の取引関係においてのみ高い価値をもつ資産のことであり，関係特殊低投資を通じて形成される。
知識共有ルーティン：特化した知識の移転，再結合ないし創出をもたらす企業間の相互作用の規則的なパターンを指す。
補完的な資源：本章においては，提携企業が単独で創出できるレントの総和以上のレントをもたらす提携企業間特有の資源のことを指す。
効果的なガバナンス：取引の特性に適したガバナンス構造（契約や階層組織）のことを指し，これが提携企業間で確保されることで取引費用が節約され，ひいては関係的レントの

創出に繋がると考えることができる。

第 11 章

戦略的選択：目標達成するために，環境の要請に応じなければならないという決定論的な見方に対して，環境を主体的に選択できることを表している。

環境のイナクトメント：意思決定者が環境を主観的に特定化したり，創造すること。

俊敏性のパラドックス：組織が環境適応を素早くすればするほど安定性を欠いてしまう現象を表している。

競争的適応：競争に勝つための環境適応の方法はいろいろあることを表している。

第 12 章

PEST（EL）分析：企業にとっての外部環境を分析するためのツールのひとつ。企業がコントロールはできないが，競争優位の源泉や逆に競争優位を失わせる潜在的な要因として考慮されなければならないものを明らかにするための方法である。PEST（EL）は各要因の頭文字をつなげたものである。以前は政治的要因（P），経済的要因（E），社会的要因（S），技術的要因（T）から PEST 分析と呼ばれていたが，近年，（自然）環境要因（E）と法律的要因（L）を加えて PESTEL 分析とも呼ばれている。

戦略的意思決定：戦略的意思決定については研究者によってさまざまな捉え方があるが，本章で取り上げたアンゾフによれば，戦略的意思決定とは，部分的無知の状況下で行われる「企業とその環境との関係に関する」意思決定，具体的には，企業が現在どんな業種であり，将来どのような業種に進出すべきかに関する問題を決める意思決定である。

組織慣性：組織慣性についても統一的な捉え方があるわけではない。代表的な捉え方としては「既存の状態を維持しようとする組織の性質」，もしくは環境との関係に着目して，「組織が環境と同じ速さで変化できる力がないこと」というものがある。

第 13 章

戦略の内容研究：戦略の内容研究は経営戦略の研究に関する区分のひとつであり，戦略のプロセス研究と対で用いられることが多い。戦略の内容研究は「どのような戦略が高いパフォーマンスを達成するか」を主な問題意識とし，企業が採用する戦略の内容とパフォーマンスとの因果関係を考察する研究を指している。代表的な研究としては，マイルズとスノー（1978）やポーター（1980），バーニー（1991）などが挙げられる。

戦略のプロセス研究：戦略のプロセス研究は経営戦略の研究に関する区分のひとつであり，戦略の内容研究と対で用いられることが多い。戦略のプロセス研究は，「経営戦略はどのように作られるか（作られるべきか）」という問題意識のもとで，経営戦略が作られる過程について規範的，記述的な研究を行う研究を指している。一言で経営戦略が作られるプロセスといっても，研究対象とする段階や「作られるプロセス」に対する捉え方の違いがあるため，多種多様な研究が含まれている。そのため，戦略プランニング研究のような研究や，ミンツバーグとウォータース（1985）やバーゲルマン（2002）のような研究も戦略のプロセス研究に含まれる（第12章参照）。

戦略化：戦略化とは，「実践としての戦略（以下 SAP）」の研究者からは，行為者によって戦略が作られること（Gond et al. 2018, p. 242）と定義されている。SAP の主要な問題意識は「いかにして行為者は戦略を作るのか」であるため，戦略化の分析に SAP の研究のひとつの焦点があると言える。

第 14 章

共通価値創造：ビジネスにおいて，社会的価値を高めることが経済的価値を高めることになるというコンセプト。

戦略的社会性：事業を通して社会的問題を解決し，社会的価値の創造に貢献しようとする特性。

戦略マネジメント：戦略の策定から実現までのプロセスを包括的に進めること。

戦略エンゲージメント：戦略を実現するために，ステークホルダーとの対話を通じて，信頼関係の構築とともに支援を得ること。

参考文献

欧文文献：

Ahrens, T. and Chapman, C. S. (2006), "Doing qualitative field research in management accounting: Positioning data to contribute to theory," *Accounting, Organizations and Society*, 31 (8), pp. 819-841.

Amin, A. and Robert, J., eds. (2008), *Community, Economics Creativity, and Organization*, Oxford University Press.

Andrews, K. (1971), *The Concept of Corporate Strategy*, Dow-Jones-Irwin.（山田一郎訳『経営戦略論』産業能率短期大学出版部，1976年。）

Ansoff, H. I. (1965), *Corporate Strategy*, McGraw-Hill.（広田寿亮『企業戦略論』産業能率短期大学出版部，1969年。）

Ansoff, H. I. (1978), *Strategic Management*, Macmillan.（中村一訳『戦略経営論』産業能率短期大学出版部，1980年。）

Ansoff, H. I. (1991), "Critique of Henry Mintzberg's 'the design school': Reconsidering basic premises of strategic management," *Strategic Management Journal*, 12 (6), pp. 449-461.

Ansoff, H. I., and Hayes, R. L. (1976), "Introduction," in Ansoff, H. I., Declerk, R. P. and Hayes, R. I. (eds.), *From Strategic Planning to Strategic Management*, Wiley.

Asanuma, B. (1989), "Manufacturer-supplier Relationships in Japan and the Concept of Relation-specific Skill," *Journal of the Japanese and International Economies*, 3, pp. 1-30.

Bacharach, S. B., Bamberger, P. and Sonnenstuhl, W. J. (1997), "The organizational transformation process: The micropolitics of dissonance reduction and alignment of logics of action," *Administrative Science Quarterly*, 41, pp. 477-506.

Barnard, C. I. (1938), *The Functions of the Executive*, Harvard University Press.（山本安次郎・田杉競・飯野春樹訳『新訳 経営者の役割』ダイヤモンド社，1968年。）

Barney, J. B. (1986), "Strategic Factor Markets: Expectations, Luck, and Business Strategy," *Management Science*, 32 (10), October, pp. 1231-1241.

Barney, J. B. (1991), "Firm Resourses and Sustained Competitive Advantage," *Journal of Management*, 17 (1), pp. 99-120.

Barney, J. B. (2002), *Gaining and Sustaining Competitive Advantage*, 2nd ed., Person Education. （岡田正大訳『企業戦略論』【上】【中】【下】ダイヤモンド社，2003年。）

Bartlett, C. A. and Ghoshal, S. (1989), *Managing across Borders*, Harvard Business School Press. （吉原秀樹監訳『地球市場時代の企業戦略』日本経済新聞社，1990年。）

Berry, H., Guillén, M. F. and Zhou, N. (2010), "An Institutional Approach to Cross-National Distance," *Journal of International Business Studies*, 41 (9), pp. 1460-1480.

Brandenburger, A. M. and Nalebuff, B. J. (1997), *Co-opetitin*, Profile Books.（島津祐一・東田啓作訳『コーペティション経営―ゲーム理論がビジネスを変える―』日本経済新聞社，1997年。）

Brown, J. and Dugid, P. (2000), *The social life of information*, Harvard Business School Press.（宮本喜一訳『なぜITは社会を変えないのか』日本経済新聞社，2002年。）

Brown, S. L. and Eisenhardt, K. M. (1997), "The art of continuous change: Linking complexity theory and time-paced evolution in relentlessly shifting organizaions," *Administrative Science Quarterly*, 42, pp. 1-34.

Brown, S. L. and Eisenhardt, K. M. (1998), *Competing on the Edge: Strategy as Structured Chaos*, Harvard Business School Press.（佐藤洋一監訳『変化にかつ経営』トッパン，1999年。）

Burgelman, R. A. (1983), "A model of the interaction of strategic behavior, corporate context, and the concept of strategy," *Academy of Management Review*, 8, pp. 61-70.

Burgelman, R. A. (1983), "A process model of internal corporate venturing in the diversified major firm," *Administrative Science Quarterly*, 28 (2), pp. 223-244.

Burgelman, R. A. (2002), *Strategy in destiny: How strategy-making shapes a company's future*, Free Press.（石橋善一郎・宇田理監訳『インテルの戦略：企業変貌を実現した戦略形成プロセス』ダイヤモンド社，2006年。）

Carter, C., Clegg, S. and Kornberger, M. (2008a), "Strategy as Practice?," *Strategic Organization*, 6 (1), pp. 83-99.

Carter, C., Clegg, S. and Kornberger, M. (2008b), "S-A-P zapping the field," *Strategic Organization*, 6 (1), pp. 107-112.

Carter, C., Clegg, S. and Kornberger, M. (2008c), *A Very Short, Fairy Interesting and Reasonably Cheap Book about Studying Strategy*, Sage.

Caves, R. E. (1964), *American Industry: Structure, Conduct, Performance*, Prentice-Hall.（小西唯雄訳『産業組織論』東洋経済新報社，1998年。）

Caves, R. E. and Porter, M. E. (1977), "From Entry Barriers to Mobility Barriers: Conjectural Decisions and Contrived Deterrence to New Competition," *Quarterly Journal of Economics*, 91, pp. 241-261.

Chakravarthy, B. and Doz, Y. (1992), "Strategy process research: Focusing on corporate self-renewal," *Strategic Management Journal*, 13, pp. 5-14.

Chandler, A. D. Jr. (1962), *Strategy and Structure: Chapters in the History of the Industrial Enterprise*, The MIT Press.（三菱経済研究所訳『経営戦略と組織―米国企業の事業部制成立史』実業之日本社，1967年；有賀裕子訳『組織は戦略に従う』ダイヤモンド社，2004年。）

Chandler, A. D. Jr. (1990), *Scale and Scope: The Dynamics of Industrial Capitalism*, Belknap Press.（安部悦生・工藤章・日高千景・川邉信雄・西牟田祐二・山口一臣訳『スケールアンドスコープ―経営力発展の国際比較』有斐閣，1993年。）

Chia, R. and Holt, R. (2006), "Strategy as Practical Coping: A Heideggerian Perspective," *Organization Studies*, 27 (5), pp. 635-655.

Chia, R. and MacKay, B. (2007), "Post-Processual Challenges for the Emerging Strategy-as-Practice Perspective: Discovering Strategy in the Logic of Practice," *Human Relations*, 60 (1), pp. 217-242.

Child, J. (1972), "Organization Structure, Environment, and Performance: The Role of Strategic Choice," *Sociology*, 2, pp. 409-443.

Clegg, S., Kornberger, M. and Rhodes, C. (2007), "Business ethics as practice," *British Journal of Management*, 18, pp. 107-122.

Cockburn, I. M., Henderson, R. M. and Stern, S. (2000), "Untangling the Origins of Competitive Advantage," *Strategic Management Journal*, 21 (10-11), pp. 1123-1145.

Cohen, W. M. and Levinthal, D. A. (1990), "Absorptive Capacity: A New Perspective on Learning and Innovation," *Administrative Science Quarterly*, 35, pp. 128-152.

Collis, D. J. and Montgomery, C. A. (1998), *Corporate Strategy: A Resource-Based Approach*,

McGraw-Hill.（根来龍之・蛭田啓・久保亮一訳『資源ベースの経営戦略論』東洋経済新報社，2004年。）

Cyert, R. N. and March, J .G. (1963), *A Behavioral Theory of the Firm*, Prentice- Hall.（松田武彦・井上恒夫訳『企業の行動理論』ダイヤモンド社，1967年。）

D'Aveni, R. A. and Gunther, R. E. (1994), *Hypercompetition: Managing the Dynamics of Strategic Maneuvering*, Free Press.

Day, G. S. (1997), "Maintaining the Competitive Edge: Creating and Sustaining Advantages in Dynamic Competitive Environments," in Day, G. S., Reibstein. D. J. (eds.), *Wharton on Dynamic Competitive Strategy*, John Wiley & Sons.（黒田康史他訳「ダイナミックな競争環境の中でいかに優位性を創造し維持するか？」『ウォートンスクールのダイナミック競争戦略』東洋経済新報社，1999年。）

Di Gregorio, D., Musteen, M. and Thomas, D. E. (2008), "International New Ventures: The Cross-border Nexus of Individuals and Opportunities," *Journal of World Business*, 43 (2), pp. 186-196.

Dierickx, I. and Cool, K. (1989), "Asset Stock Accumulation and Sustainability of Competitive Advantage," *Management Science*, 35 (12), pp. 1504-1511.

Disdier, A. C. and Head, K. (2008), "The Puzzling Persistence of the Distance Effect on Bilateral Trade," *The Review of Economics and Statistics*, 90 (1), pp. 37-48.

Doz, Y. L., Santos, J. and Williamson, P. J. (2001), *From Global to Metanational: How Companies Win in the Knowledge Economy*, Harvard Business Review Press.

Dunning, J. H. (1979), "Explaining Changing Patterns of International Production: in Defence of the Eclectic Theory," *Oxford Bulletin of Economics and Statistics*, 41 (4), pp. 269-295.

Dunning, J. H. (1988), *Explaining International Production*, Unwin Hyman.

Dunning, J. H. (2000), "The Eclectic Paradigm as an Envelope for Economic and Business Theories of MNE Activity," *International Business Review*, 9 (2), pp. 163-190.

Dunning, J. H. and Lundan, S. M. (2008), *Multinational Enterprises and the Global Economy*, Edward Elgar Publishing.

Dyck, B. (1997), "Understanding configuration and transformation through a multiple rationalities approach," *Journal of Management Studies*, 34, pp. 793-823.

Dyer, J. H. (1996), "Does Governance Matter? Keiretsu Alliances and Asset Specificity as Sources of Japanese Competitive Advantage," *Organization Science*, 7 (6), pp. 649-666.

Dyer, J. H. (1996), "Specialized Supplier Networks as a Source of Competitive Advantage: Evidence from the Auto Industry," *Strategic Management Journal*, 17 (4), pp. 271-291.

Dyer, J. H. (1997), "Effective Interim Collaboration: How Firms Minimize Transaction Costs and Maximise Transaction Value," *Strategic Management Journal*, 18 (7), pp. 535-556.

Dyer, J. H. and Singh, H. (1998), "The Relational view: Cooperative Strategy and Sources of Interorganizational Competitive Advantage," *Academy of Management Review*, 23 (4), pp. 660-679.

Fayol, H. (1916), *Administration Industrielle et Generate*, Bulletin de la Societe de l'Industrie Minerale.（山本安次郎訳『産業ならびに一般の管理』ダイヤモンド社，1985年。）

Fleisher, C. S. and Bensoussan, B. E. (2002), *Strategic and Competitive Analysis: Method and Techniques for Analyzing Business Competition*, Pearson Education.（菅澤喜男監訳『戦略と競争分析—ビジネスの競争分析方法とテクニック—』コロナ社，2005年。）

Freeman, R. E. (1984), *Strategic Management: A Stakeholder Approach*, Cambridge University Press.

Friedman, T. L. (2005), *The World Is Flat: A Brief History of the Twenty-first Century*, Farrar Straus & Giroux.

Geiger, D. (2009), "Revisiting the concept of practice: Toward an argumentative understanding of practicing," *Management Learning*, 40 (2), pp. 129-144.

Gersick, C. J. (1994), "Pacing strategic change: The case of a new venture," *Academy of Management Journal*, 37, pp. 9-45.

Ghemawat, P. (2003), "Semiglobalization and International Business Strategy," *Journal of International Business Studies*, 34 (2), pp. 138-152.

Ghemawat, P. (2007), *Redefining Global Strategy: Crossing Borders in a World Where Differences Still Matter*, Harvard Business Review Press.

Gherardi, S. (2009), "Introduction: The critical power of the 'practice lens'," *Management Learning*, 40 (2), pp. 115-128.

Golsorkhi, D., Rouleau, L., Seidl, D. and Vaara, E. (2010), *Cambridge Handbook of Strategy as Practice*, Cambridge University Press.

Gond, J. P., Cabantous, L. and Krikorian, F. (2018), "How do things become strategic? 'Strategifying' corporate social responsibility," *Strategic Organization*, 16 (3), pp. 241-272.

Goodpaster, K. E. (1997), "Business Ethics and Stakeholder Analysis," in Beauchamp T. L. and Bowie N. E. (eds.), *Ethical Theory and Business*, 5th ed., Prentice-Hall, pp. 76-85.

Grant, R. M. (2007), *Contemporary Strategy Analysis*, 6th ed., Blackwell. (加瀬公夫訳『グラント現代経営戦略』中央経済社，2008年。)

Greenwood, R. and Hinings, C. R. (1993), "Understanding strategic change: A vertical dyad linkage approach," *Journal of Applied Psychology*, 63, pp. 206-212.

Greiner, L. E. (1972), "Evolution and Revolution as Organization Grows," *Harvard Business Review*, July-August, pp. 37-46.

Hamel, G. and Prahalad, C. K. (1994), *Competing for the Future*, Harvard Business School Press. (一條和生訳『コア・コンピタンス経営』日本経済新聞社，1995年。)

Helfat, C. E., Finkelstein, S., Mitchell, W., Peteraf, M. A., Singh, H., Teece, D. J. and Winter, S. G. (2007), *Dynamic Capabilities: Understanding Strategic Change in Organizations*, Blackwell. (谷口和弘・蜂巣旭・川西章弘訳『ダイナミック・ケイパビリティ―組織の戦略変化』勁草書房，2010年。)

Henderson, B. (1979), *Henderson on Corporate Strategy*, Harper Collins. (土岐坤訳『経営戦略の核心』ダイヤモンド社，1981年。)

Hinnings, C. R. and Greenwood, R. (1988), *The Dynamics of Strategy Change*, Basil Blackwell.

Hitt, M. A., Ireland, R. D. and Hoskisson, R. E. (2014), *Strategic Management: Competitiveness and Globalization: Concepts and Cases*, 11th ed., Cengage Learning. (久原正治・横山寛美監訳『改訂新版 戦略経営論：競争力とグローバリゼーション』センゲージ・ラーニング株式会社，2014年。)

Hofer, C. W. and Schendel, D. (1978), *Strategy Formulation: Analytical Concepts*, West Publishing Company. (奥村昭博・榊原清則・野中郁次郎訳『戦略策定―その理論と手法』千倉書房，1981年。)

Hymer, S. H. (1976), *The International Operations of Multinational Firms: A Study of Foreign Direct Investment*, MIT Press.

Jarzabkowski, P. and Spee, A. P. (2009), "Strategy-as-practice: A review and future directions for the field," *International Journal Management Reviews*, 11 (1), pp. 69-95.

Jarzabkowski, P. and Whittington, R. (2008), "Hard to disagree, mostly," *Strategic Organization*, 6

(1), pp. 101-106.

Jarzabkowski, P., Balogun, J. and Seidl, D. (2007), "Strategizing: The Challenges of a Practice Perspective," *Human Relations*, 60 (1), pp. 5-27.

Johnson, G., Langley, A., Melin, L. and Whittington, R. (2007), *Strategy as Practice: Research Directions and Resources*, Cambridge University Press.（高橋正泰・宇田川元一・高井俊次・間嶋崇・歌代豊訳『実践としての戦略：新たなパースペクティブの展開』文眞堂，2010年。）

Johnson, G., Melin L. and Whittington, R. (2003), "Micro Strategy and Strategizing: Towards an Activity-based View," *Journal of Management Studies*, 40 (1), pp. 3-22.

Johnson, M. W. (2010), *Seizing the White Space: Business Model innovation for Growth and Renewal*, Harvard Business School Press.（池村千秋訳『ホワイトスペース戦略』阪急コミュニケーションズ，2011年。）

Kale, P. and Singh, H. (2009), "Managing Strategic Alliances: What Do We Know Now, and Where Do We Go from here?" *The Academy of Management Perspectives*, 23 (3), pp. 45-62.

Kale, P., Dyer, J. and Singh, H. (2001), "Value Creation and Success in Strategic Alliances: Alliancing Skills and the Role of Alliance Structure and Systems," *European Management Journal*, 19 (5), pp. 463-471.

Kelly, S. and Amburgey, T. L. (1991), "Organizational inertia and momentum: A dynamic Model of strategic change," *Academy of Management Journal*, 34, pp. 257-279.

Kim, W. C. and Mauborgne, R. (1999), "Strategy, Value Innovation, and the Knowledge Economy," *Sloan Management Review*, 40 (5) (September), pp. 41-54.

Kim, W. C. and Mauborgne, R. (2005), *Blue Ocean Strategy: How to Create Uncontested Market Space and Make the Competition Irrelevant*, Harvard Business School Press.（有賀裕子訳『ブルー・オーシャン戦略』ランダムハウス講談社，2005年。）

Kim, W. C. and Mauborgne, R. (2015), *Blue Ocean Strategy, Expanded Edition: How to Create Uncontested Market Space and Make the Competition Irrelevant*, Harvard Business Review Press.（入山章栄監訳・有賀裕子訳『［新版］ブルー・オーシャン戦略：競争のない世界を創造する』ダイヤモンド社，2015年。）

Kim, W. C. and Mauborgne, R. (2017), *Blue Ocean Shift: Beyond Competing-Proven Steps to Inspire Confidence and Seize New Growth*, Hachette Books.（有賀裕子訳『ブルー・オーシャン・シフト』ダイヤモンド社，2018年。）

Kjellberg, H. and Helgesson, C-F. (2006), "Multiple Versions of Markets: Multiplicity and Performativity in Market Practice," *Industrial Marketing Management*, 35 (7), pp. 839-55.

Klein, B., Crawford, R. G. and Alchian, A. A. (1978), "Vertical Integration, Appropriable Rents, and the Competitive Contracting Process," *The Journal of Law and Economics*, 21 (2), pp. 297-326.

Kogut, B. and Zander, U. (1992), "Knowledge of the Firm, Combinative Capabilities, and the Replication of Technology," *Organization Science*, 3 (3), pp. 383-397.

Kogut, B. and Zander, U. (1996), "What Firms Do? Coordination, Identity, and Learning," *Organization Science*, 7 (5), pp. 502-518.

Koontz, H. (1980), "The Management Theory Jungle Revisited," *Academy of Management Review*, 5, pp. 175-187.

Koontz, H., ed. (1964), *Toward a Unified Theory of Management*, McGraw-Hill.（鈴木英寿訳『管理の統一理論』ダイヤモンド社，1968年。）

Korkman, O., Storbacka, K. and Harald, B. (2010), "Practices as markets: Value co-creation in e-invoicing," *Australasian Marketing Journal*, 60 (1), pp. 236-247.

Kornberger, M. and Carter, C. (2010), "Manufacturing competition: how accounting practices shape strategy making in cities," *Accounting, Auditing & Accountability Journal*, 23 (3), pp. 325-49.

Kotter, J. P. (1995), "Leading Change: Why Transformation Efforts Fails," *Harvard Business Review*, 73 (2), pp. 59-67. (黒田由賀子訳「チェンジ・リーダーの八つの心得：企業変革の落とし穴」『ハーバード・ビジネス・レビュー』第27巻第10号, 2002年, 74-85頁。)

Kreps, D. M. (2004), *Microeconomics for Managers*, W.W. Norton & Co Inc. (中泉真樹他訳『MBAのためのミクロ経済学入門Ⅱ：ゲーム・情報と経営戦略』東洋経済新報社, 2009年。)

Langlois, R. N. (2007), *The Dynamics of Industrial Capitalism: Schumpeter, and the New Economy*, Routledge. (谷口和弘訳『消えゆく手―株式会社と資本主義のダイナミクス』慶應義塾大学出版会, 2011年。)

Lant, T. K. and Mezias, S. J. (1992), "An organizational learning model of convergence and reorientation," *Organiation Science*, 3, pp. 47-71.

Leonard-Barton, D. (1992), "Core Capabilities and Core Rigidities: A Paradox in Managing New Product Development," *Strategic Management Journal*, 13 (S1), pp. 111-125.

Leonard-Barton, D. (1995), *Wellsprings of Knowledge*, Harvard Business School Press. (安部孝太郎・田畑暁生訳『知識の源泉―イノベーションの構築と持続』ダイヤモンド社, 2001年。)

Levitt, T. (1983), *The Marketing Imagination*, The Free Press.

Mainela, T., Puhakka, V. and Servais, P. (2014), "The Concept of International Opportunity in International Entrepreneurship: A Review and Research Agenda," *International Journal of Management Reviews*, 16 (1), pp. 105-129.

Mathews, J. A. (2006), *Strategizing, Disequilibrium and Profit*, Stanford Business Books.

Mathews, J. and Zander, I. (2007), "The International Entrepreneurial Dynamics of Accelerated Internationalization," *Journal of International Business Studies*, 38 (3), pp. 387-403.

McGrath, R. G. (2013), *The End of Competitive Advantage: How to Keep Your Strategy Moving As Fast As Your Business*, Harvard Business Review Press. (鬼澤忍訳『競争優位の終焉：市場の変化に合わせて、戦略を動かし続ける』日本経済新聞社, 2014年。)

McMillan, J. (1992), *Games, Strategies, and Managers*, Oxford University Press. (伊藤秀史・林田修訳『経営戦略のゲーム理論―交渉◆契約◆入札の戦略分析―』有斐閣, 1995年。)

Miettinen, R., Samra-Fredericks, D. and Yanow, D. (2009), "Re-turn to practice: An introductory essay," *Organization Studies*, 30 (12), pp. 1309-1327.

Miles, R. E. and Snow, C. C. (1978), *Organizational Strategy, Structure, and Process*, McGraw-Hill. (土屋守章・内野崇・中野工訳『戦略型経営』ダイヤモンド社, 1983年。)

Miller, D. (1996), "Configurations revisited," *Strategic Management Journal*, 17, pp. 505-512.

Mintzberg, H. (1978), "Patterns in strategy formation," *Management Science*, 24 (9), pp. 934-948.

Mintzberg, H. (1987), "The Strategy Concept I: Five Ps for Strategy," *California Management Review*, Fall, pp. 11-24.

Mintzberg, H. (1990), "The design school: Reconsidering basic premises of strategic management," *Strategic Management Journal*, 11 (3), pp. 171-195.

Mintzberg, H. (1994), *The Rise and Fall of Strategic Planning*, Harper and Row.

Mintzberg, H. (2009), *Managing*, Berret-Koehler. (池村千秋訳『マネジャーの実像』日経BP社, 2011年。)

Mintzberg, H. and Waters, J. A. (1985), "Of strategies, deliberate and emergent," *Strategic Management Journal*, 6 (3), pp. 257-272.

Mintzberg, H., Ahlstrand, B. and Lampel, J. (2009), *Strategy Safari*, 2nd ed., Free Press. (齋藤嘉

則監訳『戦略サファリ（第2版）』東洋経済新報社，2013年。）
Mitchell, W. and Singh, K. (1996), "Survival of Businesses Using Collaborative Relationships to Commercialize Complex Goods," *Strategic Management Journal*, 17 (3), pp. 169-195.
Nadler, D. A. and Tushman, M. L. (1995), "Types of organizational change: From incremental improvement to discontinuous transformation," in Nadler, D. A., Shaw, R. B., Walton, A. E. and Associates (eds.), *Discontinuous Change: Leading Organizational Transformation*, Jossey-Bass.
North, D. C. (1990), *Institutions, Institutional Change and Economic Performance*, Cambridge University Press.
Orlikowski, W. J. (2007), "Sociomaterial practices: Exploring technology at work," *Organization Studies*, 28 (9), pp. 1435-1448.
Osborn C. S. (1998), "Systems for sustainable organizations: Emergent strategies, interactive controls and semi-formal information," *Journal of Management Studies*, 35 (4), pp. 481-509.
Ouchi, W. G. (1981), *The Theory Z: How American Business can meet the Japanese Challenge*, Addison-Wesley.（徳山二郎監訳『セオリーZ—日本に学び，日本を超える—』CBS・ソニー出版，1981年。）
Oviatt, B. and McDougall, P. (1994), "Toward a Theory of International New Ventures," *Journal of International Business Studies*, 25 (1), pp. 45-64.
Pascale, R. T. and Athos, A. G. (1981), *The Art of Japanese Management*, Simon & Schuster.（深田祐介訳『ジャパニーズ・マネジメント』講談社，1981年。）
Penrose, E. (1995), *The Theory of the Growth of the Firm*, 3rd ed., Oxford University Press.（日高千景訳『企業成長の理論【第三版】』ダイヤモンド社，2010年。）
Peters, T. J. and Waterman, R. H. Jr. (1982), *In Search of Excellence*, Harper & Row.（大前研一訳『エクセレント・カンパニー』講談社，1983年。）
Pettigrew, A. (1973), *The politics of organizational decision-making*, Tavistock publications.
Pettigrew, A. (1992), "The character and the significance of strategy process research," *Strategic Management Journal*, 13, Special Issue, pp. 5-16.
Pettigrew, A., Thomas, H. and Whittington, R. (2002), "Strategic management: The strengths and limitation of a field," in Pettigrew, A., Thomas, H. and Whittington, R. (eds.), *Handbook of Strategy and Management*, Sage, pp. 3-30.
Pitelis C., eds. (2002), *The Growth of the Firm: The Legacy of Edith Penrose*, Oxford University Press.
Porter, M. E. (1980), *Competitive Strategy*, Free Press.（土岐坤・中辻萬治・服部照夫訳『競争の戦略』ダイヤモンド社，1982年。）
Porter, M. E. (1980), *Competitive Strategy: Techniques for Analyzing Industries and Competitors*, Free Press.（土岐坤・中辻萬治・服部照夫訳『新訂 競争の戦略』ダイヤモンド社，1995年。）
Porter, M. E. (1981), "The Contributions of Industrial Organization to Strategic Management," *Academy of Management Review*, 6 (4), pp. 609-620.
Porter, M. E. (1985), *Competitive Advantage: Creating and Sustaining Superior Performance*, Free Press.（土岐坤・中辻萬治・小野寺武夫訳『競争優位の戦略：いかに高業績を持続させるか』ダイヤモンド社，1985年。）
Porter, M. E. (1996), "What Is Strategy ?," *Harvard Business Review*, November-December.（編集部訳「戦略の本質：「何をすべきか」、そして「何をすべきでないか」」『DIAMONDハーバード・ビジネス・レビュー』June, 2011年。）
Porter, M. E. (2008), "The Five Competitive Forces That Shape Strategy," *Harvard Business*

Review, January. (編集部訳「[改訂] 競争の戦略：5つの競争要因から業界構造を分析し、戦略を立案する」『DIAMONDハーバード・ビジネス・レビュー』June, 2011年。)

Porter, M. E. and Kramer, M. R. (2011), "Creating Shared Value," *Harvard Business Review*, January-February. (「共有価値の戦略」『ダイヤモンド・ハーバード・ビジネスレビュー』2011年6月号。)

Prahalad, C. K. and Doz, Y. L. (1987), *The Multinational Mission: Balancing Local Demands and Global Vision*, Free Press.

Prahalad, C. K. and Hamel G. (1990), "The Core Competence of the Corporation," *Harvard Business Review*, 68 (3), pp. 9-91. (坂本義実訳「コア競争力の発見と開発」『ダイヤモンド・ハーバード・ビジネス』15 (5), 1990年, 4-18頁。)

Quinn, J. B. (1980), *Strategies for Change: Logical Incrementalism*, Irwin.

Rajagoplan, N. and Spreitzer, G. M. (1996), "Toward a theory of strategic change: A multi-Lens perspective and integrative framework," *Academy of Management Journal*, 2, pp. 48-79.

Reeves et al. (2015), *Your Strategy Needs A Strategy*, Harvard Business Review Press. (御立尚資・木村亮示監訳, 須川綾子訳『戦略にこそ「戦略」が必要だ：正しいアプローチを選び、実行する』日本経済新聞出版社, 2016年。)

Regnér, P. (2003), "Strategy creation in the periphery: Inductive versus ceductive strategy making," *Journal of Management Studies*, 40 (1), pp. 57-82.

Robbins S. P. (1997), *Essentials of Organizational Behavior*, Pearson Custom Publishing. (高木晴夫監訳『組織行動のマネジメント』ダイヤモンド社, 1997年。)

Rothaermel, F. T. and Boeker, W. (2008), "Old Technology Meets New Technology: Complementarities, Similarities, and Alliance Formation," *Strategic Management Journal*, 29 (1), pp. 47-77.

Rouse, J. (2007), "Practice theory," in Turner, S. and Risjord (eds.), *Handbook of philosophy of science vol. 15: Philosophy of anthropology and sociology*, Elsevier, pp. 630-681.

Rugman, A. M. (1981), *Inside the Multinationals: The Economics of Internal Markets*, Columbia University Press.

Rugman, A. M. and Oh, C. H. (2013), "Why the Home Region Matters: Location and Regional Multinationals," *British Journal of Management*, 24 (4), pp. 463-479.

Rugman, A. M. and Verbeke, A. (2002), "Edith Penrose's Contribution to the Resourced-Based View of Strategic Management," *Strategic Management Journal*, 23, pp. 769-780.

Rugman, A. M. and Verbeke, A. (2004), "A Perspective on Regional and Global Strategies of Multinational Enterprises," *Journal of International Business Studies*, 35 (1), pp. 3-18.

Rumelt, R. P. (1974), *Strategy, Structure, and Economic Performance*, Harvard University Press. (鳥羽欽一郎・山田正喜子・川辺信雄・熊沢孝訳『多角化戦略と経済成果』東洋経済新報社, 1977年。)

Rumelt, R. P. (1984), "Towards a Strategic Theory of the Firm," in Lamb, R. B. (ed.), *Competitive Strategic Management*, Prentice Hall, pp. 131-145.

Rumelt, R. P. (1987), "Theory, Strategy, and Entrepreneurship," in Teece, D. J. (ed.), *The Competitive Challenge: Strategies for Industrial Innovation and Renewal*, Ballinger, pp. 137-158.

Rumelt, R. P. (2011), *Good Strategy/Bad Strategy: The Difference and Why It Matters*, Currency. (村井章子訳『良い戦略、悪い戦略』日本経済新聞社, 2012年。)

Samra-Fredericks, D. (2003), "Strategizing as Lived Experience and Strategists," *Journal of Management Studies*, 40 (1), pp. 141-74.

Sandberg, J. and Dall'Alba, G. (2009), "Returning to Practice Anew: A Life-World Perspective," *Organization Studies*, 30 (12), pp. 1349-1368.
Saxenian, A. (1994), *Regional Advantage*, Harvard University Press.
Schatzki, T., Knorr Cetina, K. and Savigny, E., eds. (2001), *The Practice Turn in Contemporary Theory*, Routledge.
Simon, H. A. (1947), *Administrative Behavior*, Free Press.
Spee, A. P. and Jarzabkowski, P. (2011), "Strategic Planning as Communicative Process," *Organization Studies*, 32 (9), pp. 1217-1245.
Splitter, V. and Seidl, D. (2011), "Does practice-based strategy lead to practically relevant knowledge? Implication of the Bourdieusian perspective," *The Journal of Applied Behavioral Science*, 47 (1), pp. 98-120.
Stalk, G., Evans, P. and Shulman, L. E. (1992), "Competing on Capabilities: the new rules of corporate strategy," *Harvard Business Review*, 70, Issue 2, pp. 54-66.（八原忠彦訳「戦略行動能力に基づく競争戦略」『ダイヤモンド・ハーバード・ビジネス』June-July, 1992年, 4-19頁。）
Steyaert, C. (2007), "Of course that is not the whole (toy), story: Entrepreneurship and the cat's cradle," *Journal of Business Venturing*, 22, pp. 733-751.
Steyaert, C. (2011). "Entrepreneurship as in (ter) vention: Reconsidering the conceptual politics of method in entrepreneurship studies," *Entrepreneurship & Regional Development*, 23 (1-2), pp. 77-88.
Stopford, J. M. and Wells, L. T. Jr. (1972), *Managing the Multinational Enterprise*, Basic Books.（山崎清訳『多国籍企業の組織と所有政策』ダイヤモンド社, 1976年。）
Teece, D. J. (1982), "Toward an Economic Theory of the Multiproduct Firm," *Journal of Economic Behavior and Organization*, 3 (1), pp. 39-63.
Teece, D. J. (2007), "Explicating Dynamic Capabilities: The Nature and Microfoundations of (Sustainable) Enterprise Performance," *Strategic Management Journal*, 28 (13), pp. 1319-1350.
Teece, D. J. (2009), *Dynamic Capabilities and Strategic Management: Organizing for Innovation and Growth*, Oxford University Press.（谷口和弘, 蜂巣旭, 川西章弘, ステラ・S・チェン訳『ダイナミック・ケイパビリティ戦略―イノベーションを創発し, 成長を加速させる力』ダイヤモンド社, 2013年。）
Teece, D. J. (2012), "Dynamic Capabilities: Routines versus Entrepreneurial Action," *Journal of Management Studies*, 49 (8), pp. 1395-1401.
Teece, D. J. (2014), "A Dynamic Capabilities-Based Entrepreneurial Theory of the Multinational Enterprise," *Journal of International Business Studies*, 45 (1), pp. 8-37.
Teece, D. J., Pisano, G. and Shuen A. (1997), "Dynamic Capabilities and Strategic Management," *Strategic Management Journal*, 18 (7), pp. 509-533.
Thompson, J. D. (1967), *Organizations in Action*, McGraw-Hill.（大月博司・廣田俊郎訳『行為する組織』同文舘出版, 2012年。）
Ulrich, D. and Smallwood N. (2004), "Capitalizing on Capabilities," *Harvard Business Review*, 82 (6), pp. 119-127.（DIAMONDハーバード・ビジネス・レビュー編集部編訳『組織能力の経営論―学び続ける企業のベスト・プラクティス―』ダイヤモンド社, 2007年, 475-508頁。）
Van de Ven, A. H. and Poole, M. S. (1995), "Explaining development and change in organizations," *Academy of Management Review*, 20, pp. 510-540.
von Hippel, E. (1988), *The Sources of Innovation*, Oxford University Press.
Weick, K. E. (1969), *The Social Psychology of Organizing*, Addison-Wesley.（金児暁嗣訳『組織化の心理学』誠信書房, 1980年。）

Weick, K. E. (1979), *The Social Psychology of Organizing*, 2nd ed., McGraw-Hill. (遠田雄一訳『組織化の社会心理学』文眞堂, 1997年。)

Weick, K. E. (1995), *Sensemaking in Organizations*, Sage. (遠田雄一・西本直人訳『センスメーキング・イン・オーガニゼーションズ』文眞堂, 2001年。)

Wernerfelt, B. (1984), "A Resource-Based View of the Firm," *Strategic Management Journal*, 5 (2), pp. 171-180.

Whittington, R. (1996), "Strategy as Practice," *Long Range Planning*, 29 (5), pp. 731-735.

Whittington, R. (2004), "Strategy after modernism: Recovering practice," *European Management Review*, 1, pp. 62-68.

Whittington, R. (2006), "Completing the Practice Turn in Strategy Research," *Organization Studies*, 27 (5), pp. 613-634.

Whittington, R. and Cailluet, L. (2008), "The craft of strategy," *Long Range Planning*, 41, pp. 241-247.

Williamson, O. E. (1975), *Markets and Hierarchies: Analysis and Antitrust Implications*, Free Press.

Williamson, O. E. (1985), *The Economic Institutions of Capitalism: Firms, Markets, Relational contracting*, Free Press.

Wilson, D. and Jarzabkowski, P. (2004), "Thinking and acting strategically: New challenges for interrogating strategy," *European Management Review*, 1, pp. 14-20.

Winter, S. G. (2003), "Understanding Dynamic Capabilities," *Strategic Management Journal*, 24 (10), pp. 991-995.

Zollo, M. and Winter, S. G. (2002), "Deliberate Learning and the Evolution of Dynamic Capabilities," *Organization Science*, 13 (3), pp. 339-351.

和文文献:
青島矢一・加藤俊彦 (2012),『競争戦略論 (第2版)』東洋経済新報社。
秋野晶二・關智一・坂本義和・山中伸彦・井口知栄・荒井将志 (2018),『グローバル化とイノベーションの経営学』税務経理協会。
浅川和宏 (2006),「メタナショナル経営論における論点と今後の研究方向性」『組織科学』40 (1), 13-25頁。
浅羽茂 (2001),「競争戦略論の展開—経済学との共進化—」新宅純二郎・浅羽茂編『競争戦略のダイナミズム』日本経済新聞社。
浅羽茂・牛島辰男 (2010),『経営戦略をつかむ』有斐閣。
朝日新聞「変転経済」取材班編集 (2009),『失われた〈20年〉』岩波書店。
伊丹敬之 (1984),『新・経営戦略の論理』日本経済新聞社。
伊丹敬之 (2005),『場の論理とマネジメント』東洋経済新報社。
伊丹敬之 (2012),『経営戦略の論理 (第4版)』日本経済新聞出版社。
井手秀樹 (1994),「ハーバード学派」小西唯雄編『産業組織論の新潮流と競争政策』晃洋書房。
伊藤宗彦 (2004),「水平分業構造が変える製造価値—EMS企業のグローバル・サプライチェーン戦略」『流通研究』7 (2), 57-73頁。
今井希 (2013),「経営戦略論における実践論的転回の可能性—「実践としての戦略」の検討をつうじて—」『Informatics』6, 5-14頁。
上野恭裕 (2011),『戦略本社のマネジメント—多角化戦略と組織構造の再検討』白桃書房。
宇田川元一 (2012),「経営学における「実践」の意義を探る—経営戦略論における実践的転回を手がかりに—」『Informatics』5 (2), 39-50頁。
大月博司 (2005),『組織変革とパラドックス (改訂版)』同文舘出版。

奥山敏雄（1987），「組織と戦略をめぐる問題構成のゆくえ」『経営行動』2（4），62-70頁。
加藤敬太・金井一頼（2009），「経営戦略論におけるステークホルダー・アプローチの可能性」『大阪大学経済学』59（2），63-77頁。
金井一頼（1999），「地域におけるソシオダイナミクス・ネットワークの形成と展開」『組織科学』32（4），48-57頁。
金井一頼（2006），「地域企業の戦略：地域社会のなかで」大滝精一・金井一頼・山田英夫・岩田智『経営戦略：論理性・創造性・社会性の追求〔新版〕』有斐閣【有斐閣アルマ】，265-293頁。
軽部大（2003），「見過ごされた分析視角：E. T. Penroseから資源・能力アプローチへ」『一橋論叢』129（5），555-574頁。
桑田耕太郎（2009），「特集「実践と意味の組織論」に寄せて」組織科学，43（1），2-5頁。
琴坂将広（2014），『領域を超える経営学』ダイヤモンド社。
今野喜文（2006），「競争と協調の戦略：ゲーム・アプローチの台頭」十川廣國編著『経営戦略論─経営学イノベーション2─』中央経済社。
施振栄（1992），『再造宏碁：開創、成長與挑戰』天下文化出版。
高橋俊夫（2009），『企業戦略論の系譜と展開』中央経済社。
坪井順一・間嶋崇（2008），『経営戦略理論史』学文社。
寺本義也編（1997），『日本企業のコーポレートガバナンス』生産性出版。
沼上幹（2009），『経営戦略の思考法：時間展開・相互作用・ダイナミクス』日本経済新聞出版社。
橋本輝彦（2007），『チャンドラー経営史の軌跡─組織能力ベースの現代企業史─』ミネルヴァ書房。
廣田俊郎（2016），『企業経営戦略論の基盤解明』税務経理協会。
二神恭一編著（2006），『新版 ビジネス・経営学辞典』中央経済社。
ブルデュー，P.（2006），『住宅市場の社会経済学』藤原書店。
本田技研工業（1999），『語り継ぎたいこと：チャレンジの50年』本田技研工業。
柳川隆（2006），「競争の経済分析と政策」柳川隆・川濵昇編『競争の戦略と政策』有斐閣ブックス。
吉原英樹・佐久間昭光・伊丹敬之・加護野忠男（1981），『日本企業の多角化戦略：経営資源アプローチ』日本経済新聞社。

事項索引

【アルファベット】

CI 戦略　37
CSR　235, 238
CSV　234-235, 238
EMS 企業　124
I-R フレームワーク　141, 151-152, 158
M&A　135
OLI パラダイム　141, 148, 150, 158
PEST（EL）分析　197
PPM　29, 31-34, 197
SAP　215, 217, 222, 227
SCP パラダイム　60-62
SWOT 分析　3, 21-23, 219
VRIN　86
VRIO 分析　197

【ア行】

一時的競争優位　53, 55-56
5つの競争要因　62
　　――分析　60, 62, 73
意図した戦略　204, 208
イノベーション　92, 98, 105, 108
イベント基盤　188-189
オーディナリー・ケイパビリティ　107-108

【カ行】

海外市場進出形態　146, 148
海外直接投資　146, 148, 150
学習モデル　180
価値曲線　80, 83
価値相関図　74-75
価値創造　239
価値連鎖　71
ガバナンス構造　171
環境のイナクトメント　180
関係的レント　163-165, 168, 170-171, 173-174
関係特殊的資産　166
関係特殊的投資　165, 173
カンパニー制　184-186
管理化　241
管理的意思決定　198-199
機会主義的行動　167-168
企業家精神　100, 105, 107
企業戦略　7, 19
企業特殊的優位性（FSA）　146
技能の適合力　96, 108
規模の経済　113
吸収能力　168
業界構造分析　197
競争的適応　191
競争のダイナミクス　52
競争優位　40-43, 46, 98
共通価値創造　234, 238
業務的意思決定　198-199
グレシャムの法則　199
グローバル統合　152
経営主体　179-181, 231
経営戦略　7, 195, 203
　　――形成プロセス　202-203
　　――策定プロセス　195, 197, 203
経営理念　20
計画的戦略　11
経験曲線　30
経験効果　30-31
経済的価値　235
経済的な隔たり　144
ケイパビリティ　89-92, 107
現地適応　151-152
コア・ケイパビリティ　84, 92-94, 96, 98, 102, 107
コア・コンピタンス　9, 89-92
　　――論　84, 89
コア・リジディティ　92-94, 96-98, 103
構造的コンテクスト　209-210
合理モデル　179

国際化 142
コスト・リーダーシップ戦略 68-69, 76
個別資源 85-89, 91
コーペティション経営 72
コンフィギュレーション 13-14, 186

【サ行】

差別化戦略 68, 70, 76
産業構造分析 219
支援活動 71
事業戦略 7, 19
資源展開 23
資源ベース論 84-87, 89, 92, 100, 102-103
自己拘束的なメカニズム 172, 174
資産特殊性 166
市場開拓 24
市場浸透 24
シージング 104-105
持続的競争優位 47, 49-50, 55
実現された戦略 204
実現されなかった戦略 204
実践としての戦略 212-213
実践論的転回 213-214, 223, 227
シナジー 9
　──効果 23, 26-27, 117-118
支配連合体 36
社会戦略 236
社会的価値 235
集中戦略 69-70, 76
重力モデル 144
主活動 71
熟慮された戦略 204
俊敏性のパラドックス 190
職能戦略 19
所有の優位性 148-149
自律的戦略行動 209
進化的適応力 96, 108
垂直統合 112-113
水平統合 113
水平分業 124
スタック・イン・ザ・ミドル 69, 77
ステークホルダー・アプローチ 14, 232-233, 235-236
スマイルカーブ 125
生産性のフロンティア 77

成長ベクトル 24-25
制度的隔たり 144
製品開発 24
製品・市場マトリックス 24
製品ポートフォリオ・マネジメント 29
製品ライフサイクル 29
セミグローバリゼーション 141, 143, 145, 150, 158
戦術 21
センシング 104-105
全体最適 19
選択と集中 123
戦略 217
　──意図 11
　──エンゲージメント 239-240
　──化 217, 241
　──キャンバス 80
　──グループ 66-67
　──グループ・マップ 67
　──形成プロセス 208-209, 211
　──形成プロセスモデル 208-209, 211
　──現象 18
　──行動パターン 36
　──策定 22
　──サファリ 9, 12-13, 237
　──実在論 4
　──的意思決定 115, 198-199, 217
　──的コンテクスト 209-210
　──的事業計画グリッド 197
　──的事業単位 33
　──的思考 15
　──的社会性 234
　──的選択 178
　──的組織変革 184
　──的提携 162-163
　──的な打ち手 80
　──的ポジショニング 47
　──的要因 3
　──転換 177-181, 183, 190, 192
　──転換の統合モデル 182
　──の営み 214, 218, 220, 226
　──の構造 19
　──の実践家 218-220, 222, 224, 227
　──の諸実践 218-220, 222, 224
　──のプラクシス 218, 220, 222, 224

──のプロセス研究　216-217, 223-225, 227
──の本質　21
──プランニング　195, 197, 221, 225
──プランニング研究　198, 200-203, 208, 222, 225
──マネジメント　228, 230-232, 238-239, 241
相乗効果　117
創発戦略　11, 186, 203-205, 208
組織化　191, 241
組織慣性　201
組織の慣性力　130
組織は戦略に従う　112, 115, 200
組織変革　129-130

【タ行】

ダイナミック・ケイパビリティ　84, 95, 98-101, 105, 107-108
多角化　24, 26, 112, 115, 120, 122
脱垂直化　124
知識共有ルーティン　168, 170
地理的な隔たり　144
定義　209
定期性　187
適応サイクル　35
統合（Integration）　151
統合モデル　181
ドメイン　23
──・コンセンサス　23-24
──設定　181
トランスナショナル　155-156
──型組織　37
取引コスト・アプローチ　240
取引コスト経済学　101-103
取引費用　171

【ナ行】

内部化の優位性　148-149
内容研究　214, 216, 226
認知モデル　180-181

【ハ行】

ハイパーコンペティション　53-54

バリュー・イノベーション　78
範囲の経済　117
範囲の経済性　133
ビジョン　20
フィット　47-48
部分最適　19
部分的無知　195, 198, 226
フリーライディング　169
ブルー・オーシャン　78
──戦略　37
プロセス研究　214, 216, 226
文化的隔たり　143
分析マヒ症候群　202
ペンローズ効果　135
補完的生産者　74
補完的な資源　170
ポジショニング・アプローチ　85-86, 102
ホールドアップ問題　167
ホワイトスペース　25

【マ行】

ミクロ的基礎　105-106
短い間の飛躍　205
6つのパス　80
メタナショナル経営　156, 158
目標達成の手段　18

【ヤ行】

誘導的戦略行動　209
良い戦略　229
4つのアクション　82

【ラ行】

リコンフィギュアリング　104-105
立地の優位性　148-149
ルーティン　92, 99-101, 105, 107-108
レッド・オーシャン　78

【ワ】

悪い戦略　229

人名索引

【ア行】

アイゼンハート　187
アンゾフ　3, 7, 9, 17, 26, 27, 115, 195, 198, 221, 226, 230, 232, 236
アンドリュース　3, 7, 17, 21, 196-197
伊丹敬之　236
ヴァン・デヴァン　189
ウィッティントン　214-215, 218-220, 222, 224-225
ウィリアムソン　101-102
ウィンター　95, 98-101, 105-106
ウェルズ　28
オスボーン　191

【カ行】

ガーシック　187, 189
金井一頼　234
川島喜八郎　205
グッドパスター　233
クラマー　234
グレイナー　127
ゴシャール　37
コース　102
コッター　131

【サ行】

サイモン　101-102
シェンデル　7, 22
ストップフォード　28
スノー　35-36
ゾロ　95-96, 99-100, 105

【タ行】

チャイルド　178
チャンドラー　3, 7, 17, 27-28, 112, 115, 124, 183, 200, 202

ティース　95-96, 98-105, 107, 133

【ハ行】

バーゲルマン　202, 208-211
パスカル　205
バートレット　37
バーナード　3, 240
バーニー　9, 84, 86-87, 197
ハメル　87-90
藤沢武郎　206
ブラウン　187
プラハラッド　87-90
フリーマン　14, 232-234
ブリュデュー　236
プール　189
ヘルファット　95, 98-99, 105
ヘンダーソン　6
ペンローズ　116, 132-133
ポーター　8, 85, 102, 197, 226, 232-234
ホッファー　7, 22
本田宗一郎　206-208

【マ行】

マイルズ　35-36
マグレイス　190
ミンツバーグ　10-12, 202-205, 208, 211, 231-232, 237

【ラ行】

ラングロワ　124
ルメルト　7, 28, 86-87, 115, 120, 122, 228-229
レヴィン　130
レオナルド・バートン　92-93, 95, 103

【ワ】

ワーナーフェルト　84-85, 133

分担執筆者紹介
(執筆順)

今野 喜文（こんの・よしふみ） ……………………………………………… 第3・4章
北海学園大学経営学部経営学科教授
〈主要実績〉
『経営学の定点（増補改訂版）』（共著）同文舘出版，2018年
「スタートアップの戦略と両利き―スタートアップの両利きにおけるトップ・マネジメントの役割に注目して―」『中小企業季報』2018, No. 3, 2018年

永野 寛子（ながの・ひろこ） ……………………………………………… 第5・6章
立正大学経営学部経営学科教授
〈主要実績〉
『資源ベース論の理論進化―企業における硬直化を巡る分析―』中央経済社，2015年
『ダイナミック・ケイパビリティの戦略経営論』（共著）中央経済社，2018年

黄　雅雯（コウ・ガブン） ……………………………………………… 第7・8章
北星学園大学経済学部経営情報学科准教授
〈主要実績〉
「ペンローズの企業成長論の成立と展開」『北星学園大学経済学部北星論集』58 (2), 2019年
「ペンローズ企業成長論に関する理論的検討」『北星学園大学経済学部北星論集』57 (2), 2018年

加納 拡和（かのう・ひろかず） ……………………………………………… 第9・10章
大分大学経済学部経営システム学科講師
〈主要実績〉
"Genuine Uncertainty and International Entrepreneurship: Organizing Early Internationalizing Firms to Exploit International Opportunities," *Proceedings of the 59th Annual Meeting of the Academy of International Business*, 2017
「多国籍企業研究における理論的課題とダイナミック・ケイパビリティ論の応用可能性―企業家の役割に着目しながら―」『経営戦略研究』17, 2016年

今井 希（いまい・のぞむ） ……………………………………………… 第12・13章
大阪府立大学現代システム科学域マネジメント学類准教授
〈主要実績〉
『経営管理論（ベーシック＋）』（共著）中央経済社，2016年
「経営戦略論における実践論的転回の可能性―「実践としての戦略」の検討をつうじて―」『Informatics』6, 2013年

編著者紹介

大月 博司（おおつき・ひろし）
編者，第1・2・11・14章

早稲田大学商学学術院教授
1975年早稲田大学商学部卒業，1982年早稲田大学大学院商学研究科博士課程後期単位取得退学，博士（商学）早稲田大学
北海学園大学経済学部専任講師，助教授，教授，同大学経営学部教授を経て2004年より現職。その他，ワシントン大学（シアトル）ビジネススクール，デューク大学フクアスクール，カーディフ大学ビジネススクールの客員研究員，大和住銀投信投資顧問株式会社社外取締役などを歴任。現在，経営戦略学会会長。

〈主な著書・訳書〉
『経営のロジック』同文舘出版，2018年
『Hatch 組織論』（共訳）同文舘出版，2017年
『行為する組織』（共訳）同文舘出版，2012年
『組織変革とパラドックス（改訂版）』同文舘出版，2005年

経営戦略の課題と解明

| 2019年4月30日 第1版第1刷発行 | 検印省略 |
| 2021年4月1日 第1版第2刷発行 | |

編著者　大　月　博　司
発行者　前　野　　　隆
発行所　株式会社　文　眞　堂
東京都新宿区早稲田鶴巻町533
電　話 03（3202）8480
ＦＡＸ 03（3203）2638
http://www.bunshin-do.co.jp/
〒162-0041 振替00120-2-96437

印刷／製本・美研プリンティング
©2019
定価はカバー裏に表示してあります
ISBN978-4-8309-5030-8 C3034